光文社古典新訳文庫

エミール 1

ルソー

斉藤悦則訳

kobunsha classics

光文社

Title : ÉMILE OU DE L'ÉDUCATION

1762

Author : Jean-Jacques Rousseau

凡例

一　翻訳の底本として用いたのは、一七六二年のネオーム版（発行地表記ハーグ）四冊本 "Émile, ou De l'Éducation". Par J.J.Rousseau, A La Haye, chez Jean Néaulme, Libraire. M.DCC.LXII.

二　翻訳の第1巻は、『エミール』全五編のうち、第一編から第三編までの翻訳。

三　翻訳は、原文より改行を増やした。また、原文の改行は翻訳では空白行で示した。

四　原注は＊に巻ごとの通し番号を付し、段落の末尾（すなわち最初の空白行）に挿入した。

五　訳注はすべて本文中に［　］で示した。

目次

訳者のおことわり

本書には、今日の観点からみると、差別的な言辞がありますが、その日常的なことばは書かれた時代の時代性をあらわすものであり、その部分の削除や言い換えはおこないませんでした。

また、女性にたいする差別的な言辞については、本書の、とくに第3巻において目立つものですが、翻訳において書き換えることもせず、注記を加えることもしませんでした。これは差別意識を是認するものではなく、むしろ読者に差別意識とまっすぐに向かい合わせることになると考えたからです。

エミール　または　教育について

われわれは治すことのできる病で苦しんでいる。治したいと望むなら、自然そのものが助けてくれる。なぜなら、健やかさが本来の自然なあり方だからだ。

セネカ『怒りについて』第二巻第一三節

序文

本書は、私が考えたこと、観察したことを、順序立てもせず、またほとんど脈絡もなく並べたものである。私はただ、自分の頭で考えることのできるひとりの善き母親［シュノンソー夫人］に喜んでもらいたくて、筆をとった。

最初の計画では、数ページの覚え書きのつもりだったのに、テーマのせいで筆がどんどん進み、いつのまにか立派な著作のようなものになった。たしかにこの本は、書かれている内容からすれば大きすぎるが、しかし、あつかっている問題からすれば小さすぎる。私は長いあいだ、この本の出版をためらってきた。じっさい、書いているときにしばしば痛感させられたが、私は過去に小冊子をいくつか書いてはいても、まともに一冊の本を書く力があるわけではない。

書いたものをもっと良くしようといじくりかけたが、やはりこれはこのまま出版するべきだと思うにいたった。とにかく出版して、一般の関心をこの方面に向けることが重要だと判断したからだ。また、私の考えがまちがっているとしても、この本がほかのひとが良い考えをもつきっかけになるならば、私はこれまでの時間をムダにしたことにはなるまいと、そう判断したからである。

世間から離れた人間が、書いたものを世間に公表する。ほめてくれるひともいないし、弁護してくれる味方もいない。その本が世間からどう思われ、何と言われるか、さっぱりわからずにいる。そういう人間は、べつに不安に思うこともない。自分の考えがまちがっていれば、世間が何の検証もせずに黙って認めるはずがないからだ。

良い教育は大切であるといったことを、私はほとんど語らない。いまの教育は悪いといったことも、くどくどと言い立てない。そんなことは、すでにたくさんのひとがさんざんしてきた。私は、誰もが知っていることを書きならべただけの本など、絶対に書きたくない。

私はただ、つぎの一点を指摘したいのである。すなわち、教育にかんして、それまでの方法を大声で非難する者は大昔からいるのに、より良い方法をあえて提案する者はひとりもいないということだ。

今世紀の文芸や学問では、建設的であるよりも破壊的であるほうがはるかに流行《はや》っている。尊大な口調での批判ばかりが聞こえる。提言をするにはべつの口調で語らねばならない。哲学者のような上から目線の語り口はあまりよろしくない。また、公益のみを目的とすると称する本は山ほどあるけれども、しかし、あらゆるもののうちでもっとも有益であるはずのもの、すなわち、人間を育成する技術はいまなお忘れられたままである。

私の主題は、ロックの本［『子どもの教育』一六九三年］が出たあとでも斬新なものであったが、私の本が出たあとでもずっと斬新でありつづけるのではないかと、私はむしろそれが心配でならない。

ひとびとは子どもというものが少しもわかっていない。子どもについて、まちがった観念にもとづいて考えるので、ひとは前へ進めば進むほど、道に迷ってしまう。もっとも賢明なかたがたでさえ、人間は大人として何を知るべきかということに執着し、子どもがいま何を学べる段階にあるのかは考慮しない。かれらは、つねに子どものなかに大人を求め、大人になるまえの子どもがどういうものであったかは考えない。

私がもっとも力を入れたのは、まさにそのことの研究である。だから、私の方法がすべて空想的でまちがいだらけだとしても、私の観察のかずかずから、ひとはかならず有益なものを得るはずだ。何をなすべきかについては、私はものがよく見えていなかったかもしれないが、どういう主体に向かって働きかけるべきかについては、私ははっきり見えていたと思う。

したがって、あなたはまず自分の生徒たちをもっとよく研究することから始めなさい。なぜなら、ほぼ確実に、あなたは生徒のことを少しもわかってはいないからだ。そこで、あなたが本書をこうした観点から読むならば、本書はあなたにとって役に立たないはずがない、と私は思う。

本書にも体系的と呼ばれそうな部分がある。それは自然の流れに沿った記述にほかならないのだが、しかし、読者をまごつかせるのもおそらくそこだろう。また、私が攻撃を受けるのもそこだろうが、読み手がまちがっているとも言えない。本書の読者は、教育についての論文を読んでいるというより、教育についての空想家の夢物語を読んでいるみたいに思うだろう。

では、私はどうすればいいのか。私は、他人の考えを書くのではなく、自分の考えを書くのだ。私は、ものの見方がほかのひととはちがう。ずっと以前から私はそのことで非難されてきた。しかし、他人の目でものを眺めたり、他人の考えを自分の考えみたいにすることが、私にできるだろうか。いや、それはできない。

私にできるのは、けっして自分の意見に固執しないこと、世間の誰よりも自分だけが賢いなどと思わないことである。自分の考えを変えるのではなく、自分の考えに疑いをいだくことである。まさしく、それだけが私にできることであり、私がしていることなのだ。

たしかに、私はときとして断定的な調子で語ったりするが、しかしそれはけっして読者に考えを押しつけるためではない。自分が考えているとおりのことを読者に語るためである。私が自分では少しも疑っていないことを、どうしてわざと疑わしいもののように語る必要があるのか。私は自分の頭のなかを、正直にそのまま語るのである。

私は自分の考えを自由に述べるが、自分の主張に権威をもたせたいとは少しも思わない。私はかならず理由を添えて発言する。それは、ひとびとに私の主張をよく吟味してもらい、そのうえで私の考えの当否を判断してもらいたいからである。

もちろん、私は自分の考えにどこまでも固執したいとは思わないけれども、自分の考えを公表するのはやはり私の義務だと思う。なぜなら、私がほかのひとと異なる意見をもつ、その根拠になっている原則はけっしてどうでもよいものではないからだ。その原則は正しいか、まちがっているか、まさにそれを知ることが重要なのである。人類を幸せにするか、不幸せにするかは、この原則による。

実行できることを提言せよ、と、ひとはしょっちゅう私にそんなことを言う。それは、すでに世間で実行されていることを実行するように提言せよ、と言うにひとしい。あるいは少なくとも、いま実行されている悪いやり方とあわせられる何らかの良いやり方を提言せよ、と言うにひとしい。しかし、ある種のテーマにかんしては、そんな計画は私の計画よりはるかに空想的だ。なぜなら、そんな混ぜあわせでは、良い面は悪くなっても、悪い面が良くなることはないからである。

良いやり方を中途半端に採用するぐらいなら、既存のやり方を全部そのままつづけたほうがましだ、と私は思う。そのほうが人間にとって矛盾はずっと少ない。正反対の二つの目的をいっぺんに追求するのは、そもそも無理である。

父親たち、母親たちよ。あなたたちは、実行したいと思うことをそのまま実行することができる。はたして私は、あなたたちの思いにまで責任をもたねばならないのだろうか。

いかなる種類の計画であれ、それを立てるさいに考慮すべきことが二つある。ひとつは、その計画は絶対に良いものであるかどうか。もうひとつは、実行は容易であるかどうか。この二点だ。

第一の点についていうと、計画がそれ自体として容認され、実行されるものとなるには、その計画の良さが事物の本性に沿っていれば十分である。たとえば、教育のばあいでは、提言された方法が人間にふさわしいものであること、そして、ひとの心にぴったりとかなうものであること、条件はこれだけである。

第二の点は、ある状態においてあたえられるさまざまの関係に依存する。そうした関係は事物にとって偶然的である。つまり、必然的なものではない。したがって、無限に変化しうる。

たとえば、ある教育はスイスでは実行しうるが、フランスでは実行できない。また、ある教育はブルジョワの家庭で実行でき、ある教育は貴族の家庭で実行できる。計画の実行が容易か容易でないかは、無数の状況に依存する。その結果を見定めるには、教育の方法をあれこれの国ごとに、また身分ごとに、適用してみる以外にない。

しかし、そうした特殊な適用は私のテーマにとって本質的なものではないので、私のプランには入らない。そういう作業はほかのひとにまかせよう。そういうことをやりたいひとは、それぞれ好きな国や身分を対象として選んで、がんばればよろしい。いっぽう私は、私の提言する人間の育て方が、世界のどこであれ人間の生まれるところで実行可能なものであるならば、それで十分だ。さらに、私の提言するような育てられかたをすれば、それは本人にとっても、ほかのひとにとっても、最善のことがなされたことになればよい。もし、この約束が果たせないなら、たしかに、私がまちがっていることになる。しかし、この約束が果たせたなら、私にそれ以上のことを求めるひとは、やはりまちがうことになる。なぜなら、私はそれ以上のことはまったく約束していないからである。

第一編

万物の創造者の手をはなれるとき、すべてはよいものであるのに、人間の手にわたるとすべてが悪くなる。

人間は無理にでも、ある土地でほかの土地の産物を育てようとするし、ある木にほかの木の果物をならせようとする。人間は気候も風土も季節も無視して、好き勝手なことをする。人間は犬や馬や奴隷の体を無理やり変形させる。人間はすべてをひっくりかえす。すべてをゆがめる。人間は奇形を好み、怪物を好む。人間は何ごとについても、自然がつくったままの姿をまったく望まない。人間についてさえそうだ。人間は、馬を調教するみたいに人間を調教しなければならない。庭の木のように、人間を自分が好むとおりにねじ曲げなければならない。

しかし、そうしなければ、すべてはもっと悪くなる。われわれ人間は、加工が中途半端にされることを望まない。もし万事がいまのような状態であるならば、生まれた瞬間から他人のなかに放り込まれた孤独な人間は、誰よりもゆがんだ人間になるであろう。

偏見、権威、必要、先例、われわれを包みこんでいるすべての社会制度は、人間のうちにある自然を絞め殺す。しかも、そのかわりになるものを何ひとつあたえない。人間のうちにある自然は、たまたま道路のまんなかに生えた小さな木のように、通りかかるひとびとによってさんざん踏みつけられ、あらゆる方向に折り曲げられ、やがて枯れはててしまう。

心やさしく、先見の明のある母親であるあなた、私はあなたに訴える。[*1] あなたなら、生まれたばかりの小さな木を大通りから移しかえ、その木を世間のさまざまな意見による打撃から守ることができる。若い木が枯れてしまわないよう、大事に養い、水をやりなさい。いつの日にか、その木の果実があなたにとって大きな喜びとなる。あなたの子どもの魂を守るため、早いうちにまわりを柵で囲みなさい。ほかのひとも、まわりに線をひくことはできる。しかし、あなただけは、じっさいに障壁をつくらなければならない。

植物は栽培によってつくられ、人間は教育によってつくられる。かりに人間が生まれつき大きくて強かったとしても、かれが体の大きさや力の強さをどう使うかを学ぶまでは、そんなものはかれにとって何の役にも立つまい。むしろ、ほかのひとがかれを助ける気持ちになるのを妨げるので、かれにとって有害だ。[*2] 自分だけで生きていこうとする人間は、自分に何が必要なのかもわからぬまま、欠乏のために死ぬであろう。ひよわな子ども時代を否定的に考える者は、人間にそういう子ども時代がなかったら人類はとっくに滅びていたということがわかっていない。

＊1　最初の教育はもっとも重要な教育であり、そして、この最初の教育は異論の余地なく女のしごとである。かりに自然の創造主がそれを男のしごとにしたかったのであれば、創造主は子どもを養う乳も男に授けていたはずだ。だから、あなたがたも教育論を語るのであれば、つねにまず女にむかって語りなさい。男よりも女のほうが子どもの近くにいて世話をすることができるし、子どもへの影響力もかならず大きい。それればかりではない。教育が成功するかどうかは、女にとって絶大な関心事なのだ。なぜなら、夫が死んだあと、ほとんどの女は自分の子どもの世話になるが、そのとき彼女たちは自分がしてきた子育てのしかたの結果を、良くも悪くも、しっかり実感させられるからである。法

律というのは、もっぱら平穏を大事なものとし、徳性の向上とかにまったく無関心なので、あつかうのも財産のことばかりだし、人格はほとんど無視される。そして、法律は母親に十分な権威をみとめない。しかしながら、母親の地位は父親の地位よりもはるかに確実なものである。母親の義務は父親の義務よりもずっと重たくて大変だ。母親の気配りは家族のまとまりにとって、より重要である。一般に、母親のほうが子どもにたいする愛着は強い。息子が父親にたいして尊敬を欠くことは、ばあいによっては許されることもあるが、それが母親にたいしてだったらどうだろう。子どもを自分の胎内ではぐくみ、自分の乳で養い、何年ものあいだ自分のことを忘れて子どものことばかりを考えてきた母親にたいして、尊敬の気持ちをもたないほど息子が自然に反してしまったら、どうすべきか。そんな人でなしは、生きるにあたいしない怪物としてすぐにでも絞め殺すべきだ。子どもがダメになるのは母親が甘やかすからだ、と言われる。たしかに、子どもを甘やかすのはまちがいである。しかし、あなたたちのように、子どもを堕落させることにくらべればそのまちがいは小さい。母親は子どもが幸せであることを望む。しかも、いまただちに幸せであってほしいと望む。そう望む母親はまちがっていない。その手段がまちがっているのであれば、その点を啓蒙してあげればよい。父親の高望み、けちくささ、無理強い、読みあやまり、無関心、ひどい鈍感さ、こうしたもののほうが、母親の無分別なやさしさより百倍も子どもにとって有害である。さて、この母親ということばに私がどういう意味をあたえているか、それを説明する必要があるけれども、それはもう少しあとですることになろう。

＊2　外見は大人みたいなのに、ことばを知らず、またことばであらわす考えももたなければ、ほかのひとの助けが必要だとわかってもらうこともできない。とにかく、内面の欲求はほかのひとにはまったく何も明らかにされない。

われわれ人間は、弱い者として生まれる。だから、われわれには力が必要だ。われわれは何ひとつもたずに生まれる。だから、われわれには援助が必要だ。われわれは愚かな者として生まれる。だから、われわれには思慮分別が必要だ。われわれが生まれたときにはもっておらず、われわれが大人になったときに必要なものは、すべて教育によってあたえられる。

われわれにこの教育をしてくれるのは、自然であり、人間であり、事物である。われわれの内的な能力や身体器官の発達、これが自然による教育だ。その発達をどう利用するかを教えるのが、人間による教育。そして、自分に影響をおよぼすものごとについての自分自身の経験から得られるもの、これが事物による教育である。

だから、われわれはみんな、この三種類の先生によって教育される。三先生の教えがそれぞれバラバラでたがいに矛盾していると、生徒は正しく育たず、けっしておだやかに調和のとれた人間にはなれない。三先生の教えがすべて同じ点に集中し、同一の目的をめざしているばあいにのみ、生徒は自分の目標に向かって進み、ようやくきちんとした生き方ができるようになる。こういう生徒のみが良い教育を受けたといえる。

ところで、この三種類の教育のうち、自然による教育には、われわれはまったく手出しができない。事物による教育には、その一部にしか手出しができない。人間による教育についてのみ、たしかにわれわれがどうにかできると言える。ただし、それもやはり仮説としてそう言えるにすぎない。なぜならそれは、子どもをとりまくすべてのひとびとの言動を完全にコントロールできればの話なので、はたして期待できることなのかどうか。

したがって、教育を技術としてとらえるならば、成功の見込みはほとんどない。なぜなら、成功するためには三つの教育の協同が必要なのに、そこには誰も手出しができないからである。われわれが努力をしてどうにかできることは、目標に多少なりとも接近することぐらいだ。しかも、目標に到達するには幸運に恵まれねばならない。

この目標とは何か。それは自然がめざす目標そのものである。そのことはすでに証明した。三つの教育がそろって成功するためには協同が必要なので、われわれがまったく手出しのできないものに沿って、ほかの二つを導いていかねばならない。しかし、この自然ということばは、意味がおそらくあまりにも漠然としすぎている。ここで、その意味をはっきりとさせておかねばならない。

自然とは習性にほかならない、と言う人がいる。それはどういう意味なのか。強制によってしか身につかず、そして自然を消し去るわけでもない習性もあるのではないか。たとえば、垂直方向に伸びるのを妨げられた植物の習性がそれだ。この植物は強制を解かれて自由になっても、最初に強いられた性向を保ちつづける。しかし、樹液は本来の方向性をけっして変えない。そこで、植物がなおも成長をつづけると、その伸びはやがて元どおり垂直になるのだ。人間の性向にも同じことが言える。人間も、同じ状態にとどまるかぎり、習慣の成果を、たとえそれが人間にとって不自然なものであっても、保ちつづける。しかし、状況が変わるとすぐに習性は消え、自然がもどってくる。

たしかに、教育はひとつの習慣にほかならない。ところが、ひとびとのうちには、自分が受けた教育を忘れたり、失う者もいるし、それを失わずに保ちつづける者もいるではないか。このちがいは、いったいどこから来るのか。

われわれが、自然ということばを、自然に合致した習性というものに限定することにすれば、右のようなあいまいな話は避けることができよう。

われわれは感受性をそなえて生まれてくる。そして、生まれた瞬間から自分をとりまくものによって、いろいろな刺激を受ける。われわれは、いわば感覚を意識するようになると、感覚を生みだすものを求めたり、あるいは避けたりするようになる。最初は、それが自分にとって快いか不快かによって、つぎには、それが自分に適合するか適合しないかによって、最後は、理性があたえる幸福とか完全性の観念にもとづいて自分がくだす判断によって、われわれの傾向がきまる。

こうした傾向は、われわれの感性が高まり、理性が成長すればするほど拡大強化される。しかし、習慣がそれを抑制する。そして、多かれ少なかれ、それは世の中の意見によって変更させられる。この変更が加えられる以前の傾向を、私はわれわれ人間の自然と呼ぶのである。

したがって、この原初的な傾向にすべてを連関させなければならない。それは、われわれの三つの教育がたんに異なっているだけなら、可能であろう。しかし、三つがたがいに対立するばあいはどうか。ひとびとが、人間を本人のためにでなく、他人のために育成したいと思っているばあいはどうか。そのばあい、協同は不可能である。自然と戦うか、社会の制度と戦うか、そのいずれかを強制される。人間をつくるのか、それとも市民をつくるのか、そのどちらかを選択させられる。両方を同時につくることはできないからである。

全体の一部分をなす社会は、範囲が狭くて結束が固いときには、かならず全体から離反する。愛国者はきまって外国人に冷酷である。外国人はたんなる人間にすぎず、愛国者の目には無にひとしい。*3 愛国者にこうした欠点があるのは避けがたいが、しかし、それはたいした問題ではない。愛国者にとって本質的に大事なのは、そこでいっしょに生きるひとびとにたいして善良であることなのだ。スパルタ人は、外にたいしては野心的で、けちんぼうで、不公正であったが、かれらの城壁の内側では、無私無欲と公正さと和合の精神が支配していた。あなたたちが警戒すべきは世界主義者《コスモポリタン》である。かれらは、遠くにいるひとにたいする義務を書物で説きながら、自分の近くにいるひとにたいして義務を果たすことを軽蔑する。こういう哲学者は、自分の隣人を愛さずにすませるために、遠くの野蛮人《タタール》を愛するのだ。

＊3　だから、共和国どうしの戦争は君主国どうしの戦争よりも残酷なのである。しかし、国王どうしの戦争は穏やかでも、国王たちの平和は、それこそ恐ろしいものなのだ。かれらの臣民になるぐらいなら、かれらの敵になったほうがよほどいい。

自然人はまったく自分自身のためにのみ生きている。かれは個という数の単位であり、絶対的な整数である。かれは自分自身か、自分の同類としか関係をもたない。いっぽう、市民となった人間は何分の一という分数にすぎず、その価値は分母の大きさによってきまる。つまり、市民としての人間の価値は、社会体という全体との関係によってきまる。

良い社会制度とは、人間の自然をもっとも上手になくすことのできる制度であり、人間を絶対的な存在から相対的な存在にしてしまい、人間の「自我」を共同の統一体のなかに移しこんでしまう制度なのである。その結果、それぞれ個であった人間はもはや自分を個としては考えず、自分は統一体の一部分だと思うようになる。もはや全体の一員としての感性しかもてなくなる。

ローマの市民はカイウスでもルキウスでもなく、ローマ人であった。かれは自分を捨ててまで国を愛した。ローマの将軍だったレグルスも、カルタゴとの戦い［第一次ポエニ戦争］に敗れ、カルタゴに仕える身になると、カルタゴ人と名乗るようになった。その後、ローマの元老院の席につけるチャンスもあったが、自分はすでに外国人なので資格がないと、断った。いあわせたカルタゴ人も、それを命令せざるをえなかった。レグルスは、みんなが自分の命を救いたがっていたので憤る。かれはそれをはねのけ、胸を張ってカルタゴにもどり、そこで極刑に処せられて死ぬ。こんなことは、われわれが知っているいまの人間にはあまり縁のない話のようだ。

スパルタ人《ラケダイモーン》のパエダレートスは、スパルタの統治にかかわる三百人委員会に入れてもらおうと出頭したが、はねられた。すると、かれは、自分よりもすぐれた人間がスパルタに三百人もいるとわかって、大いに喜んで引きあげた。かれは本気で喜んだのだと私は思う。かれがそうするのは当然であった。まさしくそれが市民の姿なのだ。スパルタのある女は息子五人を戦場に送り、そして、戦闘の知らせを待っていた。使いの奴隷が到着する。彼女はふるえながら尋ねる。「戦さはどうだったのか」「お子さんは五人とも戦死なさいました」「いやしい奴隷よ。私はそんなことを尋ねたのではない」「わが軍は勝利しました」。母親は神殿に駆けつけ、神々に感謝をささげた。まさしくこれが女の市民の姿なのである。

市民という立場にありながら自然人としての感情をまだ大事にしたい者は、自分が何を望んでいるのか、わからずにいる。かれはつねに自分自身と矛盾し、自分の本音と建て前のあいだで、ゆれ動く。かれは人間にもなれず市民にもなれない。かれは自分のためになることも、他人のためになることもできない。これが現代における人間のなれの果てである。フランス人、イギリス人、ブルジョワの姿である。つまり、かれは何者にもなれない。

何者かであるためには、すなわち、自分が自分自身であり、つねに確たる一個の存在であるためには、言動が一致しなければならない。自分がとるべき態度を決め、それを公然と示し、そしてかならずその態度を一貫させなければならない。私は、ひとがそういう奇跡に近いことを披露《ひろう》してくれるのを待っている。それを見せてもらえれば、そのひとが人間なのか市民なのかが、ようやくはっきりする。あるいは、ひとが人間でありながら市民であるには、どのようにふるまえばいいのかがわかる。

こうした必然的に対立する二つの目的から、二つの相反する教育の形態が出てくる。ひとつは公的な共同の教育、もうひとつは家庭での個別の教育である。

公共教育についての考えかたを知りたいのであれば、プラトンの『国家』を読むとよい。この本は、タイトルだけで判断すれば政治の本のように思われるが、けっしてそういう本ではない。いままで書かれた教育論のうちでもっともすばらしいものである。

一般の評価では、プラトンの教育制度は、ありえない空想的な国の代表的なイメージである。しかし、もしリクルゴスがあのスパルタ教育を実施せずに、書物のなかで示しただけだったならば、私はそれを読んでリクルゴスの教育制度のほうがよほど空想的だと思ったであろう。プラトンは人間の魂を純化したにすぎないが、リクルゴスはそれを不自然なものにした。

公共教育というのは、いまではもはや存在せず、そして、もはや存在しえない。なぜなら、もはや祖国が存在しないところでは、市民も存在しえないからである。祖国と市民、この二つのことばは現代の用語としては消去すべきである。その理由は言おうと思えば言えるけれども、ここでは語りたくない。主題とまったく関係のない話だからである。

私は、学院《コレージュ》と呼ばれる愚劣な施設を公共教育の場とは見なさない。*4 また、社交のための教育も、私は考慮に入れない。なぜなら、社交教育は相反する二つの目的を追求し、どちらも果たせないものだからである。社交教育は二重人格の人間をつくることにしか適さない。すなわち、いつもすべては他人のためにと見せかけて、じつは自分のことしか考えていない人間をつくる。しかし、そういう見せかけは世間の誰もがしていることなので、誰もそれには騙されない。つまり、それはするだけムダな努力にすぎない。

*4 ジュネーヴのアカデミーとパリの大学には、私が敬愛し、高く評価している教授がいる。かれらなら、既成の教育のやりかたを強制されたりしなけれ

ば、きわめて立派に青年たちを育てることができると私は信じる。私はそのひとりに、かれが考えた教育改革のプランを出版するよう勧めている。それを読めば、教育の弊害にも対応策がないわけではないとわかるので、ひとびともついには弊害をなくすことに努めるようになるであろう。

われわれが自分の内面でたえず葛藤を覚えるのも、こうした教育の矛盾のせいである。われわれは自然あるいは人間に引きずられて、まったく相反する道を歩まねばならない。われわれは相異なる衝動のあいだで身を裂かれざるをえない。われわれはどっちつかずのコースを進み、どちらの目的地にも到達できない。

こうしてわれわれは、生きているあいだずっと、こづきまわされ、たえずふらつき、自分で自分を何者と認めることもできないまま一生を終える。自分にとっても他人にとっても、何の役にも立たないまま終わる。

けっきょく残るのは、家庭での教育、自然による教育である。しかし、教育が自分ひとりだけのためになされて育った人間は、ほかのひとびとにとってどういう者になるのだろうか。

人間のさまざまの矛盾を除去すると、教育に求められる二重の目的もおそらく単一のものにまとめられる。もしそれがなされたならば、人間の幸せにとっての大きな障害も除去されることになる。これがどういうものであるかを判断するためには、その人間形成の全体を見る必要があろう。その人間の性向を観察し、その成長を眺め、その歩みをたどってみなければなるまい。一言でいえば、自然人を知る必要があるだろう。その研究をするひとは、まさに本書を読めば数歩前進したことになるだろう、と私は信じる。

こういうたぐいまれな人間を育成するために、われわれは何をなすべきか。たしかに、なすべきことは多い。しかし、いちばん必要なのは、何もすべきでないときには、何もしないように抑えることである。

向かい風のなかで帆船を走らせたいときには、ジグザグに航行すればよい。しかし、海が荒れているとき、船が流されないようにするのが大事なのであれば、いかりを下ろさなければならない。若い水先案内人よ、気をつけろ。いかりの綱がほどけないように。あるいは、いかりが海底をずるずると動いて、知らぬ間に船が岸から離れてしまわないように、気をつけろ。

社会の秩序においては、すべての地位が定められており、ひとはみな、それぞれの地位にふさわしく育てられる。地位にふさわしく育てられた個人はその地位を離れると、もう何の役にも立たない。教育は、そのひとの将来が親の職業と合致するかぎりにおいて有用である。それ以外のばあいには、教育は生徒にとって有害である。生徒にひがみ根性を植えつけるだけでも有害である。

昔のエジプトでは、男子はかならず父親の職業を継がねばならず、したがって教育は少なくともたしかな目的をもっていた。しかし今日、われわれの社会では、地位そのものは存続しているが、人間は自分たちの地位をたえず変えている。父親が息子に自分のあとを継がせるように育てるのは、息子にとってよくないのではないか。誰もそれがわからずにいる。

自然の秩序においては、人間はみんな平等であり、その共通の天職は、まさしく人間であること、である。その天職にふさわしく育てられた者はだれでも、人間にできることがらなら何でも果たせないはずがない。

親が私の生徒を、軍人にしようと、僧侶にしようと、法律家にしようと、それは私にはどうでもよい。親の職業よりも先に、自然は生徒に人間として生きることを命じている。生きること、それが私が生徒に教えたいしごとなのである。

生徒は、私の手を離れるときは、たしかに役人でも軍人でも僧侶でもない。かれはまず最初に人間になるのである。人間になれば、かれは必要に応じて何者にでもなることができるだろう。そして、いくら運命がかれの地位を変えてもムダである。かれはつねに自分の正しい地位にいる。「運命よ、私はおまえに勝った。おまえを攻略して、侵入路をすべて封鎖した。だから、おまえはもう私には近づけないぞ」*5

*5　キケロ『トゥスクルム荘対談集』第五巻［花房友一訳、第二七節］

われわれがほんとうに研究しなければならないのは、人間が人間となるための条件についてである。われわれのうちでもっとも立派に育った者とは、私の考えによれば、人生の良いことも悪いことも、しずかに引きうけられる者のことだ。したがって、ほんとうの教育は話して聞かせることよりも、訓練をさせることにある。

われわれは、生きることを始めるとともに学ぶことを始める。われわれの教育はわれわれの出現と同時に始まる。われわれの最初の教師は、乳母である。じっさい、古代において「教育《エデュカシオン》」ということばは、現代のわれわれがもう使わなくなったべつの意味をもっていた。つまり、それは「養うこと」を意味していた。ローマの学者ウァッロも言う。「産婆が子どもを取りあげ、乳母が養い、家庭教師がしつけ、教授が教える」*6。このように、養うこと、しつけること、教えること、この三つは、乳母と家庭教師と教授が異なるように、目的がそれぞれ異なる。しかし、こういう区別は望ましくない。子どもは、正しく導いてもらうためには、ずっとひとりのガイドについていくべきなのである。

＊6 ノニウス・マルケルス〔四世紀ローマの文法学者、その著『学識要覧』〕からの引用。

そこで、われわれはものの見方を一般化しなければならない。自分の生徒を、抽象的な人間として考えねばならない。つまり、人生のあらゆるできごとや変化にさらされる人間として考えねばならない。

もしも、ひとびとが生まれた土地にずっといつづけ、同じ季節が一年中つづき、そして、誰もが自分の運命はけっして変えられないと思ってそれを甘受するのであれば、これまでどおりの教育のやり方が、ある点では上等である。自分の身分にふさわしく育てられた子どもは、その身分を離れることがなければ、ほかの身分にともなう不具合にさらされることもありえない。

しかし、人間にかかわるものごとは移ろいやすい。一世代ごとにすべてがひっくりかえるいまという時代の精神は、不安と動揺だ。これを見るならば、子どもが部屋からまったく出る必要がないように、また、子どもがつねに召使いにとりまかれているように、子どもを大事に育てるのは、およそ考えうるもっともバカげた方法ではなかろうか。不幸にもそういう育てられ方をした子どもは、大地に一歩でも踏み出したら、あるいは地位が一段でも下がったら、もう身の破滅だ。これは子どもを、できるだけ苦しみに耐えられるようにする教育ではない。これはできるだけ苦しみを感じられるようにするための訓練なのである。

ひとびとは子どもを守ることしか考えないが、それでは不十分だ。子どもが大人になったら自分で自分を守ること、それを教えなければならない。運命の打撃に耐えること、富裕なときも貧しいときも平然としていられること、必要とあればアイスランドの氷のうえでも、マルタ島の焼けつく岩の上でも生きていけること、それを教えなければならない。

あなたは子どもが死んだりすることがないように、あれこれ予防するが、それはむなしい。子どもも死ぬときは死ぬ。たとえその死が、あなたがあれこれ気づかったせいではないにしても、やはりそういう気づかいはまちがっている。大事なことは、死ぬのを防ぐことよりも、子どもをきちんと生きさせることである。

生きること、それはたんに呼吸をすることではない。生きることは活動をすることである。自分の身体器官、感覚器官、自分のさまざまな能力を用いることである。自分が存在していることを自分に感じさせるもの、自分自身のすべての部分を働かせることである。

もっともたっぷりと生きたひととは、もっともたくさんの年月を数えたひとではなく、生きていることをもっともたっぷりと感じたひとである。百歳で墓に入ったひとでも、生まれてすぐ死んだひとと大差なかったりする。そういうひとは若いうちに死んだほうがましだった。少なくともその年まで生きたと言えるならば。

われわれの思慮分別は、すべて奴隷的な先入観にすぎない。われわれの慣習は、すべて隷従、不自由、抑制にすぎない。文明人は奴隷状態で生まれ、生き、そして死ぬ。生まれると拘束衣のような産衣《むつき》でしめつけられる。死ぬと棺桶《かんおけ》のなかでくぎづけにされる。そのあいだ人間の姿をしているかぎり、かれはわれわれの制度に鎖でつながれている。

多くの産婆は、赤ちゃんの頭の形をもっと良くするためと称して、新生児の頭をこすりまわすそうだ。そして、そんなことが広く許されているらしい。われわれの頭は、創造主がわれわれにあたえてくださった形のままでは良くないのだろう。われわれの頭は、外側は産婆によって、内側は哲学者によって、形を整えなければならない。何もしないカリブ人のほうがわれわれよりはるかに幸せだ。

「子どもは、母親の胎内から出るとすぐに、そして、手足を動かしたり、伸ばしたりする自由を楽しめるようになるとすぐに、あらたな束縛があたえられる。きつい産衣にくるまれ、頭を固定され、足は伸ばされ、腕は体のわきに垂らす形にされて、寝かされる。いろんな種類の布や帯を巻きつけられ、体の向きを変えることもできない。しめつけが、息もできないほどでなければ幸運である。口のよだれが自然に流れ落ちるよう、体を横向きに寝かせてもらっていれば幸運である。なぜなら、この赤ちゃんは自分で頭の向きを変える自由をもたず、よだれが流れ落ちるようにできない[*7]」

＊7 『博物誌』〔ビュフォン著〕第四巻〔一七五三年〕一九〇頁

赤ちゃんは、それまで長いあいだ毛糸玉のように縮こまっていた麻痺状態から脱するために、手足を思いっきり伸ばしたり動かしたりする必要がある。なるほど、大人は赤ちゃんの手足を引っぱったりするが、赤ちゃんが自分で手足を動かすのは妨げる。赤ちゃんの頭も、頭巾をかぶせて自由にはさせない。まるで、赤ちゃんが生きているように見えることさえ恐れているみたいだ。

成長をしたがる身体の内的な衝動は、赤ちゃんに運動をさせようとするのだが、このように絶対的な障害に出合う。赤ちゃんはむなしくもがいて、ついには力を使い果たす。あるいは、その力もつかないままになる。赤ちゃんは母親の胎内にいたときよりも、産衣を着るようになってからのほうが窮屈だし、拘束され、抑圧される。これでは、赤ちゃんは生まれてみても何もいいことがない、と私には思われる。

運動をさせないこと、赤ちゃんの手足を抑えつけて動けないようにすること、これはただ血液や体液の循環を妨げることにしかならない。子どもが強くなり、大きくなり、丈夫な体質になるのを妨害することにしかならない。こういうとんでもない育て方がなされない土地では、人間はみんな大きく、強く、しかも均斉のとれた体になる。＊8

いっぽう、赤ちゃんに拘束衣みたいな産衣をまとわせる国には、いわゆるせむし、びっこ、X脚、くる病、発育不全その他、ありとあらゆる種類の奇形が、うようよいる。ひとびとは、自由な運動によって体が変な育ち方をするのを恐れて、子どもを生後すぐに圧搾機に入れ、体をかえって変な形にしてしまう。ゆがむのを防ぐつもりが、かえってゆがみをつくりだす。

＊8　後注＊16を見よ。

残酷なまでの拘束は、子どもたちの体質ばかりでなく、気質にも影響をあたえずにいられるだろうか。子どもが最初に覚える感情は、痛さと苦しさである。子どもは、自分がやりたい動きはすべて妨げられていることを発見する。鎖につながれた犯罪人よりももっと不幸なかれらは、あがいてもどうしようもない。かれらはいらだち、大声で泣く。

赤ちゃんの最初のことばは泣き声だ、と言ったのはあなたか。なるほど、それは言える。ところが、あなたは子どもが生まれた瞬間から、子どもが泣くのをやめさせようとする。子どもがあなたから最初に受けとる贈り物は、鎖だ。かれらが最初にこうむるあつかいは、拷問だ。赤ちゃんが自分で自由にできることは泣き声を出すこと以外に何もない。ならば、不満を示すために、どうしてそれを使わずにいられるだろうか。かれらは、あなたが苦しめているから泣くのである。あなたもああいう拷問をされたら、赤ちゃん以上に大声で泣きわめくだろう。

では、こういう不条理な習慣はどうして生まれたのか。それは自然に反する習慣から生まれた。

母親たちが、母親としての第一の義務をうとましく思い、自分の乳を子どもに吸わせるのを嫌がるようになった。すると、どうしても育児は金で雇った女にゆだねざるをえなくなった。乳母たちは、こうして他人の子どもの母親となるが、それは自然な結びつきではないので、ただ面倒を省くことばかり考えた。そもそも子どもを自由にしておいたら、たえず子どもを見張っていなければならない。しかし、ちゃんと縛りつけておけば、どんなに泣いても気にする必要もなく、隅っこに放置しておける。

乳母たちにとっては、育児怠慢の証拠さえなければよい。乳児の腕や脚の骨が折れたりしなければよい。それさえなければ、あとはどうなってもかまわない。赤ちゃんが死んでしまおうと、体の障害を一生かかえることになろうと、どうでもいいのではないか。そこで、赤ちゃんの体を犠牲にして、赤ちゃんの手足が守られる。そこさえ守れば、あとは何が起ころうと、乳母には罪がないことになる。

のどかに暮らせる母親たちは、子どもという厄介なものを遠ざけて、陽気に都会の楽しみにふける。そのあいだに子どもは田舎で、拘束衣みたいな産衣を着せられて、どういう扱いを受けているか、母親たちは知っているのか。乳母たちがちょっとでも忙しいと、赤ちゃんは古着の包みのように壁の釘にひっかけられる。乳母たちがゆっくりと用事をすませるまで、かわいそうに赤ちゃんは、こうして釘づけにされたままだ。

こんな状態で見つけられた赤ちゃんは、みんな顔が紫色になる。胸を強くしめつけられると、血液は流れが妨げられて、頭のほうへ上ってしまうからだ。そのとき、大人たちは赤ちゃんがとても静かになったと思う。静かになったのは、泣く力もなくなったからだ。こんな状態の赤ちゃんがはたしてあと何時間生きていられるか、私にはわからない。しかし、けっして長くはもつまい。私が思うに、まさしくこれが拘束衣のような産衣の最大の効用のひとつである。

赤ちゃんは、体を自由に動かせるようにしておくと、変な姿勢になって、手足の正しい形成を自分の動きで害すると主張する者がある。まさにこういう俗説が、われわれのあさはかな知恵による空論の典型である。じっさい、その説には経験による裏づけがまったくない。

われわれよりももっと良識のある国民のあいだでは、赤ちゃんは手足をまったく束縛されずに育てられる。しかし、そうした育てられ方のせいで、怪我をしたり、体に障害をもつようになった赤ちゃんは、たくさんの子どものなかでさえひとりもいない。そもそも赤ちゃんはどんなに動いても、危険といえるほどの力をその動きにもたせることができない。めちゃくちゃな姿勢をとろうとすると、体の痛さが、本人にすぐに姿勢を変えるよううながす。

犬や猫の赤ちゃんにも産衣を着せる、われわれはいまだかつてそんなことは考えたこともない。犬や猫にたいして、産衣を着せないといった育児怠慢をしたからといって、何か不都合があっただろうか。人間の赤ちゃんのほうが体が重たい。それは認める。しかし、人間の赤ちゃんは体が弱い。やっと動けるていどだ。なのに、どうやって自分の手足に障害をあたえることができよう。産衣を着せて、あおむけにしておくと、赤ちゃんは亀と同じく寝返りがうてず、そのままの姿勢で死んでしまうだろう。

女たちは、子どもに自分の乳をあたえるのをやめたが、それだけではすまなかった。

女たちは、子どもをつくることも望まなくなった。これは自然の流れである。母親になると負担がかかる、となると、すぐにその負担から完全に解放される方法が見つけだされる。ひとは、できあいのものを廃棄したがり、かならず最初からやりなおしたがる。ひとは、人類をふやすためにあたえられた性的な魅力を、人類にとって有害なものに変える。こうした習慣は、その他の人口減少の諸要因とあいまって、将来のヨーロッパの運命をわれわれに予告する。ヨーロッパが生みだす科学、芸術、哲学、そして習俗は、近いうちにヨーロッパを砂漠に変えるだろう。ヨーロッパは野獣たちの住《す》み処《か》になるだろう。といっても、その住民はいまの住民とたいして変わらない。

若い女が、子どもを自分で育てたいと主張してみせる小芝居なら、私も何度か見たことがある。彼女は、そんな酔狂な考えは捨てろと、ひとに言わせる術《すべ》をこころえているのだ。彼女は夫や医師や、そしてとくに自分の母親からの干渉をたくみに引き出す。妻が自分の手で子どもを育てることにあえて同意するような夫は、まともな人間ではないとされる。そんな夫は、妻を厄介払いして始末したがる人殺しみたいに見なされる。思慮深い夫は、家庭平和のために父親として愛を犠牲にしなければならない。しかし、大丈夫。田舎にはあなたの妻よりもずっと貞節な女がいる。また、あなたの妻がこうして獲得した余分の時間を、あなた以外の男に向けたりしなかったら、あなたはさらに幸運だ。

女の義務というものがあることには疑問の余地がない。ところが、女がそういうものを軽蔑しているなかで、子どもを育てるには母親の乳でもべつの女の乳でもかまわないのではないかといった議論がなされている。この問題は、すでに医者を判定者にして、女の望みどおりに決着した、と私は見ている。で、これは私の考えだが、赤ちゃんは、自分を育てたのと同じ血液をとりいれると、自分もまた何かの病気になる恐れがあるのであれば、健康をそこねた母親の乳を吸うより健康な乳母の乳を吸うほうがよほどいいと思う。

しかし、この問題は、たんに肉体的な側面のみを考察すべきものなのか。赤ちゃんは、母親の乳房と同じくらい母親の気づかいを必要としているのではないのか。

母親が赤ちゃんへの授乳を拒むなら、ほかの女が、あるいは動物でさえ、そのかわりをすることができよう。しかし、母親の心づかいはけっして代行されるものではない。自分の子どもではなく、ほかの女の子どもを養育する女は、まがいものの母親である。どうして彼女は良い乳母になれるだろうか。なれるかもしれないが、それにはそうとう時間がかかる。習慣が彼女の本性を変えるまでにならねばならない。だから、彼女が母親らしいやさしさを身につけるまで、赤ちゃんはきちんとした心づかいを受けず、百回も死ぬような目にあわされるだろう。

しかし、乳母が母親らしいやさしさを身につけると、利点もあるが欠点も生じる。敏感な母親は、この欠点だけでも子どもの養育を他人にまかせる勇気を失うはずだ。欠点とはすなわち、母親の権利を他人と分かちあわねばならないこと、あるいはむしろそれを譲りわたさねばならないこと、そして、子どもが母親以外の女を愛し、しかも母親以上に彼女を愛するようになるのを見なければならなくなること、また、子どもが実の母親にたいしていだきつづける敬愛の情は、たんなる好意であり、育ての母親にたいしていだく愛情は、義務だと感じられるようになること、である。やはり、母親らしい気づかいが見られるところにこそ、息子としての愛着が生じると考えるべきではなかろうか。

こうした欠点をなくす方法としては、乳母をたんなる召使いとしてあつかい、子どもたちの心に、乳母を軽蔑する気持ちを吹きこむ手がある。乳母の役目が不要になったら、子どもをひきとる。あるいは、乳母に暇を出す。以後は、会いに来ても冷たく対応して、乳母がその子に会いに来る気持ちをくじく。数年もたてば、子どもはもう乳母に会うこともない。会っても誰だかわからなくなる。

こうして母親は、自分は乳母にとってかわったと思い、自分がしてきた育児放棄をこんな残酷なやり方でつぐなえたと思ったら、とんでもないまちがいだ。彼女は、自然に反する育児によって、息子を心優しい人間にはせず、恩知らずの人間に鍛えあげる。彼女は、息子に乳をあたえた女を息子が軽蔑するようにしていき、そうして、息子が自分に命をあたえた母親をもいつかは軽蔑するようにしてしまう。


大事な話は、聞いてもらえなくてもめげずにくりかえし語るべきであるならば、私はまさにこの点についてどこまでもこだわりたい。これは、あなたがたが考えている以上に多くのことがらにかかわる問題なのである。

あなたがすべてのひとを、それぞれの第一の義務に立ちもどらせたいのであれば、まず母親から始めなさい。それが生じさせる変化には驚かされるだろう。じっさい、そこでなされた最初の堕落が、そのあとのすべての堕落に、つぎつぎにつながっている。道徳の秩序のすべてが悪いほうに変わる。自然なものが消えていく。家のなかにあった活気も薄れる。あたらしい家族の感動的な光景は、もはや夫の心を引きつけるものではなく、まして他人を感心させるものでもない。子どもといっしょにいないと母親は尊敬されない。家庭は安らぎの場ではない。血のつながりはもはや習慣によっても強まらない。もはや父も母も子も、兄弟姉妹もいない。みんなおたがいによく知らない他人どうしだ。そういうひとびとが、どうして愛しあえるだろうか。みんな、もう自分のことしか考えない。家には孤独のさびしさしかないのであれば、楽しさはほかのところで求めなければならない。

しかし、母親があえて自分で子育てをするようになれば、習俗はひとりでに改まる。自然の感情がふたたびすべてのひとびとの心によみがえる。国の人口は増えていく。この最初の出発点、それさえあれば、あとはすべてが結びついていく。

家庭生活の魅力が、さまざまの悪い習俗にとっての最良の解毒剤なのである。わずらわしく思われる子どもたちの騒がしさも、楽しいものとなる。父親と母親はたがいにますますなくてはならないものとなり、ますます愛《いと》しいものとなる。夫婦のきずなは固くなる。家族が生き生きとし、にぎやかになれば、家事全般への心配りは、妻にとってもっとも大切なしごととなり、夫にとってはもっとも甘美な楽しみとなる。

このように、ほんのひとつの悪習が改められれば、やがてすべてが改められることになろう。やがて自然が本来の権利をすべてとりもどすであろう。女がひとたび母親にもどれば、男もやがて父親にもどり、夫にもどるであろう。

以上、私はついムダな講釈を垂れてしまった。ひとは、たとえ浮世の快楽に飽きたからといって家庭の楽しさにもどってきたりはしない。女は母親になるのをやめてしまった。もう母親にはならないだろう。なりたいとも思わないだろう。たとえなりたいと思っても、まずなれないだろう。反対の習慣ができあがっている今日、母親になりたがる女はかならず周囲の女たち全員の反対と戦わねばならない。女たちは、自分ではなったことのない母親、あるいはなりたくもない母親、そんな者になりたがる女の実例があらわれるとみんなでそろって反対するのだ。

しかし、それでもやはり良い素質をそなえた若い女がときどきあらわれる。彼女たちは、この点にかんして流行の支配に反抗し、同性からの非難もあえて無視する。そして、自然が彼女たちに課すきわめて甘美な義務を、健気《けなげ》に果たす。それをおこなう者にあたえられる幸せの大きさにひかれて、そうする女の数が増えてほしいものである。

私は、もっともシンプルな推論の帰結といままで一度も否認されたことのない観察とにもとづき、そうした尊敬すべき母親たちに約束したい。あなたは夫からいつまでも変わることなく強く愛される。子どもからほんとうに子どもらしい情愛を受けとる。

世間から評価され、尊敬される。出産は苦痛もなく無事におこなわれ、産後の肥立ちもよい。あなたはますます健康になり、体も丈夫になる。そして、あなたにとって喜ばしいことに、あなたの娘はあなたを模範とし、いつかあなたと同じことをし、それがまたほかのひとびとにとっての模範となる。私は約束する。

母親があっての子ども、子どもがあっての母親である。どちらも相手にたいして義務がある。いっぽうが義務を怠れば、相手もやがては義務を怠ることになる。子どもは、母親を愛する義務があると知るまえに母親を愛さなければならない。血のつながりの効力は、習慣と配慮によって強められることがなければ、生後数年で消えてしまう。心は、いわば生まれるまえに死んでしまう。こうして、われわれは最初の数歩で自然から外れてしまうのだ。

また、逆の道をとおって自然から外れることもある。それは、女が母親としての気づかいを怠るのではなく、逆に、気づかいをしすぎるばあいである。たとえば、母親が子どもを自分のアイドルにする。子どもの弱さを子どもに自覚させないようにして、かえって子どもの弱さを大きく育てる。子どもを自然の法則から免れさせることを願い、子どもにつらい体験をさせないようにする。たしかにそういうことをする母親は、ほんのしばらく、子どもを不快なことから遠ざけられるが、しかし、それによって将来、子どもにどれほど事故や危険がおそってくるか、そこは考えない。そして、それが子どものひ弱さをそのまま大人になってからの苦労につなげるだけの、どれほど残酷な予防策であるか、彼女は考えもしない。

ギリシア神話で、女神テティスは自分の息子［のちの英雄アキレウス］を不死の体にするために、冥界を流れるスティクス河の水に息子をひたした。この話が意味するものは美しく、そして明快である。逆のことをするのが、いま私が語った残酷な母親たちだ。彼女たちは子どもをぬるい環境のなかにひたして、子どもが成長してから苦しむよう準備する。彼女たちは子どもの体の気孔をひろげて、子どもをありとあらゆる病気にかかりやすくする。子どもは大きくなってから、かならずいろんな病気のえじきになる。

自然をよく観察せよ。そして、自然が示してくれる道筋をたどれ。

自然は休むことなく子どもに試練をあたえつづける。子どもにあらゆる試練を課して、体質を鍛える。痛みや苦しみがどういうものか、早いうちに子どもに教える。

歯が生えるときは熱が出る。腹痛が激しいときは体が痙攣《けいれん》する。咳が長くつづくと喉がつまる。いろんな虫に悩まされる。多血症［赤血球増多症］は血液を腐敗させる。

血液のなかでさまざまの酵素が発酵し、たちの悪い吹き出ものができる。幼年期はほぼ全体が病気と危険の時期である。生まれる子どもの半数は、八歳になる以前に死ぬ。こうした試練を受けて、子どもは力を身につけてきた。そして、自分の生命を用いることができるようになると、すぐに生命はますます確かなものとして根づいていく。

これが自然の規則である。なぜあなたはそれに逆らおうとするのか。あなたは自然を矯正しているつもりで、じつは自然のしごとを台なしにしているのがわからないのか。自然の配慮の効果を妨げているのがわからないのか。

おだやかにしていればいいのに、外部から身を鍛えるのは危険を二倍にする、とあなたは考える。じつは逆なのである。鍛えることが危険を遠ざけ、危険を弱める。経験が教えているように、大事に育てられた子どものほうが、そうではない子どもよりも死亡率が高い。子どもの力の限度を超えさえしなければ、子どもには力をたっぷり使わせたほうが、ひかえめに使わせるよりも危険は少ない。

だから、子どもがいつか耐えねばならない打撃にそなえて、子どもを鍛えなさい。苛酷な季節・風土・環境に耐えられるよう、また飢えや渇きや疲労に耐えられるよう、子どもの体を鍛えなさい。つまり、あなたもスティクス河の水に子どもをひたしなさい。

身体的な習慣は、それが子どもの身につく以前なら、どのような習慣でも危険なしに身につけさせられる。しかし、いったんしっかりと身についてしまうと、その変更にはかならず危険をともなう。子どもなら、大人が耐えられないような変化でも耐えられる。子どもの筋肉はやわらかくて、しなやかだから、難なくねらいどおりの形になる。大人の筋肉は固いので、よほど無茶なことをさせないかぎり、すでにできあがった形は変えられない。

したがって、われわれは子どもの生命や健康を危険にさらすことなしに、子どもを丈夫な体にすることができる。また、たとえいくらか危険をともなうことでも、われわれはためらうべきではない。それは人間として生きていくことと切り離せない危険であるから、人生においてそうした経験をするのに不都合が少ない時期に、危険と直面させるほうがよいのではなかろうか。

子どもの価値は年齢とともに増していく。本人自身の価値のほかに、本人のために払われた心づかいの価値が加わる。年齢が進めば、命をなくすことにも、本人自身における死の意識が加わり、さらに重たくなる。したがって、子どもの保護は、なによりもまず子どもの将来を考えてのことでなければならない。青年期に到達するまえに、青年期の苦難に耐えられる力をつけてあげなければならない。じっさい、子どもが命を役立てられる年齢になるまで命の価値は増大していく。とするならば、幼年期のわずかばかりの苦しみをはぶいてあげることによって、理性を働かせられる年齢になってからの苦しみを増やすというのは、何ともバカげたことではないのか。それが先生の教えることなのか。

人間の運命は、生きているあいだずっと苦しむことにある。自分の命を保ちつづけようと心がけることも苦しみにつながる。幼年時代に、身体的な苦痛しか知らなかった者は幸せだ。身体的な苦痛は、ほかの苦しみにくらべるとさほどひどくなく、つらくもないし、それがあるから生きるのをやめた者もめったにいない。痛風の痛さのせいで自殺する者はいない。絶望を生みだすのは心の苦しみ以外にない。われわれは子どもの身の上をあわれんだりするが、あわれむべきはわれわれ自身の身の上である。われわれの最大の苦しみは、われわれ自身に由来する。

生まれたとき、赤ちゃんは泣く。赤ちゃん時代はずっと泣いてすごす。それをなだめるために、大人はゆすったり、あやしたりする。赤ちゃんを黙らせるために、大人はおどしたり、叩いたりする。

われわれは子どもが気に入ることをするか、もしくは、われわれが気に入ることを子どもに強要する。われわれは子どもの気まぐれに服従するか、もしくは、われわれの気まぐれに子どもを服従させる。その中間はない。子どもは命令するか、命令にしたがわされるか、どちらかだ。こうして、子どもが最初にいだく観念は支配と服従の観念である。ことばもできないのに、命令する。行動もできないのに、服従する。そしてときには、自分のまちがいが理解できないのに、あるいはまちがいを犯すこともできないのに、罰される。

こうして、われわれは幼い子どもの心に醜悪な情念を注ぎこんでおきながら、それを自然のせいにする。われわれはせっせと努力して子どもを邪悪にしておきながら、子どもに邪悪さを見つけて嘆いたりする。

子どもは六～七歳まで、女たちの手でこんなふうにいじりまわされ、彼女たちの気まぐれと自分自身の気まぐれの犠牲となる。その間に、子どもはあれこれ教えられる。つまり、子どもに理解できないことばや何の役にもたたないことを覚えさせられる。大人が生じさせた醜悪な情念によって子どものうちにあった自然が絞め殺される。そしてそのあと、こうした作りものは教師の手に渡される。教師は、この作りものの芽を見て、すでに形はすべて決まっているのを知る。あとはその成長を完成させるだけだ。教師は子どもにあらゆることを教えるが、子どもが自分を知ることは教えない。生きる術をつかんで自分を幸せにすることは教えない。自分を自分の役に立つようにすることは教えない。

けっきょく、この子どもは奴隷にして暴君。学問はつめこまれていても常識には欠ける。肉体も精神も虚弱。世間に投げこまれると、自分の愚劣さ、傲慢《ごうまん》さ、そしてあらゆる悪徳をさらけだす。人間のみじめさと邪悪さを見せつけて、見るひとを嘆かせる。嘆くのはまちがいである。あれはわれわれの妄想によって作られた人間なのだ。自然の人間は、まったくべつのやりかたで作られる。

人間をその本源的な姿のままに保ちたいのであれば、赤ちゃんとしてこの世に生まれた瞬間から、ずっとその姿を保持させなさい。生まれた瞬間から、かれを誰の手にも渡さず、かれが大人になるまで手元から離さないようにしなさい。そうしなければ、成功はおぼつかない。

母親こそがほんとうの乳母であるように、父親こそがほんとうの教師なのである。母親と父親は、それぞれの務めの順序についても、全体の方法についても、意見が一致していなければならない。子どもは母親の手から父親の手に移されねばならない。子どもは、世界でもっとも有能な教師によって育てられるよりも、凡庸でも分別のある父親によって育てられるほうがずっとよい。熱意の不足を才能でカバーするよりも、才能の不足を熱意でカバーするほうが、はるかにうまくいくからである。

しかし、父親には用事があり、おつとめがあり、さまざまの義務が……。ああ、たしかに、さまざまの義務のうち、いちばん最後にくるのが父親としての義務だろう[*9]。妻が、夫婦の結合の成果である子どもの養育を怠るとき、夫が子どもの教育を怠るのは、驚くほどのものではない。

家庭を描いた絵ほど心をひかれる絵はないが、家族を描いた絵は線を一本でも描き落とすと全部が台なしになる。母親は体が虚弱すぎるから乳母になれないというなら、父親は用事がありすぎるから教師になれないことになる。子どもは父の家を離れ、寄宿学校や僧院や学院に分散させられると、家を愛する気持ちもよそへ移すことになる。あるいはもっとはっきり言えば、子どもは何にたいしても愛着をもたないという習慣を家にもちかえるようになる。兄弟姉妹も、ほとんどおたがい知らない同士になる。家族の行事でみんなが集まったときも、たがいに堅苦しく挨拶する。それぞれ赤の他人のようにふるまうようになる。両親のあいだに親密さがなくなったり、家族の交わりがもはや生活の楽しさをもたらさなくなると、それをおぎなうために悪い風俗へ走らざるをえなくなる。はたして、こうしたこと全体のつながりが見えないほど愚かな人間はどこにいよう。

＊9 プルタルコスの『英雄伝』によれば、カトー［大カトー］は、栄光を浴びてローマを支配した監察官であったが、かれは息子を赤ちゃんのときからしっかりと自分で育てた。文字どおりの乳母、つまり母親が息子をあやしたり、体を洗ってあげたりするときには、カトーはそのそばにいるためにしごとをすべて放棄したという。また、スエトニウスの『ローマ皇帝伝』によれば、アウグストゥスは世界を征服し、みずから君臨して、世界の支配者となったが、自分の孫たちに読み書き、水泳、学問の初歩をみずから手ほどきし、つねに孫たちに取り囲まれてすごしたという。こういうものを読むと、あの時代のちっぽけな善人たちはじつにバカっぽいことで楽しんでいたわけで、つい笑ってしまう。かれらはおそらくあまりにも凡庸なので、今日の偉大なかたがたが取り組んでおられるような大事業にはとてもたずさわれまい。

父親は、子どもを作り養い育てているだけでは、父親としてのつとめを三分の一しか果たしていない。かれのつとめは、まず人類にたいして人間をあたえること、つぎに社会にたいして社交的《ソシアブル》な人間をあたえること、そして国家にたいして市民をあたえることである。この三つの債務を、支払えるのに支払わない者はもちろんすべて罪人であるが、支払いを半分しかしない者はもっと罪が重い。これらの義務を果たせない者は、父親になる権利がない。貧しさも、しごとも、世間体《せけんてい》も、親が子どもの養育の義務を免れる理由にはならない。

読者諸君、私の言うことを信じなさい。人間としての情をもちながら、こういう神聖な義務を怠るようなひとに、私は予言しておく。そのひとは自分の犯したあやまちのゆえに、長きにわたって苦い涙を流すことになる。しかも、けっして慰められることもない。

しかし、一家の父親であるが、ほんとうにしごとで忙しい金持ちの男はどうするか。かれに言わせれば、どうしても子どもをかまっているヒマはないのである。かれは自分でやるべき子育てを、お金を払って他人にやらせる。世の中はすべて金しだいだというのか。お金を払って、息子にもうひとりべつの父親をあたえようと思っているのか。思いちがいしてはいけない。君が息子にあたえているのは教師とさえ言えない者である。それは下僕だ。そして、その下僕がやがてもうひとりの下僕をつくりあげるのである。

良い家庭教師の資質については、さまざまの考えがあるけれども、私が教師に求める第一の資質、この資質はそのひとつだけでもほかのたくさんの資質を必要とするのだが、それはけっして金で買える商品のような人間ではないことである。世の中には、金のためにその職についたらそれにふさわしい人間ではなくなるような、きわめて高貴な職業がある。軍人がそれであり、教師がそれである。

「では、誰が私の子どもを教育してくれるのか」と君は言う。私はすでに答えた。「君自身だ」「私にはできない」「君にはできないと言うのか……。ならば、友人をつくりなさい。それ以外に手はないと思う」

家庭教師。ああ、何と崇高な存在……。じっさい、人間をつくるためには、自分が父親であるか、もしくは人間以上の存在でなければならない。ところが、あなたがたは平気でその役目を、金で雇った者にまかせようとする。

考えれば考えるほど、あらたな問題がいろいろと浮かんでくる。家庭教師はその生徒を教えるのにふさわしい教育を受けていなければならない。教師の召使いたちも主人に仕えるのにふさわしい教育を受けていなければならない。教師に近づく者はみんな、自分たちが教師にあたえたい印象を教師からも受けとっていなければならない。教育者が教育されていなければならず、その系譜ははるか昔までさかのぼらねばならないだろう。自分自身がきちんと育っていない者によって、どうして子どもがきちんと育てられよう。

良い家庭教師、こういうめったにいない人間は見つけることもできないのだろうか。私にはわからない。すべてが堕落したこの時代において、人間の魂はなおもどれくらいの高さの徳にまで高められるのであろうか。それは誰にもわからない。しかし、そういう驚くべきひとが見つかったと仮定してみよう。われわれは、かれがどういうことをすべきであるかを考えることで、かれがどういう人間であるべきかを知る。私が、これはあらかじめはっきりしていると思うことは、良い教師の値打ちがちゃんと理解できるような父親なら、家庭教師など雇わずにすませようとするだろう、ということである。なぜなら、良い教師を獲得するのはたいへんな苦労で、それよりは自分自身が教師になるほうがまだ楽だからである。では、自分を自分の友人にしたてたいのか。そうであるためには、自分で自分の子どもの教育をしなければならない。ほら、そうすれば友人をほかへ探しにいく必要がなくなる。なすべきしごとの半分はすでに自然がしてくれている。

あるひとが、私はかれの身分しか聞いていないが、私に息子の教育を頼んできたことがある。たしかに、私にとってたいへん光栄なことだったが、私は頼みを断った。かれは私が断ったことを残念に思うべきではない。むしろ私が遠慮したことを良かったと思うべきである。かりに私がかれの頼みを受けいれ、しかも私の方法がまちがいであったなら、その教育は成功しなかっただろう。しかし、私の教育が成功なんかしたら、結果はもっと悲惨なものになっただろう。かれの息子は自分の身分を否定するようになる。もう王族なんかにはなりたくなくなる。

教師の義務の重大さ、それを私は十分承知しているし、自分にその能力がないこともよくわかっているから、どこから依頼がこようと私はけっしてそういうしごとを引きうけるつもりはない。友情などをからめられても、私にとってそれは拒絶のあらたな理由となるにすぎない。

本書を読んだひとなら、とても私に声をかけて教師を依頼する気にはならないだろう、と私は考えている。それでもその気になりそうなひとには、どうかもうムダな骨折りはしないようにお願いしたい。家庭教師というしごとは、私もかつて十分に経験したことがあるので、自分はそれに不向きだと確信している。また、たとえ私の才能がそれを許すとしても、私のいまの状態がそれを免除してくれるだろう。私がこんなことを公《おおやけ》に明言しなければならないと思ったのは、ひとびとが私のことをいささか軽く見て、私の決心が真剣な熟考の結果だとは見てくれないように思われるからである。

たしかに、私はもっと世の中の役に立つしごとが果たせるような状態にはない。したがって私は、せめて私にもできる、もう少しやさしいしごとに取り組むことにしたい。つまり、ほかの多くの例にならって、じっさいのしごとではなくペンで書くしごとに取り組む。そして、ひとがなすべきことを自分がするのではなく、自分はそれを語ることにつとめたい。

もちろん、私も承知している。このような企てにはきまって見られることだが、物書きは、自分で実践することもない理論体系のなかであぐらをかき、ただぺらぺらと、とても実行できないたくさんの美しい教えを無造作にならべたてる。かれが実行できると言っていることでさえ、こまかい説明も実例の紹介もないので、かれがその応用を示してみせないかぎり用いられないままとなる。

そこで私は、つぎのようなやりかたをすることに決めた。すなわち、ひとりの架空の生徒を自分にあたえる。そして、自分はこの生徒の教育にたずさわるにふさわしい年齢・健康・知識その他のあらゆる才能をそなえていると仮定する。そのうえで、この生徒をかれが生まれたときから、かれが成人して、もはやかれ自身以外の導き手を必要としなくなるまで、教育を展開していくことにする。

このやりかたは、自分に自信のない著者が、幻想の世界で迷子になってしまうのを防ぐのに有効であろうと私には思われる。なぜなら、ふつうの教育実践から離れたら、すぐ自分なりの教育を自分の生徒で試してみればよいからだ。そうすれば、その教育が子どもの成長と人間の心の自然な歩みにそっているかどうか、わかるだろう。自分でわからなくても、読者にはわかるだろう。

まさしくこれが、私の出会うあらゆる困難の場面で私が努めておこなってきたことである。ただ私は、この本をいたずらに分厚いものにしないために、誰の目にも真理だとわかってもらえる諸原則を示すにとどめた。しかし、証拠を示す必要がありそうな諸規則については、私は自分の生徒であるエミールや、ほかの子どもたちにもそうした規則をすべてあてはめてみて、私のうちたてた理論がどのように実践できるかを、きわめて広汎かつ詳細に説明してみせた。少なくとも、そういうプランにしたがって論を展開したつもりである。それが成功したかどうか、判断は読者にまかせたい。

というわけで、本書の最初の部分ではエミールの話はほとんどしないことになってしまった。私がいだく幼年期の教育方針は、たしかに世間の常識に反するとはいえ、きわめて明快なものゆえ、道理のわかるひとなら賛成しない側に立つのがむずかしいものだからである。しかし、あなたがたの生徒とはちがったふうに教育される私の生徒は、先へ進むにつれて、もう並みの子どもではなくなる。かれには、かれ用の特別なやりかたが必要となる。そうなると、かれはずっとひんぱんに舞台に登場するようになる。そして、教育の最終段階になると、私は一瞬たりともかれから目を離さない。そして、かれが何と言おうと、私はかれが私をまったく必要としなくなるまで、かれを見守る。

さて、良い家庭教師がもつべき資質について、私はここではまったく語らない。私はそれを仮定し、しかも、そうした資質を私がすべてそなえていると仮定する。もちろん、読んでいただければおわかりのとおり、私は自分自身にあまりにも気前よく多くのものをあたえているのである。

私はただ、家庭教師について一点だけ、世間の考えかたとは逆のことを注意しておきたい。すなわち、子どもの家庭教師は若くなければならないということ。教師は賢明であると同時に、できるかぎり若者でなければならない。できることなら教師自身も子どもであればいいのにと思う。教師は自分の生徒と友だちになれるし、いっしょになって遊ぶことによって信頼もえられると思う。子どもと成熟した大人とのあいだでは、共通するものがあまりないし、そうした隔たりのせいで強い愛着はけっして形成されない。なるほど、子どもはときどき老人におもねることはある。しかし、子どもはけっして老人なんか好きではない。

家庭教師はすでに教育の経験があるほうが望ましいとされるかもしれないが、それは無理な注文である。ひとりの人間が教育にたずさわれるのは一回かぎりだからだ。二回やらないと成功しないのであれば、最初の一回目にたずさわる権利はいったいどこにあるのだろう。

経験を重ねれば教育のしかたは上手になるだろうが、教育をすること自体がもうできなくなっていく。一度このしごとを、それがどれほど骨の折れるものなのかがわかるぐらいに、しっかり果たした者なら、けっして再度それを引きうける気にはならないだろう。また、一回目をうまく果たせなかった者は、そのせいで悪い先入観をもってしまい、やはり二回目を避けるだろう。

正直な話、ひとりの若者に四年間だけつきあうのと、二十五年間ずっとかれを導きつづけるのは、たいへんな違いである。あなたがたは、すでにできあがった息子に家庭教師をあてがうが、私なら、子どもが生まれるまえから家庭教師をあてがっておきたい。あなたがたのばあい、先生は五年ごとに生徒を変えることができるが、私のばあい、先生はずっとひとりの生徒しかもたない。あなたがたは、教師と家庭教師を区別するが、それもまたバカげたことだ。あなたがたは弟子と生徒も区別するのか。

子どもに教える学問はひとつしかない。それは人間の義務についての学問である。この学問は単一であり、クセノフォンがペルシャ人の教育について何を［たとえば専門分化の必要性を］語っていようと、この学問はけっして分割されない。さらに、私はこの学問を教える先生を、教師ではなくて家庭教師と呼びたいのである。なぜなら、かれにとって大事なのは教えることではなく導くことだからである。かれは、教えを垂れるのではなく、それを生徒自身に発見させなければならない。

さて、家庭教師がこれほど念入りに選ばれるべき者であるならば、家庭教師のほうにも生徒を選ぶのが許されるであろう。とりわけ、ここでは生徒のモデルを提示しようとしているのであるからなおさらだ。

生徒を選ぶといっても、子どもの才能とか性格をその基準にすることはできない。そういうものは教育のしごとがおわったときにしかわからないものだし、そもそも私は生徒が生まれるまえにその子を引きうけている。

選択ができるのであれば、私はふつうの精神をもった子どもしか選ばない。そういう子どもを私は自分の生徒として想定する。成長させる必要があるのは、そうしたふつうの人間たちである。そうした人間を教育すること、これのみがかれらと同じような人間を教育する模範となるはずだ。それ以外の、並はずれた人間たちはどういう教育をしようとも、ひとりでに成長していく。

土地は、人間の成育にとってどうでもいい問題ではない。人間は温和な風土においてのみ、人間としての十全なありかたができる。熱帯や寒帯は、どう見ても人間にとって不利である。人間はけっして木のように、ある土地に植えられたらずっとそこを動かないものではない。そして、熱帯から寒帯へ、あるいは寒帯から熱帯へ行く者は、まんなかの温和な土地から熱帯あるいは寒帯へ行く者の二倍の距離を行かねばならない。

温和な風土の住人が、熱帯に行き、そのあとさらに寒帯に行かねばならないばあい、かれの有利さはさらに明白となる。かれは、熱帯の住人が寒帯へ行くのと同じ変化をこうむらざるをえないのだけれども、かれのばあい、自然にそなわった体質が行く先の土地になじまない度合いは半分ですむ。じっさい、フランス人はアフリカのギニアでも北欧のラップランドでも生活できるが、アフリカ人は北極圏のトルネ谷ではとても生活できず、シベリア人もアフリカのベナンでは生活できないだろう。また、熱帯や寒帯では、人間の脳の組織もやや不完全なようだ。アフリカや北極圏の人間はヨーロッパ人と同じ感覚をもたない。したがって、私は自分の生徒をこの地球の住人から選べるとしたら、温和な風土にそれを求めたい。たとえばフランス、やっぱりそのあたりが望ましい。

北方では、人間はやせた土地にいながら、たくさん食べる。南方では、土地は肥沃でも、人間はあまり食べない。この違いがまたあらたな差違を生みだす。つまり、北方の人間は働き者になり、南方の人間は思索家になる。

社会は、同じ国のなかでも、貧乏人と金持ちとのあいだにこれと似たような差違があることをわれわれに示す。すなわち、貧乏人はやせた土地に住み、金持ちは肥沃な土地に住む。

貧乏人は教育を必要としない。貧乏であること自体が強制的な教育であり、それ以外の教育は受けることができない。いっぽう、金持ちがその恵まれた環境そのものから受ける教育は、本人にとっても社会にとっても良いものではない。そもそも、自然の教育は人間をいかなる人間的な条件にも適合するようにするはずである。ところが、貧乏人を金持ちになるように教育するのは、金持ちを貧乏人になるようにすること以上に無理なことなのだ。なぜなら、人数を比べてもわかるとおり、貧乏人になりさがる金持ちは多いが、金持ちになりあがる貧乏人は少ないからである。だから、われわれは生徒を金持ちのなかから選ぶことにしよう。そうすれば、少なくともわれわれはその生徒をあらたな人間にすることができると言えよう。いっぽう、貧乏人は自分だけの力で人間になることができる。

同じ理由により、私はエミールが良家の生まれであってもべつに困らない。そのままでは偏見の犠牲者になる人間を救い出すことになるからだ。

エミールは孤児である。いや、父や母がいてもかまわない。親が果たすべき義務は私が引きうけるのだから、かれらの権利もすべて私が引きつぐ。もちろん、エミールは両親を敬わねばならないが、しかし、私の言うことだけにしたがわねばならない。これが私の第一の、というより、唯一の条件である。

私はそれにもうひとつ条件をくわえねばならない。といってもそれは先の条件の帰結にすぎないのだが、すなわち、家庭教師と生徒はおたがいの同意がないかぎり、けっして引き離されないということ。この条件はきわめて重要である。これは私の願望だが、家庭教師と生徒は、あたかも二人の運命はつねにひとつであるみたいに、おたがいに自分は相手と離れられないものと思ってほしい。自分たちもやがては離れると思ったり、おたがいが他人になったときのことを考えた瞬間、二人はすでに離れている。それぞれが自分なりに小さな世界をつくる。二人とも、関係が解消してからのことばかり考える。だから、いまはしぶしぶいっしょにすごすことになる。生徒は先生を、たんに自分がまだ幼いことをあらわす旗印、子どもにとってのわざわいとしか見ない。先生は生徒を、できるだけ早く自分の肩からおろしたいお荷物としか見ない。どちらも相手から解放される日を、いっしょになって待ちこがれる。このように、二人のあいだにはけっしてほんとうの結びつきはないので、先生は本気で生徒を見守ることをせず、生徒も本気で先生の言うことを聞いたりはしない。しかし、どちらも相手を、一生をともにすごさなければならない相手だと考えるならば、とにかく相手を好きになることが肝要になる。そして、まさにそのことによって二人はたがいに親密になる。生徒は、自分が大人になったら自分の友人となる先生に、自分が子どものあいだは服従しても恥ずかしいとは思わない。先生は、自分が念入りに世話をすればえられる成果も大きいので、どう世話をすればいいのかに関心をもつ。そして、自分が育てた生徒の才能はすべて自分の老後のために積みたてられた資本となる。

こうした契約が事前になされるわけだが、それは順調な出産と、体格もよくて健康で丈夫な子どもを想定している。

父親であれば子どもを選ぶわけにはいかない。家族は神からあたえられたものであり、そこにおいて父親は選り好みを許されない。自分の子どもはみんな平等に自分の子どもである。子どもたちみんなを、同じように気づかい、同じようにかわいがらねばならない。たとえ身体に障害があろうとなかろうと、たとえ身体が虚弱であろうと強健であろうと、どの子もみんな授かりものであり、父親はそれを授けた方にたいして責任がある。また、結婚はたんに配偶者どうしの契約であるばかりでなく、自然との契約でもあるのだ。

しかし、自然が自分に命じた義務ではないことを、しごととして引きうけるばあい、かれはその職責をはたす方法を必ずあらかじめ確保しておかねばならない。そうしなければ、かれは自分の力がおよばないことにまで責任を負わされる。たとえば、身体が不自由でしかも病弱な生徒を引きうけたら、かれは家庭教師のしごとでなく看護人のしごとをすることになる。かれはひとの生命の価値を増大させるために時間を費やすつもりだったのに、役に立たない生命をケアするために時間を空費する。かれが長いあいだ世話をしても、その子どもが死んだ日には、かれは、嘆き悲しむ母親から息子の死を自分のせいにされ、非難されるはめになる。

私は、たとえその子が八十歳まで生きるとしても、病気がちで虚弱な子どもは引きうけない。いつまでたっても自分自身にもほかのひとにも役に立つことがない生徒を、私は引きうけたくない。そういう生徒はただ自分の命を保つことだけが大事である。その体が魂の育ちを妨げる。そういう生徒に、骨身を惜しまず世話をして、いったい何になる。世話をしなければ社会が失うのはひとりですむのに、それを二人にして、社会の損失を二倍にするだけではないか。

こういう虚弱なひとの世話を、私のかわりにほかのひとがしてくれるなら、それはもちろんけっこうなことだ。私はそのひとの心のやさしさをすばらしいと思う。しかし、私自身は、才能的にそういうしごとに向いていない。死なずにいることだけで精一杯のひとに、生きかたを教えるなんて、とても私にはできない。

心に体がついていくためには、体は強健でなければならない。よい召使いは丈夫でなければならないのと同様だ。私の知るかぎり、暴飲暴食は性欲を刺激し、刺激された性欲もまたけっきょくは体を弱くさせる。だが、苦行や断食も、理由は正反対であるがやはりしばしばこれと同じ結果につながる。体は虚弱であればあるほど、体のほうが威張る。逆に、強健であればあるほど体はすなおになる。虚弱な体には、あらゆる種類の情欲が宿る。そして、あふれる情欲が満たされない分だけ、体はますますいらだつ。

虚弱な体は、心も虚弱にする。まさにそれが医学の支配につながる。医学は病気を治すものだというが、じつは、それが治すとされるすべての病気よりも人間にとって有害な技術なのである。私は、医者がわれわれのためにどんな病気を治してくれるか、それについてはよく知らない。しかし私は、医者がわれわれにひどく悪い病気をあたえていることを知っている。すなわち、われわれを臆病にし、卑怯にし、迷信深くし、死ぬことを恐れさせるという病気である。つまり、医者は体を治すかもしれないが、心のなかにあった勇気を殺す。死体を歩かせることができたとしても、はたしてそれはわれわれにとって重要なことなのだろうか。われわれにとって必要なのは死体ではなく人間なのに、医者の手で人間がつくられるのをわれわれは見たことがない。

医学はいまわれわれのあいだで流行している。当然である。ひまで、何もすることがないひとびとにとって、医学はかっこうの道楽だ。かれらはどうやって時間をつぶしていいかわからないので、自分の体の養生をすることに時間を費やす。もしもかれらが不幸にして不死のものとして生まれついたなら、かれらはあらゆる生物のうちでもっともみじめなものになるだろう。けっして失う心配がない命というのは、かれらにとって少しもありがたくない。こういうひとびとには、自分たちを不安にさせて慰めてくれる医者が必要なのである。医者はかれらに、かれらが感じることのできる唯一の喜び、すなわち、まだ死んでないという喜びを日々あたえてくれる。

医学は外見はりっぱでも中身はからっぽであることについて、私はもうこれ以上語るつもりはない。私の目的は、医学を精神的な側面において考察すること、それだけだ。

とはいえ、私は、ひとびとが医学の効用についても、真理の探究についてと同様、詭弁を弄するのを指摘しないわけにはいかない。つまり、病人は治療をすれば治り、真理は探究すれば発見されると、ひとびとはつねにそう考える。ひとびとは見落としているが、医者の働きで病人ひとりが救われたその利益は、医者によって殺された病人百人の死と対比させられねばならない。また、ひとつの真理が発見されたことによる効用は、それにともなう多数の誤りによる損害と対比させられねばならない。

もちろん、ひとに知識をさずける学問やひとを治療する医学はとてもよいものである。しかし、ひとをあざむく学問やひとを殺す医学は悪いものである。だから、われわれはそれをどうやって見分けるか、それを教えてほしい。これが問題の核心である。

真理を知らなくても平気でいられるならば、われわれは虚偽にだまされることもない。自然にさからっても病気を治したいといった願いをもたずにいられるならば、われわれは医者の手にかかって死ぬこともない。こういう二つの無頓着こそが賢さだ。この無頓着によって、ひとは明らかにえるものがある。だから私は、医学が幾人かのひとびとの役に立つことに異議をとなえないが、しかし、医学は人類にとって有害だと主張したいのである。

ひとびとは、決まり文句みたいに、私にこう言うだろう。「まちがいは医者にあるのであって、医学自体はけっしてまちがわない」。よろしい。それなら医者なしで医学を施してもらおう。医学がかならず医者をともなうものであるかぎり、われわれは医学の術による救いを期待するよりも、その術の使い手によるまちがいを百倍も恐れなければなるまい。

ひとをあざむくこの術は、体の病を治すというより心の病を治すためにつくられたものであるが、いまはもうそのどちらにも役立たない。医学はわれわれの病気を治すより、われわれに病気への恐怖を植えつける。われわれから死を遠ざけるより、死の影が見えないうちからわれわれに死を感じさせる。命をのばすよりも、命をすりへらす。そして、命がのびると、それはまた人類にとって害をなす。なぜなら、命がのびるとケアも必要となるので、その分だけわれわれを社会から引き離すし、死ぬことが怖くなった分だけ社会にたいする義務をおろそかにさせる。われわれが危険を知ってはじめて、危険は恐ろしいものとなるのだ。自分を不死身と思いこんでいるひとは、何ものも恐れない。詩人〔ホメーロス〕は、アキレウス〔叙事詩『イーリアス』の主人公〕を危険に立ち向かわせるために不死身の体にしたが、まさにそれによって勇気のすばらしさを奪ってしまった。どんなひとでも体が不死身になればアキレウスみたいになれたにちがいない。

もし、ほんとうに勇気のある人間を見つけたいのであれば、医者がひとりもいないところへ行って探しなさい。病気がどんな結果をもたらすかを誰も知らずにいるところ、誰も死ぬことをあまり考えていないところ、そういうところで探しなさい。自然のままの人間は、どんなときにも我慢することができ、そして安らかに死んでいく。処方をさずける医者、教訓をたれる哲学者、説教をする僧侶、こういう連中がひとの心から自信と誇りを失わせ、死に方を忘れさせる。

だから、こういう連中をいっさい必要としない生徒を私にあたえてほしい。そういう生徒でなければ、引きうけたくない。私は自分の作品を、ほかのひとびとによって台なしにされたくないのだ。私は自分ひとりでこの生徒を育てたい。それがかなわなければ、かれの教育にかかわりたくない。

あの賢人ジョン・ロックは、生涯の一時期を医学の研究ですごしたひとだが、かれは、子どもに薬をあたえるのは予防のためであっても、ちょっとした不快をしずめるためであっても、絶対にしてはいけないと忠告している。私はそのロックよりもっと先へ行きたい。私は自分のためにもけっして医者を呼ばないが、私のエミールのためにもけっして呼ばないと、はっきり宣言しておく。ただし、エミールの生命があきらかに危機的な状態のときは呼んでもいい。なぜなら、そのとき医者はエミールを殺す以上の悪いことはできないからである。

手遅れの状態になってから呼ばれるのは、医者にとってありがたいかぎりである。それは私もよくわかっている。子どもが死ねば、呼ぶのが遅すぎたせいだとされるし、子どもが危機を脱すれば、医者が子どもを救ったとされる。それでもいい。医者は自慢気に勝ち誇るがいい。しかし、とにかく医者はぎりぎりまで呼んではならない。

病気を治す術は知らなくても、子どもには病気に耐える術を知ってもらいたい。この術は医術にとってかわるものであり、しばしば医術よりももっとひとのためになる。それこそ自然が教える術なのである。

動物は、病気になると、ただじっと我慢し、静かにしている。ところが、人間ほど病気に弱い動物はいない。病気だけでは死ぬこともなく、時間の力だけで治せたはずの人間が、忍耐力のなさ、恐れと不安、そして何よりも薬を飲んだことによって、どれほどたくさん殺されたことか。動物たちは自然に順応した生きかたをしているので、われわれ人間よりも病気にかかりにくいのだ、と私に言うひともいるだろう。それにはは同感である。まさしくそういう生きかたを私は生徒にさせたいのである。生徒もそうすれば動物と同じく病気にかかりにくくなるはずだ。

医学において、ただひとつの有益な分野は健康法であるが、しかし、健康法もやはり学問というより、ひとつの美しい生きかたである。節制と労働、この二つが人間にとってのほんとうの医者である。労働は人間の食欲を増進させ、節制はそれが暴飲暴食になるのを抑制する。

どのような生活習慣が、生命と健康にとってもっとも有益であるか。それを知るには、もっとも健康にくらしている民族、もっとも体が丈夫で、もっとも長命な民族がどのような生活習慣をまもっているかを知るだけでよい。医学をもちいても人間の健康は増進せず、人間の寿命ものびないことが、一般の観察をとおしてあきらかだとすれば、医学の術などは無益である。そして、医学は無益であれば有害である。なぜなら、それは時間も、ひとも、ものも、まったくムダに使うことになるからだ。

命をただ保持するために時間をついやせば、命を燃やす時間がその分だけ失われるから、ただ命をまもるだけの時間は減らすべきである。それだけではない。そういう時間はわれわれを苦しめる時間なら、それはムダな時間というより悲惨な時間であり、否定すべき時間である。そして、適正に計算するならば、われわれに残された時間からそういう時間は差し引かなければならない。医者にかからずに十年生きたひとは、医者の餌食になって三十年生きたひとより、本人自身にとっても、ほかのひとびとにとっても、より長く生きたことになる。そのどちらも経験したことがある私だから、誰にもまして、こういう結論を引きだす権利があると思うのである。

以上が、健康で丈夫な生徒しか引きうけたくない私の理由であり、生徒を健康で丈夫にたもつための私の原則である。体質と健康を強化するうえで、手作業と身体の鍛錬が有効であることを長々と証明するのはやめよう。それは誰にも異論のないことだ。長生きをしたひととの実例は、ほとんどすべて、体を鍛えぬき、疲労や労働に耐えぬいたひとたちのなかに見出《みいだ》される。*10 私自身がこの唯一の目的のためにどのような配慮をするつもりなのかについても、長々とこまかな話はしない。それは私の教育実践の本質的な部分をなすのであるから、いまここでは説明する必要はなく、ただその精神をつかんでいただければ十分である。それもおわかりいただけるであろう。

＊10　つぎの文章は、イギリスの新聞からの切り抜きだが、私の主題に関係し、なかなか考えさせられる記事なので、どうしても紹介せずにはいられない。
「パトリック・オニールというひとは、一六四七年の生まれだが、この一七

六〇年に七度目の結婚をした。かれはチャールズ二世の治世の十七年目に竜騎兵隊に入り、一七四〇年に退職するまでさまざまの部隊に勤務した。ウィリアム王とマールバラ公爵がおこなった戦闘にすべて参加した。このひとはふつうのビール以外の酒はいっさい飲んだことがない。もっぱら菜食で、肉はかれがときどき家族にごちそうしてあげるときにしか食べない。太陽とともに寝るのが習慣勤務のつごうで不可能なばあいを除き、かれは太陽とともに起きて、太陽とともに寝るのが習慣だった。かれはいま百十三歳だが、耳は聞こえるし、体も丈夫。ステッキなしで歩いている。高齢にもかかわらず、ひとときもぼんやりすごしたりしない。そして、日曜日にはかならず、子や孫や曽孫といっしょに教会にかよっている」

いよいよ生徒が生まれればさまざまの必要も生じる。生まれたばかりの生徒には乳をあげるひとが必要である。母親がその義務をはたすことに同意するなら、まことにけっこう。彼女には養育のための手ほどきを紙に書いてさしあげよう。母親による養育には良い点もある反面、まずい点もある。それは家庭教師をしばらくのあいだ生徒から遠ざける。しかし、母親は子どもを関心事とし、自分のとても大切なものをあずけてもよいと思うひとには敬意をいだいているはずだから、母親はきっと教師の意見をちゃんと聞いてくれると信じてよい。そして、母親が自分でやりたいと思えば、どんなことでも、母親以外のひとよりもうまくやれるのは確かである。もしも母親以外のひとに授乳をまかせなければならないのであれば、まず最初の人選びで失敗しないようにしよう。

金持ちの不幸のひとつは、万事において、ひとにだまされることである。かれらに、ひとを見る目がないのは驚くべきことだろうか。富がかれらを腐敗させるのだ。そして、その正当な見返りとして、金持ちは自分が知っている唯一の道具の、その欠点を誰よりも先に感じとることができる。金持ちの家では、金持ちが自分ですること以外はすべてうまくいかず、そして金持ちは自分ではほとんど何もしない。乳母を探すことになったら、ひと選びは産科医にまかせる。するとどうなるか。一番よい乳母とされるのは、産科医にいちばんたくさん金を払った女である。

だから私は、エミールの乳母を探すとき、産科医に相談をしに行ったりはしない。私は苦心しても自分自身で乳母を選ぶ。私はそのやり方について、おそらく外科医みたいに能書きをたれたりはしないが、しかし、私の人選びは絶対にうまくいくはずだ。私の熱意は、医者たちの貪欲さとちがって、つけこみやすいものではない。

私がおこなう選択には、たいした秘訣があるわけではない。選択の規準は誰もが承知している。しかし、私が思うに、母乳について、その質とともに、母親として何年目の乳であるかという点にももっと注意がはらわれるべきではないだろうか。初乳はほとんど漿液《しょうえき》［消化酵素を多く含む体液］だが、それは生まれたばかりの赤ちゃんの腸内にたまっていた「胎便」の排出を促すアペリチフの役割をはたすはずだ。母乳は少しずつ濃くなっていき、消化する力をつけた赤ちゃんに、もっとしっかりとした栄養を供給する。あらゆる種類の動物の雌《めす》において、その赤ちゃんが育つにつれて母乳の濃度も自然に変化していくのは、たしかに理由のないことではない。

したがって、生まれたばかりの赤ちゃんには、赤ちゃんを産んだばかりの乳母が必要ということになる。たしかに、それはいささか面倒だ。しかし、自然の秩序からはずれたら、その瞬間から、正しい道を進もうとするとかならず困難がつきまとう。ただひとつの安易な解決法は、正しくない道を進むことであり、そしてひとびとが選ぶのもその道なのである。

われわれが選ぶべき乳母は、体はもちろん、心も健康でなければならない。情欲が過多の乳母は、体液が過多のばあいと同様、乳の質が悪い。さらにいえば、物質的な面にこだわると、ものごとの半面しか見ないことになる。乳の質はよくても、乳母の人柄は悪いことがありうる。性格の良さは、体質の良さと同じくらい不可欠のものである。性格の悪い乳母を選ぶと、その性格の悪さが赤ちゃんにまでうつるとはいわないが、しかし、それは赤ちゃんを苦しめるといえる。赤ちゃんは乳母から、熱心さや我慢強さややさしさや清潔さを必要とするたしかなケアを、乳と同時にあたえられるべきではなかろうか。もしも乳母が食いしん坊で不節制な人間だったら、彼女の乳はやがて質が落ちるだろう。もしも彼女がだらしなかったり、怒りっぽい人間だったら、赤ちゃんはかわいそうに、彼女の身勝手にたいして自分を守ることも不平をいうこともできず、いったいどうなることだろう。とにかく何がどうなろうと、性格の悪い人間というのは、良いとされることなどいっさい何もできない。

乳母選びの重要性は、乳児が乳母以外にもうひとりの養育係をもつべきではないだけに、ますます大きい。これは子どもが自分の家庭教師のほかにべつの教師をもつべきではないのと同様である。古代においては、これが慣習であった。古代人はわれわれのように理屈はこねないが、われわれよりも賢明だったのである。赤ちゃんが女の子であれば、乳母はその子が乳離れしたあとでもずっとそばにいた。だから、古代の演劇では、主役のうちあけ話の聞き役はたいていが乳母なのである。

つぎつぎとたくさんのちがったひとの手に渡されていった子どもは、けっしてちゃんと育つことなどありえない。ひとが変わるたびに子どもはひそかに比較する。それはかならず、養育者にたいする子どもの敬意を低め、したがって子どもにたいする養育者の権威も低めることになる。ひとたび子どもが、大人にも分別が子ども以下の者がいると思うようになったとたん、年齢にもとづく権威はすっかりなくなり、教育は失敗する。

子どもは、自分の父親と母親以外に目上のひとを知るべきではない。両親がいないばあいにも、自分の乳母と家庭教師以外に目上のひとを知るべきではない。さらにいえば、この二人でも、ひとり余分なのだが、しかし、この分業は避けることができない。この不都合をなくすためにできることは、子どもの養育にあたる二人の男女が、養育にかんする方針を完全に一致させて、二人が子どもにとってはまるでひとりであるかのようになることである。

さて、乳母になった女は、生活が少し楽にならなければならない。もっと滋養のあるものを食べなければならないが、しかし、生活の型をすっかり変えてしまってはいけない。すべてを急に変えるのは、たとえ悪い状態から良い状態に変えるものであっても、健康にとっては絶対に危険だからだ。それにまた、彼女はそれまでの日常だったつましい生活のおかげで健康で丈夫になったのだし、あるいは丈夫でいられたのだから、その生活を変えると体に良いわけがない。

農村の女は、都会の女に比べて、肉をあまり食べず、野菜をたくさん食べる。そして、こうした野菜中心の粗食は、本人にとってもその子どもにとっても、体に悪いどころか、むしろ体に良いものであるように思われる。農村の女がブルジョワの子どもの乳母になると、ポトフ〔肉野菜スープ〕を食べさせられる。ポタージュと肉のブイヨンは乳糜《にゅうび》〔脂肪が乳化した体液〕をつくり、乳の出をよくすると信じられているからだ。私はこの意見にまったく賛成できない。経験が私に味方する。経験がわれわれに教えてくれることによれば、こういう乳で育った子どもは、ほかの子どもたちよりも腹を下しやすく、おなかに虫がわきやすい。

これはさほど驚くにはあたらない。動物性の食物は腐敗すると虫がわくからだ。植物性の食物ではそういうことはない。乳は、動物の体内でつくられるものであるけれども、植物性の食物である。*11 それは分析によって証明される。乳はすぐに酸に変わる。そして、動物性の食物とちがって揮発性アルカリを残存させることなく、植物と同じように、体に不可欠な中性塩をあたえてくれる。

＊11　女はパン、野菜、乳製品を食べる。犬や猫の牝《めす》もそういうものを食べる。牝の狼でさえ草を食べる。植物性の汁が乳となるのだ。どうしても肉からしか栄養がとれない動物がいるとしたら、そういうばあいはどうなのか、そこはまだ調べていない。しかし、そもそもそういう動物がいるかどうか、私はきわめて疑わしく思う。

草食動物の乳は、肉食動物の乳より甘くて体にもよい。自分と同質の物質でつくられた乳なので、その本来の性質をよりよく保ち、腐敗もしにくい。量のことを考えても、これは誰もが知るように、でんぷん質の野菜は肉よりも多くの血をつくり、したがってまた、より多くの乳をつくるはずである。離乳を早すぎないようにし、あるいは離乳食も植物性のものにし、そして乳母も野菜しか食べないようにしているならば、子どものおなかに虫がわいたりするなどとは、私には考えられない。たしかに、植物性の食べ物からつくられる乳は、すぐにすっぱくなりやすいかもしれない。しかし、私は、すっぱくなった乳を不健康な食べ物とは考えない。植物性の食べ物しか食べない民族はいずれも、きわめて元気である。胃内の酸を吸収するという薬剤は、まったくのいんちきだと思う。乳がまったく体にあわない体質の子どもがいるが、そういう子どもは吸収剤をつかっても乳を飲むことができない。それ以外の子どもは吸収剤などなくても乳を飲むことができる。ひとびとは、分離したり凝固したりした乳を恐れるが、それこそバカげている。周知のとおり、乳は胃の中でかならず凝固するからだ。凝固するからこそ乳はしっかりした食物となり、人間の子や動物の子の栄養になる。凝固しなければ乳は体を素通りし、栄養にはならない[*12]。乳に、ひとはいろいろ混ぜものをしたり、いろいろな吸収剤を用いたりするが、無意味である。乳を飲む者なら誰でもチーズを消化できるし、これに例外はない。胃袋は乳を上手に凝固させる。だから、レンネット［チーズ製造用の凝乳酵素］は子牛の胃でつくられるのである。

＊12　栄養になるジュースは液体だが、それは硬い食物から絞り出されたものである。労働する人間は、スープしか飲まずにいたら、たちまち衰弱するだろう。飲むのが乳であれば、かれははるかに元気でいられる。なぜなら、乳は凝固するからだ。

したがって、私が思うに、乳母の日常の食べ物を変える必要はない。いままでと同じ食べ物を、もっと多量に、そしてもっと質のいいものを選んであたえれば十分だ。野菜ばかりの食事だと便秘になるというが、それは食物の性質によるものではない。食物を不健康なものにするのは、もっぱら味つけのしかたのせいである。あなたがたは料理法をあらためねばならない。小麦粉をバターで炒めたルーや、フライ用の油をつかってはいけない。バターや塩やミルクは、けっして火を通さないようにする。水でゆでた野菜は熱いまま食卓に出し、それから味つけをする。野菜ばかりの食事は乳母の体に悪いどころか、乳の出をよくし、乳の質もよくする。*13 野菜中心の食事法は子どものために一番よいと認められているのに、肉中心の食事法が乳母のためには一番よいなどということがありうるだろうか。何だか矛盾している。

＊13 ピタゴラス式の食事法［まったく菜食のみで一日二食］について、その利点や欠点をもっとくわしく議論したい方々は、アントニオ・コッキ博士とその論敵ジョヴァンニ・ビアンキ博士［ともに当時のイタリアの医師］がこの重要な問題について書いた論文を参考にすることができよう。

呼吸する空気も子どもの体質に影響をおよぼす。とりわけ、生まれて最初の数年にそれがいえる。空気は体じゅうの毛穴をとおして、繊細でやわらかな皮膚のなかに入っていき、この生まれたばかりの赤ちゃんの体に強い影響をおよぼし、けっして消え去ることのない刻印を残す。

だから、農村の女を都会に連れてきて、部屋に閉じこめ、そこで赤ちゃんの養育にあたらせることに、私は賛成できない。乳母が都会の悪い空気を吸うよりも、子どもが田舎に行って良い空気を吸うほうがいいと私は思う。子どもは自分のあたらしい母親の生活状態を受けいれ、田舎の家に住み、そこに家庭教師もついていくのがいい。

読者は思い出してほしいが、この家庭教師は金で雇われた人間ではない。かれは父親の友人である。しかし、私はこんなふうに問われるかもしれない。すなわち、もしこういう友人が見つからないばあい、あるいは田舎へ行かせるのがむずかしいばあい、どうする。つまり、私の助言が何ひとつ実行できないばあい、どうする……。それも私はすでに語っておいた。あなたがいましていることをしなさい。それには何の助言も不要だ。

そもそも人間は、アリみたいに密集して生きるようにはつくられていない。あちこちに散らばり、それぞれの土地を耕して生きるようにつくられている。同じところに集まれば集まるほど、人間は堕落する。体は虚弱になり、心は悪徳に染まる。ひとびとがあまりにもたくさん寄り集まると、まちがいなくそうなる。人間は、あらゆる動物のうちで、群れをなして生きるのがもっとも不得意な動物なのである。羊の群れのように、ぎゅうぎゅう詰めにされると、人間たちはみんなバタバタと死んでしまうだろう。人間の吐きだす空気は、人間たちにとって致命的に有害である。これは比喩的な意味ばかりでなく、ほんとうの意味でも真実なのだ。

都会は人類を飲みこむ死の淵である。そこに住む種族は、数世代のうちに滅びるか、あるいは退廃する。かれらを更生させねばならないが、この更生を可能にするのがやはり田舎なのである。だから、子どもは田舎に送って、いわばそこで自分を生き返らせるのがいい。人口過剰の都会の悪い空気のせいで失った生気を、ひろびろとした田園にもどって回復させるのだ。

田舎にいた妊婦は出産するとなるとあわてて都会にもどるが、ほんとうは正反対のことをすべきである。とくに、自分で子どもを育てたいと思う女なら、逆のことをすべきである。彼女たちは心配したほど後悔することはないだろう。人間にとってずっと自然な環境のなかに住んでいると、母親としての自然の義務に結びついた楽しみが、それ以外のべつの楽しみを求める気持ちをやがて追い払うだろう。

さて、赤ちゃんは生まれたらすぐに、少しぬるめのお湯で洗われる。ふつう、このお湯にはワインが混ぜられるが、私は、お湯にワインを足すのはあまり必要ではないと思う。発酵した液体はけっして自然が産み出すものではない。だから、自然が創造したものの生命にとって、人工的な液体が必要だとは考えられない。

同じ理由により、あたたかいお湯をつかうという配慮も、やはりどうしても必要なものではない。じっさい、多くの民族は、生まれたばかりの赤ちゃんをおかまいなしに川や海で洗っている。しかし、われわれのばあい、子どもは生まれるまえから父親・母親の柔弱さのせいで柔弱であるから、この世に生まれたときからすでに体質は損なわれている。それを回復させるためにはさまざまの試練が必要だが、生まれてすぐにそうした試練のすべてに赤ちゃんをさらしてはならない。赤ちゃんを赤ちゃん本来の強さに回復させることはできるが、それは少しずつ段階的にしかできない。したがって、まず最初は慣習にしたがい、それから徐々に慣習から離れるようにしなさい。

子どもの体はしばしば洗ってあげなさい。子どもの体の不潔さが、その必要を示している。体を拭くだけだと、体をいためる。しかし、子どもの体が強くなるにしたがって、お湯の温度は少しずつ下げていきなさい。しまいには、夏でも冬でも冷たい水で洗うまでになってよい。あるいは凍った水でもかまわない。子どもを危険にさらさないために、水の温度を下げるのは、それとわからない程度に、徐々にゆっくりとおこなうのが重要である。水温を正確に測るために温度計をつかってもよい。

この水浴の習慣は、いったんできあがったら、もうやめるべきではない。そして、一生守りつづけることが重要である。水浴の習慣を、私はたんに清潔とか現在の健康の面で評価しているのではない。それはまた、筋肉を柔軟にし、どんな暑さや寒さにもすぐに無理なく順応できるようにする有益な予防策という面でも評価される。そのためには、大きくなるにしたがって少しずつ、ときには耐えうるかぎりの熱いお湯に、ときにはきわめて冷たい水につかることに慣れさせたい。どんな温度の水につかっても耐えられる体になったら、以後は、どんな温度の空気にもほとんど平気でいられるようになる。なぜなら、水は空気よりも密度の濃い液体であり、ずっと多くの点でわれわれの体に触れ、ずっと強くわれわれに影響をおよぼすものだからである。

赤ちゃんが窮屈だった母親の胎内を出て、空気を吸うようになった瞬間から、もう赤ちゃんを窮屈に包んで苦しめないようにしよう。頭巾もバンドもいけない。拘束衣のような産衣もいけない。衣服は、手足が自由に動かせるよう、ゆったりとしたものにする。運動を妨げるほど重すぎてはいけない。空気の印象を感じとれないほど厚すぎてもいけない。[*14] クッションのついた大きなゆりかご[*15]に入れてあげて、そのなかで危険なしに自由に動けるようにする。

子どもの体が強くなってきたら、部屋のなかを這《は》いまわらせるのがいい。子どもが小さな手足をのばしたり、ひろげたりするのをただ見守りなさい。子どもは目に見えて日に日に強くなっていく。拘束衣のような産衣を着せられている同年齢の子どもと見比べてごらんなさい。それぞれの成長ぶりのちがいに驚かされるだろう。[*16]

＊14　都会の子どもは、家に閉じこめられ、無理に厚着をさせられて窒息する。これも子どもの教育にあたる者が知っておくべきことだが、冷たい空気は子どもの体に悪いどころか、体を強健にするものであり、逆に暖かい空気は体を弱くさせ、子どもに熱を出させ、命を奪うものである。

＊15　私がここで「ゆりかご」と言ったのは、ほかにことばがなかったため慣用語をつかったにすぎない。そもそも、赤ちゃんの体をゆらす必要はまったくないし、この習慣は子どもにとって有害であると、私はそう確信している。

＊16 「古代のペルー人は、赤ちゃんにゆったりとした産衣を着せて、腕は自由に動かせるようにした。産衣の時期をすぎたら、かれらは、地面の小さな穴に布を敷いて、赤ちゃんを体の半分だけそこに入れておく。こうしておくと、赤ちゃんは腕を自由に使えるし、好きなように頭を動かしたり、体をまげることができる。転んだり怪我することもない。あんよができるようになったら、どうしても歩く気にさせる誘いのエサとして、母親は少し離れたところから乳房を出して見せる。黒人の赤ちゃんはもっとたいへんで、乳を吸うのにしばしば骨の折れる姿勢をとらされる。赤ちゃんは膝と足で母親の脇腹をしっかりはさみ、母親が腕で支えなくても地面に落ちないようにする。そして、両手で母親の乳房にしがみつき、母親が日常のしごとでさまざまの動きをしても、そのままの姿勢で、落っこちることもなく乳を吸いつづける。黒人の赤ちゃんは二ヵ月で歩き始める、というよりむしろ、膝と手で這い始める。この這い這いの練習は、のちになって、かれらがこの姿勢でも足を使って走るのと変わらぬ速さで走ることができる能力を身につけさせる」〔ビュフォン『博物誌』第四巻、十二折版、一九二頁〕

この『博物誌』にはないが、ド・ビュフォン氏なら、この例に加えて、イギリスの例も紹介することができただろう。イギリスでは、あの無意味で野蛮な産衣をつかう習慣はしだいに廃止されつつある。読者はまた、ラ・ルベール氏の『シャム王国誌』や、ル・ボー氏の『カナダ紀行』なども参照されたい。こうしたことを事実によって証拠だてる必要があったならば、私はたくさんの引用をならべて二十頁を埋めることもできただろう。

乳母たちは大反対するにちがいない。それは覚悟しなければならない。彼女らにとっては、子どもをしっかり縛りつけておくほうが、しょっちゅう見張っていなくてもよいので楽なのである。そのうえ、ゆったりした服は汚れがすぐに目につくので、ひんぱんに洗濯しなければならない。まったく、習慣というのは、ある国においてはあらゆる身分のひとびとの意にかない、絶対に反駁《はんばく》できないよりどころなのである。

乳母と議論をしてはいけない。命令をして、あなたはその実行を見ていなさい。ただ、あなたが言いつけた世話を彼女がスムーズに実行できるよう、あなたにできることはすべてやりなさい。子どもの世話をあなたも分担するのは少しもかまわない。

ふつうの養育のばあい、大事とされるのは子どもの体のことだけだ。子どもが生きていて、衰弱したりしなければ、ほかのことはほとんど問題にならない。しかし、われわれのばあい、子どもが生まれたときから教育が始まる。子どもは生まれたときからすでに弟子である。家庭教師の弟子ではない。自然の弟子である。家庭教師は、この自然という大先生のもとで研究をし、大先生の心くばりに邪魔が入らないようにするだけだ。家庭教師は赤ちゃんを見守り、観察し、そのあとについて行く。そして、ちょうどイスラム教徒が新月の近づきとともに月の出をじりじりと待ち受けるみたいに、家庭教師は、子どもの知性が弱々しくも最初のきらめきを見せるのを注意深く待ち受けるのである。

われわれは、学ぶ能力をもつ者として生まれるが、生まれたときは何も知らず、何も認識しない。魂は、作りかけの不完全な身体器官のなかで束縛されて、自分が存在するという意識さえもたない。生まれたばかりの赤ちゃんの動作や泣き声は、何かの認識や意志によるものではなく、純粋に機械的なものにすぎない。

生まれたときから一人前のおとなの身長と力をそなえた子どもがいたとしよう。ギリシア神話の女神アテナがゼウスの頭から生まれたときのように、この子どもは母親の胎内から、いわば完全武装して出てきたとしよう。しかし、このおとなのような子どもは、まったくのバカだろう。自動人形のような、あるいは動きもせず、ほとんど何も感じない影像のようなものだろう。かれには何も見えず、何も聞こえず、誰が誰かもわからない。見たいと思ってもそちらのほうに目を向けることもできない。かれは自分の外部の事物を何ひとつ知覚しない。そればかりでなく、かれは自分にそれを知覚させるはずの感覚器官に、いっさい何ももちこまない。かれの目には何の色も入ってこず、かれの耳にはどんな音も入ってこない。物体に接触しても、自分の体では何も感じない。自分がひとつの肉体であることさえわからない。手で触っても、それを感じるのは頭脳のなかである。すべての感覚がただひとつの点に集められる。かれは脳という全身の「感覚中枢」のなかでのみ存在する。かれはただひとつの観念しかもたない。すなわち「自我《モワ》」という観念しかもたず、自分のすべての感覚をそれに結びつける。この観念、というよりこの意識こそ、かれがふつうの子どもではないといえる唯一の特徴であろう。

この人間は、生まれたときから体はおとなでも、自分の足で立ち上がることもできない。体のバランスをたもって立っていられるようになるまで、ずいぶん時間がかかるにちがいない。あるいは、そんなことをしてみようともしないだろう。すると、そのがっしりとして強そうな大きな体は、石のようにそこでじっとしているか、小犬のように地面を這いまわるだけだろう。

かれは身体的な欲求のせいで不安を感じても、それが何なのかわからず、それを満たす手段など想像もつくまい。胃の筋肉と手足の筋肉とのあいだには直接的な連絡がまったくないので、身のまわりにいくら食べ物があっても、かれはそれに近づくために足を踏みだしたり、それをつかむために手をのばしたりはしない。そして、かれの体はすっかり成長しているし、手足もすっかり発達していて、その結果、ふつうの子どものようにたえずそわそわしたり、動きまわったりもしないのだから、かれは食べるものを求めて動き出すまえに、飢えて死ぬかもしれない。われわれの知識が発達する順序と過程について少しでも考えたことがあるひとなら、誰にも否定できないことだが、自分の経験やほかのひとから何かを学ぶ以前においては、人間はだいたいこんなふうに生まれつき無知で愚かだというのが原初の状態なのである。

したがって、われわれのひとりひとりがふつうのレベルの知性に達するための最初の出発点、それはわれわれにもわかる。あるいは、知ることができる。しかし、もういっぽうの極、それを知る者はいるのか。ひとは、それぞれの天分、趣味、欲求、才能、熱意に応じて、また、そうしたものを発揮する機会に応じて、多かれ少なかれ前進する。ここが人間の到達しうる終点だとか、ここから先に進むことはできないなどと、大胆な発言をした哲学者は、私の知るかぎり、ひとりもいない。自分は自分の本性によってどのような者になりうるか、それは誰にもわからない。ひとりの人間とほかの人間のあいだにへだたりがあるとしても、その距離を測定できた者は、われわれのなかにはひとりもいない。

しかし、つぎのような思いが自分のなかで燃え上がらない者はよほど低劣な心の持ち主であろう。また、そういう思いをひそかに、自尊心とともにつぶやいたことのない者はいないだろう。すなわち、「自分は何とたくさんのことをやりとげてきたんだ。これからも、まだまだ先まで進むことができる。どうしてほかの人間が自分より遠くまで行けるだろうか」

まえにも言ったように、人間の教育は生まれたときから始まる。おしゃべりができるまえから、また、ひとの話が理解できるまえから、かれはすでに学び始めている。経験がレッスンに先立つ。乳母の顔が見分けられるようになるとき、赤ちゃんはすでにたくさんのことを学んでいる。どんなに無知な人間でも、かれが生まれてから現在までの進歩をたどってみると、われわれはかれの知識の増えかたに驚かされよう。

人類の知識の全体を大きく二つに区分し、ひとつはすべての人間に共有される知識、もうひとつは学者だけの特殊な知識にわけてみると、後者は前者にくらべるときわめてわずかなものであろう。ところが、われわれは一般的に獲得される知識をほとんど大事と思わない。なぜなら、それはことさら努力しなくても、また、ものごころがつくよりもまえから、獲得されるものだからである。さらにまた、知識が注目されるのは、そこに差があるばあいだけだからだ。量が等しければ、代数の方程式と同じく、相殺されてゼロとされる。

動物でさえ多くの知識を獲得する。動物にも感覚があり、それを用いることを学ばなければならない。動物にも欲求があり、それを満たすことを学ばなければならない。食べること、歩くこと、飛ぶことを学ばなければならない。四足動物は生まれたときから足で立っていられるけれども、だからといって歩けるわけではない。初めて歩き出すときのようすは、きわめて危なっかしいものにすぎない。かごから逃げ出したカナリアは、それまで一度も飛んだことがないので、まったく飛ぶことができない。動くもの、感覚をもつものにとっては、すべてが学習である。もしも植物が前進運動をするものであるならば、植物も感覚を持たねばならず、知識を獲得していかねばならない。そうでなかったら、植物はやがて絶滅してしまう。

さて、子どもの最初の感覚は、純粋に感情的なものである。赤ちゃんは快さと苦しさしか知覚しない。歩くことも、ものをつかむこともできないので、自分自身の外部にあるものを自分に知らせてくれる表象的な感覚を、かれらはたくさんの時間をかけて、少しずつ身につけていく。しかし、それらのものがひろがっていき、いわばかれらの目から離れても、大きさや形をもつことがわかるようになるまで、感情的な感覚がくりかえされていくと、子どもは習慣の支配に服従させられるようになる。

赤ちゃんを見ていると、かれらの目はたえず光のほうに向く。もし光が横から来れば、かれらは無意識にその方向を見ようとする。だから、赤ちゃんの顔はちゃんと光のほうに向けてあげないといけない。そうしないと、子どもはやぶにらみになる。あるいは、いつもななめにしかものを見ないようになる。また、子どもは早くから、暗闇に慣れさせなければならない。そうしないと、暗いところに置かれたらすぐに泣いたり叫んだりする。

食事の時間や睡眠の時間を、あまり正確に決めたりすると、それは子どもにとってかならず同じ間隔でとる必要があるものとなる。そして、やがて欲求は、必要からでなく習慣から生じるものとなる。というよりむしろ、習慣が、自然の欲求のほかにあたらしい欲求をつけ加えることになる。まさしく、それこそが防がねばならないことなのである。

子どもにつけさせるべき唯一の習慣は、どんな習慣も身につけないという習慣である。だから、いつでも右腕だけ、あるいは左腕だけで子どもを抱かないようにする。子どもには右手も左手も使わせ、なるべくどちらの手も使えるようにさせる。いつも同じ時間に食べたくなったり、眠たくなったり、遊びたくなったりしないようにさせる。夜であれ昼であれ、ひとりではいられないという習慣をつけさせない。子どもの体には自然の習性を残しておく。つねにかれがかれ自身の主人であるような状態にしておく。かれが意志をもつようになったら、あらゆることを自分の意志でおこなうという状態にしておく。こうすることによって、かれの自由が支配することと、かれが自分の力を使用することを、早くから準備してあげなさい。

赤ちゃんが、ものを区別できるようになりはじめたら、赤ちゃんに見せるものを選ぶのが肝要である。当然のことながら、あたらしいものはすべて人間の興味をひく。人間は自分をとても弱いものと感じているので、自分の知らないものは何でも怖がる。そこで、見知らぬものを見ても少しも動じない習慣を身につければ、そうした恐怖心はなくなる。クモなどまったくいない清潔な家で育った子どもは、クモを怖がる。そして、しばしば、おとなになってもクモが怖いままだったりする。私の知るかぎり、農村の人間は、男も女も、また子どもでも、けっしてクモなんか怖がったりしない。

赤ちゃんに見せるものを選ぶというただそれだけのことで、その子を臆病にしたり勇敢にしたりすることができるわけだ。ならば、どうして、子どもがおしゃべりができたり、ひとの言うことがわかるようになるまえから教育を始めてはいけないのだろうか。私としては、子どもが新奇なものや、醜くて、不愉快で、奇怪な動物などを見ても平気なように慣れさせたい。ただし、それは少しずつ、遠くから見せて、徐々に慣れさせたい。ほかのひとがそういうものをいじるのを何度も見せ、ついには自分もいじりだすようにさせる。子どものころにガマガエルや蛇やザリガニを見ても怖がらなくなっていれば、おとなになったときには、どんな動物を見ても恐怖を覚えたりしないだろう。どんなに恐ろしいものでも、毎日それを見ている者にとってはもはや少しも恐ろしくないのである。

赤ちゃんはみんな、仮面をした姿を怖がる。私はエミールに、まず最初は、おかしな顔のお面を手にとって見せてあげる。それから、かれのまえで、誰かがそのお面をかぶってみる。私は笑いだす。みんなも笑う。するとエミールも一緒になって笑う。私は少しずつエミールを、もっと怖そうなお面に慣れさせ、最後には、ぞっとするような仮面の姿にも慣れさせる。私がこの流れを上手に段階を踏んでおこなうことができたら、エミールはいちばん恐ろしい仮面を見ても怖がるどころか、いちばん最初のお面のときと同じように笑いだすだろう。そこまで行けば、ひとがエミールを仮面で怖がらせることを、私はもう心配しなくてすむ。

ホメーロスの叙事詩『イーリアス』の、アンドロマケとその夫ヘクトールの別れの場面で、幼い子どもアステュアナクスは父親のかぶとのうえでゆれる羽根飾りにおびえて、父親だとはわからず、泣いて乳母の胸にすがりつく。涙にくれていた母親も、これを見ると思わず微笑《ほほえ》む。こうした子どもの恐怖心を鎮めるにはどうすべきか。父親ヘクトールがしたことが、まさしくその答えである。かぶとを脱いで地面におき、そして子どもをなでてあげる。戦時ではなかったならば、それにとどめるべきではない。置いたかぶとに近づいて、その羽根飾りをおもしろそうにいじり、子どもにもそれをいじらせる。さらには、乳母がかぶとを手にとり、笑いながらそれを自分の頭にかぶせる。しかし、これは女がヘクトールの武具を手でさわってもかまわなければの話である。

エミールを鉄砲の音にも平気でいられるようにすることが必要ならば、私は、まずピストルの口火用の火薬を燃やしてみせる。一瞬だけパッと燃えるその炎、小さな稲妻のようなその輝きは、かれを喜ばせる。それから私は火薬の量を増やして、同じことをくりかえす。そして、銃に詰め綿をせずに火薬だけを少し入れて撃ち、だんだん火薬を増やしていく。最終的に、銃の発射音に慣れさせ、散弾銃の音、大砲の音、そして最大限に恐ろしい爆発音にも慣れさせる。

私の観察によれば、子どもはめったに雷を怖がらない。もちろん、雷鳴がすごくて、じっさいに聴覚器官を傷つけるほどだったら、べつである。しかし、それほどのものでもないのに雷を怖がるのは、雷がひとを傷つけたり殺すこともあると教えられているからにすぎない。雷への恐怖が理性によってもたらされたら、雷に慣れることによってその恐怖はなだめられる。ゆっくりと、少しずつレベルを上げて慣らしていけば、ひとは、おとなでも子どもでも、何ごとも恐れない人間にすることができる。

生まれたばかりのころは、記憶力も想像力もまだ活発に働かないので、赤ちゃんはそのときそのときに自分の感覚器官を刺激したものにしか注意を払わない。感覚は赤ちゃんにとって知識の原材料であるから、これも適切な順序で赤ちゃんに経験させるのがよい。そうすると記憶力が準備され、のちになってそれらの感覚は同じ序列で子どもに理解されることになる。しかし当面、赤ちゃんは自分の感覚にしか注意を払わないので、まずは、その感覚とそれを生じさせたものとの結びつきをはっきりと示すだけで十分である。

赤ちゃんはあらゆるものを触りたがり、いじりたがる。そういう好奇心をけっして抑えてはいけない。それは赤ちゃんにきわめて必要な学習をおこなわせるものなのだ。赤ちゃんはそんなふうにして、ものの熱さや冷たさ、固さや柔らかさ、重さや軽さを感じとることを学ぶ。目で見、手でさわり、[*17]耳で聞き、そして、とりわけ目で見たものと手で触ったものを比較し、指先で感じるものが目にはどのように見えるものなのかを確かめることによって、赤ちゃんは、ものの大きさや形、そして感じとれるすべての性質をどう判断するかを学ぶのである。

＊17　嗅覚は、あらゆる感覚のうち、子どもにおいていちばん遅れて発達する。二歳あるいは三歳まで、子どもは良い匂いも悪い臭《にお》いも感じていないように思われる。匂いにかんしては、子どもは多くの動物たちと同様、無関心というか無感覚である。

われわれは動くことによって、はじめてそのあたりに自分ではないものが存在することを知る。われわれは自分自身で動くことによって、はじめて広さという観念を得る。赤ちゃんにはこの観念がない。だから、すぐそばにあるものでも、百歩も離れたものでも、見境《みさかい》なしに手をのばしてつかまえようとする。赤ちゃんが手をのばして、遠くのものをつかむしぐさをしていると、それは赤ちゃんのわがままのしるしのように見える。つまり、赤ちゃんはものにむかって、こちらに来いと命じているのか、もしくは、あなたにむかって、それをもって来いと命じているように見える。しかし、じっさいはまったくそうではない。赤ちゃんには、まず脳のなかで見え、つぎに目で見えた物体が、いまは自分の手の先に見えるからであり、そして自分の手の届く範囲でしか広さというものをイメージできないからにすぎない。

だから、なるべく赤ちゃんを連れて歩きまわりなさい。あちらこちらに移動させなさい。場所が変わったことを感じさせなさい。そして、距離がどれくらいか判断することを教えなさい。距離がわかるようになったら、方法を変える必要がある。赤ちゃんを連れて歩くのは、赤ちゃんの望みによるのではなく、あなたが好きなようにしてよい。なぜなら、赤ちゃんがもはや感覚によって惑わされなくなると、かれのしぐさの原因も変わってくるからである。この変化は注目すべきものであり、説明を要する。

欲求を満たすのにひとの助けが必要なとき、欲求を因とする不快の念がいろいろなしるしによって表現される。そこで、赤ちゃんは大声で泣く。しょっちゅう泣く。それはしかたがないことである。赤ちゃんの感覚はすべて感情的なものであるから、それが快いものであるならば、赤ちゃんは黙って楽しむ。苦しいものであるならば、赤ちゃんは赤ちゃんの言語でそれを告げ、苦しみをやわらげてくれるよう訴える。ところで、赤ちゃんというのは目が覚めているかぎり、無関心な状態でいることはほとんどない。赤ちゃんは眠っているか、そうでなければ何かしらを感じている。

われわれの言語はいずれもすべて人間の技によってつくられたものだ。では、あらゆる人間に共通の、自然の言語というものはあるだろうか。ひとびとは長いあいだ、それを探究してきた。疑いなく、それは存在する。それは、赤ちゃんがおしゃべりができるまえに話している言語だ。その言語は音節によって区切られるものではないが、強調されたり、音色がついたりして、意味が理解できる。われわれは自分たちの言語を使っているうちに、そういう言語を軽んじ、ついにはすっかり忘れてしまった。赤ちゃんを研究しよう。そうすれば、われわれは赤ちゃんをとおして自然の言語をふたたび取りもどせる。この言語にかんしては、乳母がわれわれの先生だ。乳母は赤ちゃんの言うことがすべてわかる。乳母は赤ちゃんに返事をし、たっぷり会話をする。乳母はことばを発音してしゃべるが、そのことばは完全に無用である。赤ちゃんが理解するのはことばの意味ではなく、それにともなう音の抑揚だからだ。

言語には声による言語のほかに、身ぶりによる言語もあり、これも同じくらい力強い。この身ぶりは、赤ちゃんのかよわい手でなされるものではなく、顔の表情でなされる。顔立ちもまだ整っていないのに、赤ちゃんはすでに何と豊かな表現ができることか。それには驚かされる。赤ちゃんの表情は、一瞬一瞬、信じられないほどの速さで変化する。ほほえみが、欲望が、恐怖が、稲妻のようにあらわれては消える。そのたびに、われわれはまるでちがった顔を見るような気がするだろう。赤ちゃんは顔の筋肉が、たしかにわれわれよりも柔らかい。しかし、赤ちゃんの目は、それとは逆に、とろんとして、ほとんど何も語らない。肉体的な欲求しかもたない年齢の子どもにとって、しぐさの種類はどうしてもそうなる。感覚の表現はしかめっ面《つら》であらわされ、感情の表現はまなざしであらわされる。

人間の最初の状態は、必要なものの欠乏と力の不足である。だから、人間が発する最初の声は、うめき声と泣き声だ。赤ちゃんは欲求を感じても、それを満たすことができず、泣き声をあげてひとの助けを乞い求める。お腹《なか》が空《す》いたり、のどが渇いたら、泣く。寒すぎても暑すぎても、泣く。動きたいのに、じっとさせられていると、泣く。

眠たいのに動かされると、泣く。

自分の身のありようが自分の意にそわないと、赤ちゃんはますますひんぱんに、それを変えてほしいと要求する。赤ちゃんはひとつの言語しかもたない。なぜなら、赤ちゃんにとって不快の感じ方は、いわば、一種類しかないからである。感覚器官が未完成の状態にあるので、赤ちゃんはさまざまの印象を区別することができず、赤ちゃんにとって良くないものはすべて苦痛という、ただひとつの感じ方をなすだけである。

赤ちゃんの泣き声に、ひとびとはたいして注意を払う価値はないと思っているけれども、じつは、人間のこうした泣き声こそ、人間と周囲の環境全体とのあいだに最初の関係を生むものなのである。社会の秩序を形づくる長い鎖の、最初の輪はここでつくられる。

赤ちゃんが泣くのは不快なときである。何らかの欲求があるのに、自分ではそれを満たすことができない。おとながしらべて、その欲求をさがして見つけだし、それを満たしてやる。欲求をわかってあげないと、あるいは満たしてやれないと、赤ちゃんはいつまでも泣く。おとなはうるさがり、赤ちゃんを黙らせようとして、あやしたり、ゆすったりする。子守歌をうたって眠らせようとする。それでも泣きやまないと、おとなはじれったくなって、赤ちゃんを脅す。乱暴な乳母はときどき赤ちゃんをぶったりする。人生の門出において、こんな奇妙な教えを受けていいのか。

私が目撃した光景は、けっして忘れられそうにない。やはりなかなか泣きやまない赤ちゃんがいて、その子が乳母にぶたれたのだ。すると、泣き声はぴたりとやんだ。赤ちゃんはビビって泣きやんだのだな、と私は思った。私は心でつぶやいた。「この子は、厳しくあつかわないと何ひとつしようとしない奴隷みたいな根性の人間になるだろうな」。私はまちがっていた。その子は、かわいそうに、怒りでのどをつまらせていたのだ。呼吸ができなかったのだ。見る見る顔が紫色に変わった。一瞬ののち、激しい泣き声が飛びだす。その年齢の子どもがいだきうる恨み、憤り、絶望のしるしが、すべてその声の調子のなかにあらわれていた。泣きかたの激しさは、このまま死ぬのではないかと心配になるほどだった。

人間は生まれつき正義と不正義の感情を心のうちにそなえているということを、私が疑わしく思っていたばあい、こういう事例のひとつだけで、私の疑いは消えただろう。これは私の確信していることだが、赤ちゃんを叩くのは、たとえ軽い一叩きであっても、あきらかに赤ちゃんを痛めつける意図によるものだったら、それはまっ赤に燃えた炭火が偶然に赤ちゃんの手のうえに落ちたときより、絶対にずっと強い痛みを感じさせるにちがいない。

もともと子どもというのは、すぐかっとなり、すぐくやしがり、すぐ怒る性質をもっているので、子どものあつかいは過剰なまでに気をつけてする必要がある。オランダの医師ブールハーフェによれば、子どもの病気の大半は痙攣《けいれん》性のものである。それは、子どもはおとなと比較して、頭の割合が大きく、神経系も拡がっているため、神経的にいらだちやすいからだそうだ。したがって、子どもをからかったり、いらだたせたり、じらしたりするような召使いにはできるだけ目を光らせ、なるべく子どもに近づけないようにしなさい。そういう召使いは子どもにとって、空気や季節がもたらす害より百倍も危険であり、不吉である。

子どもが、ものにぶつかると痛いが、ひとの意図と衝突しても痛い目にあわずにいられれば、子どもは反抗的にも怒りっぽくもならない。体も健康に保てる。おとながたえず束縛して、それによってきちんと育てあげられたとされる子どもより、束縛などされず自分で自由に育った貧しい民衆の子どものほうが、だいたいにおいて、虚弱でなく、線も細くなく、強健に育つ。それは、まさしくこれがその理由のひとつである。とはいえ、子どもを束縛しないことと子どもの言いなりになることは、けっして同じものではない。そのことはつねに頭に入れておく必要がある。

赤ちゃんの泣き声は、最初のころは懇願である。だが、用心しておかないと、やがてそれは命令となる。はじめは、自分を助けてほしいと願うが、ついには、自分に奉仕せよと命ずる。このように、本人自身の弱さから、最初は依存心が生じ、つづいて支配と専制の観念が生じるのである。しかし、この支配の観念は、子ども自身の欲求によってかきたてられるというより、おとなが子どもに仕えることによって助長されるものなのだ。まさに、ここであらわれはじめる道徳面でのその結果は、自然のなかには直接的な原因がないのである。すでにおわかりのとおり、だからこそ、こういう赤ちゃんの年齢のときから、その身ぶりや泣き声に隠されている意図を見抜くことが重要なのである。

赤ちゃんが黙って力いっぱい手をのばしているとき、赤ちゃんはものに手が届くと思っている。距離がわからないからだ。つまり、そのときは思いちがいをしている。しかし、赤ちゃんが不満げに泣きながら手をのばしているときは、もう距離について思いちがいをしていない。赤ちゃんは、ものにむかって、こちらへ来いと命じているのだ。あるいは、あなたにむかって、それをこちらにもって来いと命じているのである。第一のばあいには、赤ちゃんをゆっくりと一歩ずつ、もののほうへ連れて行きなさい。第二のばあいには、赤ちゃんの泣き声が聞こえていることをそぶりにも見せてはいけない。ますます大声で泣いたら、ますます知らん顔をしなければならない。赤ちゃんはおとなの主人ではないのだから、おとなにむかって命令などしないよう、また、ものは何も聞こえないのだから、ものにむかって命令などしないよう、早くから赤ちゃんをしつけることがたいせつである。

というわけなので、赤ちゃんが何かしら自分の目に入ったものをほしがり、そして、おとなもそれを子どもにあたえたいと思うばあいには、そのものをもってきてあげるよりも、赤ちゃんをもののほうへ運んであげるほうがよい。赤ちゃんはそういうやりかたから、その年齢なりの結論をひきだす。また、赤ちゃんに自分で結論を思いつかせる方法は、絶対に、そういうやりかた以外にはない。

サン＝ピエール師［聖職者で啓蒙思想家］は、おとなは大きな子どもであると言ったが、それなら、子どもは小さなおとなであると言うひとがいてもいいだろう。どちらのことばも、格言としてはそれなりに真理を含む。ただ、原理としてはいささか説明を要するものである。しかし、ホッブズ［イギリスの思想家］が、悪人は頑強な子どもであると言ったとき、そのことばは絶対的に矛盾したものである。

悪はすべて弱さから生まれる。子どもが悪いことをするのは、弱さのゆえである。子どもを強くしなさい。そうすれば善良になる。どんなことでもできる者はけっして悪いことをしない。全能の神においても、そのすべての属性のうち、善良さこそがまさしくそれなしには神というものを思い描くことのできない属性なのである。善と悪をどちらも宇宙の原理として認める民族も、そろって、悪を善より劣ったものと見なしている。そうでなければ、かれらは不条理な仮定をしていることになる。くわしくは後出［第四編］の「サヴォワの助任司祭の信仰告白」を読んでいただきたい。

とにかく、理性のみがわれわれに善悪を知ることを教える。なるほど、われわれに善を愛させ悪を憎ませる良心は、理性から独立したものであるが、しかし、この良心も理性なしには発達しえない。

理性の年齢に達するまえは、われわれは善も悪も、それと知らずにおこなう。われわれの行動には道徳性はいっさいない。ただ、自分に関係する他人の行動について、ときどきそれらしいものを感じることはあるが、その程度だ。子どもは、目についたものはすべてグチャグチャにしたがる。手の届くところにあるものはすべて壊す。バラバラにする。石をつかむように小鳥を手で握り、自分が何をしているのか知らずに小鳥を絞め殺す。

子どもはなぜそんなことをするのか。

まず哲学は、それを人間の本性としての悪によって説明する。人間は傲慢さ、支配欲、自尊心《アムール・プロプル》、邪悪さを本性として備えているのだと言う。さらに加えて、こう言うかもしれない。子どもは自分が弱いと感じているからこそ暴力的な行為に走り、自分の力のほどを自分自身に証明したがるのだ、と。

では、弱々しく衰えた老人を見てみよう。老人はライフサイクルを一巡して、ふたたび幼児のような弱さにもどってきた。老人は、自分もじっとして動かず、静かであるばかりでなく、自分のまわりにあるものすべてがじっと静かにしていることを望む。ほんのわずかな変化でも、老人の心を乱し、不安にさせる。老人は静けさがあらゆるところを支配するのを望む。

根本的な原因に変わりがないとしたら、老年期と幼年期とで、同じような無力さと同じような情念が、どうしてこれほど異なる結果を生じさせるのか。老人と赤ちゃん、両者の肉体的なありさまにちがいを求めないとしたら、こうした結果が生じる原因のちがいはどこに求められるのか。

活動の原理は赤ちゃんにも老人にも共通なのだが、前者においては発展しつつあり、後者においては消滅しつつある。前者においては形成されつつあり、後者においては崩壊しつつある。前者は生にむかい、後者は死にむかう。

老人の衰えた活動力は心に集中する。赤ちゃんのあふれるほど豊かな活動力は外にむかって拡がる。言ってみれば、赤ちゃんは自分のまわりのすべてを活気づけられるぐらい、自分は生命に満ちていると感じているのだ。赤ちゃんが何をしようと、何を壊そうと、そういうことはどうでもよいこと。自分はさまざまなものの状態を変化させている、それで十分なのである。何であれ変化を生じさせる、それが活動なのである。

ものを壊すほうを好んでやっているように見えても、それはけっして性格が悪いからではない。ものをつくる活動はかならず時間がかかるが、ものを壊すのはずっとすばやくできるので、子どもの活発さにはそちらのほうがむいているからである。

そうした活発さを子どもに原理としてあたえたのは自然の創造者であるけれども、創造者は同時に、赤ちゃんの力をごく弱いものにして、赤ちゃんが力をふりまわしてもさほど害が出ないようにしている。しかし、赤ちゃんは、まわりのおとなを自分の意のままに動かせる道具みたいに考えるようになると、さっそく好きなようにおとなを使って自分の弱さを補うようになる。赤ちゃんは、まさしくこのようにして、扱いにくい暴君になり、横柄で手のつけられない悪者になったりするのである。これは、本性としての支配欲にもとづく発達ではなく、支配欲が子どもに授けられていく発達である。じっさい、他人の手を使って活動したり、舌先ひとつで宇宙を動かしたりするのがどれほど気持ちのよいものなのか、それを知るのにさほど長い経験は必要ないだろう。

子どもは大きくなるにつれて力もついてくるが、落ち着いてもくるし、もの静かにもなる。ますます自分のなかに閉じこもるようになる。心と体は、いわばバランスをとる。自然はもはや、われわれの自己保存に必要な運動しかわれわれに要求しなくなる。

しかし、命令したいという欲望は、その欲望を生じさせた欲求が消えれば、それとともに消え去るわけではない。他者を支配することは自尊心《アムール・プロプル》を目覚めさせ、自尊心をくすぐり、そして、習慣が自尊心を強化する。こうして気まぐれが欲求にとってかわり、こうしてたんなる先入観と感覚的な意見がその最初の根を下ろす。

さて、ひとたび原理がわかれば、われわれがどこで自然のルートを逸脱したのかもはっきりと見えてくる。そこで、自然のルートにとどまるために、われわれは何をなすべきかを見ていこう。

赤ちゃんたちは力があり余っているどころか、その力は自然の要求をちゃんと満たすにも足りない。したがって、とにかく自然がかれらにあたえた力、そして、かれらにはとても悪用などできないその力を、存分に発揮させてあげねばならない。これが準則その一。

身体的な欲求にかんすることでかれらに欠けているものがあれば、知識あるいは力を出して助けてあげ、補ってあげねばならない。これが準則その二。

かれらを助けるにあたっては、現実に役に立つことのみに援助を限定しなければならない。気まぐれや、無茶な願望にはいっさい手を貸してはいけない。気まぐれは自然に生じるものではないので、ひとびとがそれを生じさせないかぎり、子どもたちが気まぐれで困ったことになることはない。これが準則その三。

赤ちゃんのことばやしぐさをよく研究し、ごまかしのできない年齢の子どもの願望でも、直接自然に由来するものと、たんなる意地によるものとは区別するようにしなければならない。これが準則その四である。

以上の準則の神髄《しんずい》は、もっと子どもにほんとうの自由をあたえること、あまり子どもにまわりを支配させないこと、もっと何でも自分の力でやらせること、あまりひとに甘えさせないことである。こうすれば、子どもは早い段階から、欲望を自分の力量の限度におさえられるようになり、自分の力で得られないものには欠乏感を覚えたりしないようになるだろう。

これはまたあらたな根拠、そしてきわめて重要な根拠として言えることだが、赤ちゃんの体や手足は絶対に自由に動くようにしておかねばならない。ただし、落ちて怪我をする危険がありそうなところからは遠ざけ、また、自分を傷つけそうなものは手の届くところに置かないようにすること、それにだけは気をつけたい。

体や手足を自由に動かせる赤ちゃんは、窮屈な産衣に包まれている赤ちゃんよりも泣かない。これはまず確かだ。肉体的な欲求しか知らない者は苦しいときにしか泣かないわけで、これはある意味、とても大きな利点である。苦しいときしか泣かないから、泣くのはいまこそ助けが必要なときだと正確にわかるし、そして必要な手助けをそのときすぐに施せる。しかし、それが手助けできる種類のものではないならば、放っておきなさい。なだめるために赤ちゃんの機嫌をとるようなことをしてはいけない。たとえば腹痛は、ちやほやしても治らない。むしろ赤ちゃんは、ちやほやしてもらうにはどうすればいいか、これで覚えてしまうだろう。そして、ひとたびあなたを自分の意のままに使うことを覚えてしまうと、もう赤ちゃんがご主人様になる。すべてが台なしである。

赤ちゃんは、体の動きが妨げられないでいるとあまり泣かない。大人は、子どもの泣き声に悩まされることが減ると、子どもを静かにさせるための苦労も減る。子どもは、しょっちゅう叱られていると臆病になり、のべつちやほやされていると強情になる。だから、そういうことはなるべく控えるようにすると、子どもはより自然な状態のままでいられる。赤ちゃんを泣くにまかせるのではなく、泣くとあわてて赤ちゃんをなだめるような育てかたが、赤ちゃんをヘルニアにしやすい。私の知るかぎり、育児放棄された赤ちゃんのほうが、大事に育てられた赤ちゃんよりもヘルニアは少ない。

いや、だからといって、私は育児放棄が望ましいと思っているわけではまったくない。逆である。大人は気づいてあげるのが大切なのだ。赤ちゃんが欲求を泣き声で知らせなくてもすむようにしてあげねばならない。しかし、大人の気づかいを赤ちゃんに誤解させるのも望ましくないと、私は思う。赤ちゃんは、泣けばたくさんいいことがあると知ったら、どうして泣かずにいられよう。泣きやむことに高い値段がつけられることを学んだら、赤ちゃんはそう易々《やすやす》とは泣きやまないようになる。ついには、もはやとうてい支払いができないぐらい高い値段をつけるようになる。買ってもらえないとなると、どんなにがんばって泣いてもムダ泣きであり、赤ちゃんは泣き疲れてしまい、自分で泣きやむ。

体をしばられてもいないのに、また病気でもないのに、また何の不足もないのに、赤ちゃんが長い時間泣き続けるばあい、それはたんなる習慣か、たんに強情だからにすぎない。いずれにしてもそうなったのは自然のせいではなく、乳母のせいである。赤ちゃんの泣きかたのしつこさに我慢ができない乳母は、かえって赤ちゃんのしつこさを増大させる。この乳母は少しもわかっていない。今日、赤ちゃんを無理に黙らせると、その反動で赤ちゃんは、明日はもっと泣くようになるのだ。

こういう習慣をなおす方法、あるいは予防する方法はただひとつ、それは泣いてもぜんぜん気にしないことである。誰だってムダな努力はしたくない。赤ちゃんだってそれは同じだ。たしかに、赤ちゃんはしつこく、大人を試そうとする。しかし、もしあなたが赤ちゃん以上に頑固でしつこく無視しつづけたら、赤ちゃんはやる気を失い、大人を試すようなことはしなくなる。こうして、赤ちゃんの泣き騒ぎを減らすことができる。苦痛にたえられなくなったときにしか涙を流さないよう、しつけることができる。

さらにまた、赤ちゃんが気まぐれに、あるいは強情に泣きつづけるとき、確実に泣きやませる方法がある。それは、泣きたい気持ちを忘れさせるような、何かおもしろそうで目を引くものを使って、赤ちゃんの気をそらすことだ。たいていの乳母はそれをよくこころえているし、また、この手はうまくやればきわめて有効である。しかし、ここでもっとも重要なのは、赤ちゃんの気をそらすというこちらの意図を気づかせないこと。そして、赤ちゃんには、こちらの心くばりを少しも意識させずに楽しんでもらうことが重要だ。ところが、乳母はみんな、まさにその点ではそろって不器用なのである。

赤ちゃんを離乳させるのも、だいたいにおいて早すぎる。そもそも離乳させるべき時期は、歯が生えることで知らされる。そして、歯が生えるのはどの赤ちゃんにとっても、痛くてつらいものだ。そこで赤ちゃんは、機械的な本能によって、手にしたものを何でも口にもっていって嚙もうとする。大人はその手助けをしてやるつもりで、象牙とか狼の歯といった何かしら硬いものを、おしゃぶりとして赤ちゃんにあたえたりする。私はそれはまちがいだと思う。そういう硬いものが歯茎《はぐき》にあたると、歯茎は柔らかくなるどころか歯茎にたこができて硬くなる。歯茎が硬くなると、歯が生えるのはますます痛くて苦しいものになる。やはりわれわれはここでも本能を手本にしたい。われわれは、子犬が、その生えかけの歯で小石や鉄や骨を嚙むのを見たことがない。子犬が嚙むのは、木や皮や布切れなど、さほど硬くなく、嚙んだ歯のあとが残るぐらい柔らかな材質のものである。

いまどき、われわれは何ごとにつけても質素にすることを知らない。子どもの身のまわりについてもそうだ。金や銀の鈴、さんご、キラキラ光る水晶、高価なものから安物までのありとあらゆるおもちゃをあたえる。いずれも子どもには無用で有害なものばかり。そんなものはすべていらない。鈴もいらない。がらがらもいらない。果実と葉っぱのついた木の小枝、振れば種の音がするケシの頭、しゃぶったり嚙んだりできる甘草《かんぞう》の根茎、こういうものでもあの豪華ながらくたと同じくらい子どもを喜ばせる。そして、こういうものには、生まれたときから子どもを贅沢《ぜいたく》に慣れさせるという欠点もない。

麦粥《ブイイ》があまり健康的な食べ物ではないことは、すでによく知られている。煮た牛乳に小麦粉をそのまま入れると粒がたくさんでき、食べても胃袋にはよくない。パンとちがって、麦粥では小麦粉はちゃんと加熱されていない。しかも、発酵もしていない。私が思うに、パン粥や米を煮たお粥のほうが望ましい。どうしても麦粥をつくりたいのであれば、あらかじめ小麦粉を少し炒っておくとよい。私の国では、そうして炒った小麦粉でとてもおいしくて、とても体にいいスープをつくる。

肉のブイヨンやポタージュもあまりよい食べ物ではないから、できるだけ食べさせないようにしなければならない。赤ちゃんをまず嚙むことに慣れさせるのが重要だ。これこそがスムーズに歯が生えるようにする真の方法なのである。そして、赤ちゃんがものを食べるようになると、唾液が食物と混じりあって消化を助ける。

そこで私は、乾した果物やパンの硬いところを赤ちゃんに嚙ませることにしよう。ピエモンテ地方の名物「グリッシーニ」に似た細長の硬いパン、あるいはクラッカーを、おもちゃがわりにあたえよう。赤ちゃんは口のなかでそれを柔らかくしているうちに、ついにはそれを少し飲みこむようになる。やがて歯が生えてくる。そうして赤ちゃんは、いつのまにやら離乳している。農民はだいたいにおいて胃が丈夫だが、かれらの離乳はまさにこんなふうにしてすまされるのである。

子どもは生まれた瞬間から、ひとが話すことばを聞かされる。いったい何を言われているのか理解できないのに、また、聞こえた音をまねて発してみることさえできないうちから、子どもはことばを聞かされる。発声器官はまだちゃんとできていないから、聞かされた音をマネしてみるのも徐々にしかできない。そしてそもそも、赤ちゃんの耳に伝わる音が、われわれの耳に伝わるのと同じくらいはっきりとした音なのかどうなのかも定かではない。

私は、乳母が歌を歌ったり、とても陽気に、いろいろな声音で赤ちゃんをあやすことには反対しない。しかし、無用なことばをだらだらと、いつまでもうるさく言いつづけることには反対だ。赤ちゃんに理解できるのは、乳母の発する声の調子だけである。

私が思うに、子どもが赤ちゃんのときに聞かされることばは、数が少なく、わかりやすく、音もはっきりしていて、何度もくりかえされるものであるのが望ましい。そして、そのことばそのものも、何をさしているか赤ちゃんにもすぐにわかるような、感覚的な事物にのみ対応していることが望ましい。

われわれは自分にまったく理解できないことばでも、黙っておとなしく聞いていられる。そういうあわれなおとなしさは、われわれの想像以上に、ずっと早くから始まっているのだ。赤ちゃんが産衣にくるまれて乳母のおしゃべりを聞かされてきたように、小学生は教室で先生の冗舌を聞かされる。どうやら、ひとの話をまったく理解できないように子どもを育てるのが、とても有益な教育法であるらしい。

言語の形成と子どもの最初のことば、これをテーマにしようと思うと、いろいろな考えがどんどんと浮かんでくる。子どもは、われわれが何をしようと、かならず同じようなやりかたでことばを学びとる。そしてこのテーマでは、哲学的な思索はすべて、ほとんど何の役にも立たない。

まず、子どもたちは、いわばその年齢なりの文法をもつ。子どもたちのことばの組み立てかたは、われわれ大人のそれよりももっと一般的な規則にしたがっている。よく注意してみると、子どもたちは類推《アナロジー》によってことばを組み立てており、その類推の正確さにはわれわれも驚かされるだろう。文法的にはきわめてまちがっていても、その類推にはたしかな規則性がある。われわれがその並べかたにいらだちを覚えるのは、たんにそれが粗暴に聞こえたり、慣例として認められていないからにすぎない。

私は最近、ある子どもが父親にことばづかいでひどく叱られているのを見た。その子は父親に「ぼく、あっちー行く irai-je-t-y」と言ったのである。おわかりのとおり、この子はそこらの文法学者よりきちんと類推にしたがっている。つまり、かれはひとから「あっち行け Vas-y」と言われたのだ。だから、「あっち行く」と言ってはいけないはずがない。むしろ、かれが音のつながりを考えて、「ぼく、あっち行く irai-je-y」ではなく「ぼく、あっちー行く irai-je-t-y」と言ったあたりの工夫に注目してあげたい。われわれは、この「で」という限定副詞の使いかたをよく知らない。だから、われわれはこの限定副詞を文章から省くようなバカげたことをしがちである。そして、このことばにこだわった子どもを叱る。かわいそうに、それは子どものあやまちなのか。

ことばの組み立てにおいて子どもは、慣例に反するような小さなまちがいをしてしまうものだが、そんなものは時がたてば子どもが自分でなおすにきまっている。なのに、子どもの小さなまちがいをいちいち直してやろうとするのは、じつに偉そうな教えたがりにすぎず、まったくもって余計なお世話である。

子どものまえでは、つねに正しく話しなさい。あなたと話すのがいちばん楽しい、と子どもに思ってもらいなさい。そして、子どもを叱ったりしなくても、子どもはあなたを手本にして、いつのまにやらきちんとしたことばが使えるようになる。そう確信しなさい。

しかし、重大なまちがいは、まったく別のところにある。そして、そのまちがいも、やはり防ぐのが容易ではない。それは、われわれがあまりにも早くから赤ちゃんにおしゃべりをさせようと、せきたてることである。赤ちゃんがひとりでにおしゃべりができるようになるはずがない、といった考えのせいだろう。
こういった慎みを欠いた性急さは、本来の望みとまったく逆の結果をもたらす。急げばかえって子どもはことばが遅れ、しゃべるようになってもけっしてちゃんとは話せない。何をしゃべってもすんでしまう。また、大人が熱心に聞きとってくれると、子どもははっきり発音しないですんでしまう。また、大人がしゃべりすぎると子どもはめったに口を開かなくなるので、多くの子どもが不明瞭な発音と、ほとんど理解しがたい意味不明のことばづかいを、あらためることなく一生そのましつづける。

私は長く農民のあいだで暮らしてきたが、私の知るかぎり、農民には男も女も、男の子も女の子も、発音が不明瞭な人間はない。それはどうしてだろうか。農民たちの発声器官はわれわれと構造がちがうからだろうか。いや、そんなことはない。声を出す訓練のしかたがちがっているだけだ。

いまも私の部屋の窓から見える小さな丘に、近所の子どもたちが集まって遊んでいる。ここからずいぶん離れているのだが、それでも子どもたちの言っていることは、すべてはっきりと聞き取れる。おかげで私は、この本のために有益なメモがたくさん書きとめられる。

私の耳で、ここの子どもの年齢の見当がはずれるのも毎度のこと。声を聞いて十歳ぐらいだと思っても、姿を見れば背丈も顔立ちも三、四歳の子どもなのだ。こうした経験は私だけのものではない。私に会いに来る都会の人間に、同じようにして子どもの年齢当てをやらせると、やはりみんなまちがってしまう。

どうしてそんなことになるのか。それは、都会の子どもは五歳か六歳まで乳母に守られて、部屋のなかで育てられ、自分の言いたいことはぼそぼそつぶやくだけでもわかってもらえるからである。子どもがちょっとでも唇を動かせば、大人は一生懸命それを聞きとろうとしてくれる。子どもがうまく言えないことばは、大人がひきとってくれる。そして、注意深く子どもを見守る大人たちは、いつも同じ顔ぶれで、ずっとそばにいるものだから、子どもが何を言ったかではなく、子どもが何を言いたかったのかを察してあげるのだ。

田舎では、事情がまったくちがう。農民の女は、つねに子どものそばにいるわけにはいかない。だから子どもは、母親にわかってもらいたいことがあれば、それをはっきりと大きな声で言うように学習せざるをえない。野良《のら》に出れば、子どもは父親からも母親からも、ほかの子どもたちからも離れ、みんなあちこちに散らばる。だから子どもは、遠くからでもことばがわかるように、また聞いてもらいたい相手との距離に応じて声の大小を調整するように、自分で訓練する。
まさにこのようにしてこそ、ひとは発音することを学ぶのである。話を聞きとろうとしてくれる乳母の耳もとで、いくつかの母音を口ごもっていてはダメだ。じっさい、農民の子どもに何か質問してみると、子どもは恥ずかしがって返事をしないこともあるが、口を開けば、そのことばははっきりとしている。いっぽう、都会の子どもには乳母による通訳が必要だ。われわれは通訳してもらわないと、かれが何をもぐもぐ言っているのか、さっぱりわからない。*18

*18　これにも例外がないわけではない。はじめは何を言っているのかほとんど聞き取れないほどの子どもたちも、のちに大きな声を出し始めると、やかましくてたまらなくなる。いや、こういう細かいことにすべてふれなければならないとなると、もう、きりがない。聡明な読者ならおわかりになるはずだが、過剰も不足も同じあやまりから生じるものであり、どちらも私の方法によって矯正される。私が思うに、つぎの二つの準則はたがいに不可分である。すなわち、「つねに十分におこなえ」、そして「けっしてやりすぎるな」。前者がきちんとなされれば後者はおのずと満たされる。

都会の子どもも成長すると、男子は学校で、女子は修道院でこうした欠点をあらためることになるだろう。じっさい、そういう子どもは、男女を問わず一般に、ずっと親元で育った子どもより口のききかたが明瞭である。それでも田舎の子どもほどには発音が明瞭にならないのは、都会の子どもはたくさんのことを暗記したり、学んだことを大声で暗唱したりする必要があるからだ。暗記しようとすると、早口で言ったり、投げやりでいいかげんな発音ですます習慣が身についてしまう。暗唱するのはもっと悪い。ことばを思い出そうとしてがんばり、音節を長くひっぱったりする。記憶があいまいなときには、ことばもたどたどしくならざるをえない。こんなふうにして、発音に悪い癖ができ、あるいは定着する。あとで見るように、私のエミールにはそんな欠点はない。あるいは、欠点ができるとしても、それは、少なくともそれと同じ原因によるものではないだろう。

民衆や田舎の人間が、また逆の極端におちいることは私も認める。かれらはほとんどいつも、必要以上に大声で話す。過剰なまでに正確に発音するので、歯切れがよすぎて、音の響きが粗野である。抑揚もつけすぎる。ことばの選びかたでもまちがう、などなど。

しかし、まず言っておくが、この極端は、もうひとつの極端に比べるとはるかに罪がない。私はそう思う。そもそも、話をするということの第一の原則は、話を相手に理解してもらうことだから、そのさい犯しうる最大のあやまちは、相手が理解できないような話しかたをすることである。

まったく抑揚のないしゃべりかたを自慢する者がいるが、それはことばから優雅さや力強さを失わせたことを自慢するにひとしい。抑揚は言語表現の生命である。抑揚は発言に感情と真実をそなえさせる。抑揚は、ことばそのものよりも偽ることが少ない。上品に育ったひとびとが抑揚のついたしゃべりかたをしたがらないのは、おそらくそれが理由だろう。どんなこともすべて同じ語調でしゃべる習慣から、相手に気づかれずにひとをからかう習慣も生じた。

抑揚をつけるのをやめると、つぎには、バカげて気取《きど》った発音のしかたが取りいれられる。それは流行におうじてくるくる変わるものだが、とりわけ宮廷の若いひとびとのあいだで目立つ現象だ。こうした気取ったしゃべりかたや物腰のせいで、ほかの国の人間はおしなべてフランス人に近づくのを嫌がり、不快に思うのである。フランス人はことばに抑揚をつけず、そのかわりに気取った雰囲気だけをつけ加えた。それはけっしてひとに好感をいだかせるものではない。

大人は、子どもがまちがったことばづかいを身につけてしまうことをたいへん心配するが、そうした小さなまちがいはすべて何の問題もない。それらは予防も矯正もきわめて簡単にできる。ところが、大人のせいで子どもが、小声でまとまりのないことをおずおずとしかしゃべれなくなるとか、大人が子どもの口調をたえず叱りつけ、子どものことばにいちいちダメを出すおかげで、子どもが身につけてしまう悪い癖はけっしてなおせない。女たちのあいだで育ち、そこで話しかたを覚えた男は、軍隊の先頭にたって大声で号令を出すこともうまくできないだろうし、暴動のさいに民衆を屈服させることもできないだろう。子どもには、まず大人の男にむかって話をすることを教えなさい。そうすれば、必要なばあいには、女にむかってもちゃんと話をすることができるようになるだろう。

あなたの子どもたちが、田舎で、まったく素朴で野生的に育ったならば、子どもたちはよくとおる声をもつようになるだろう。都会の子どものような、もそもそとした、あいまいなしゃべりかたを身につけることはないだろう。また、子どもたちの先生が、生まれたときから一緒に生活し、日ごとに結びつきがますます密接になっていけば、子どもたちは田舎にいても田舎風のことばづかいやイントネーションを身につけてしまうことはない。少なくとも、身につけたとしてもそれは簡単にとれる。なぜなら、先生が正しいことばを使ってくれて、子どものことばが田舎風になることを予防し、あるいはそうなっても打ち消してくれるからである。

エミールは、私の知るかぎりのきわめて純粋なフランス語を話すであろう。しかも、私以上に明瞭に話すだろうし、私よりもずっと正確な発音をするであろう。

おしゃべりを始めようとする赤ちゃんには、赤ちゃんにも理解できることばだけを耳に入れてあげ、赤ちゃんでも発音できることばだけでおしゃべりをさせねばならない。すると赤ちゃんは、同じ音節《シラブル》を何度もくりかえすようになる。その努力はまるで、その音節をもっとはっきりと発音しようと練習しているかのようだ。

赤ちゃんが片言を言いはじめても、あなたは赤ちゃんの言いたいことをそれほど一生懸命に察してあげなくてもよい。言いたいことはいつでも聞いてもらえるというのは、一種の支配力である。けっしてそういうものを赤ちゃんにもたせてはならない。赤ちゃんには、必要なものだけを注意深く提供すれば十分だ。それ以外のものについては、赤ちゃんのほうががんばって、あなたにわかってもらえるよう努力しなければならない。赤ちゃんをせかして、早くおしゃべりを始めさせようとするのは、なおさらよくない。話せることのありがたみを赤ちゃん自身が感じたならば、赤ちゃんはひとりでにちゃんと話せるようになるだろう。

たしかに、よく指摘されるとおり、ことばがとても遅かった子どもは、けっしてほかの子どもほど明瞭に話すことはできない。しかし、おしゃべりを始めるのが遅かったからその子の発声器官が発達しなかったのではない。逆である。発声器官が未発達だったから、おしゃべりを始めるのが遅れたのである。そうでなければ、ほかの子どもよりも遅れるわけがない。ほかの子どもより話す機会が少なかったというのか。口をきくことへのまわりからの励ましが、ほかの子どもほどではなかったというのか。いや、逆である。ことばの遅れに気づくと、大人はとたんに不安になり、ことばの早かった子どもにたいするよりもいっそう熱心に、子どもに片言をしゃべらせようとする。そして、こうした見当ちがいの熱心さは、かえって子どもの話しかたに混乱をもたらす。大人がせきたてたりしなければ、子どもはゆったりと時間をかけて、きちんとした話しかたができるようになったにちがいない。

あまりにも早くからおしゃべりをさせられる子どもは、正しい発音を学びとる時間もなく、自分が言わされていることばの意味をよーく理解する時間もない。いっぽう、ほったらかしで、気ままに育った子どもは、まずもっとも発音しやすい音節から練習を始める。子どもはその音に少しずつ何らかの意味をもたせ、ジェスチャーによってその意味をわれわれに知らせる。つまり、子どもはあなたたちからことばをもらうまえに、かれらのことばをあなたたちにあたえるのである。こうして、子どもがあなたたちのことばを受けいれるのは、まずそのことばの意味を理解して、そののちなのだ。子どもはそのことばを早く使えとせかされてもいないので、あなたたちがどういう意味でそのことばを使っているか、まずじっくりと観察する。そして、その意味をたしかめてから、ようやくあなたたちのことばを採用する。

子どもがまだその年齢に達していないのに、早くことばをしゃべらせようとすると弊害が生じる。その最大の弊害は、われわれが子どもに聞かせる最初の話や子どもがしゃべる最初のことばが、子どもにとって何の意味ももたないことではなく、それらがわれわれの理解とまったくちがった意味をもつこと、しかもそのことをわれわれが自覚できないことである。子どもはちゃんと返事をしているように見えても、じつはわれわれの言うことを理解しないままであり、また、われわれも子どもの言うことを理解しないままである。われわれがときおり子どものことばに驚かされるのは、だいたいこうしたあいまいさのせいだ。つまり、子どもがそこにこめなかった意味を、われわれが勝手に読みとったりするのである。

私が思うに、子どもが使うことばとその意味に、われわれが注意を払わずにいることこそ、最初のまちがいの原因なのである。そして、そうした間違いは、たとえそれがあらためられたあとでさえ、一生のあいだずっと、かれらのものの考えかたに影響をおよぼす。これについては、このあと一度ならず実例をあげて、さらに説明をしたい。

というわけであるから、子どもが使うことばの数《ボキャブラリー》はできるだけ少なく限定するのがよい。子どもが観念よりも多くのことばを知っていたり、自分で考えられること以上にしゃべることができるのは、まったく望ましいものではない。一般に、都会の人間よりも農民のほうが精神にゆがみがないのは、まさにボキャブラリーの少なさがその理由のひとつだ、と私は思う。農民はいだく観念の数も少ないが、しかし、かれらはそれぞれの観念をきわめてよく理解している。

子どもにおける初期のさまざまな発達は、ほとんど同時になされる。話すこと、食べること、歩くことを、子どもはほとんど同時に覚える。この時期こそが、ほんとうの意味での人生の第一期なのである。それ以前は、ただ母親の胎内にあったとき以上の何ものでもない。いかなる感情ももたず、観念ももたない。わずかに感覚があるにすぎない。かれは自分が存在しているということさえ感じていない。

「かれは生きているが、自分が生きていることを知らない」〔オウィディウス『悲しみの歌』第一巻第三編第一二行〕

〔ここ第一編で訳者は、フランス語の「アンファン」という単語をほとんどのばあい「赤ちゃん」と訳し、赤ちゃんがおしゃべりを始めるようになったあたりで、それを「子ども」と訳すようにした。つまり、ここで「赤ちゃん」と訳されているのはすべて「子ども」と同じ単語である。第二編に入るまえに、おことわりしておく〕

『エミール』第一編　終わり

第二編

ここで人生の第二期に入る。本来の意味での幼児期《アンファンス》は終わった。ラテン語では「幼児《インファンス》」は「子ども《プエル》」と同義ではなく、幼児は子どものなかに含まれる。幼児とは「ことばを話せない者」という意味である。だから、ウァレリウス・マクシムス〔一世紀ローマの歴史家〕は、「まだ話せない子ども《プエルム・インファンテム》」と呼んだりしている〔『著名言行録』〕。しかし、私はフランス語の慣用にしたがい、子ども一般を指すのに「アンファン」ということばを使いつづけたい。子どもがフランス語でも「アンファン」とは呼ばれなくなる年齢まで、私はこのことばを用いたい。

さて、子どもはことばが話せるようになると、あまり泣かなくなる。これは自然な進歩だ。使う言語がべつの言語にかわったのである。子どもが自分は苦しいと口で言えるようになったら、その苦しさがとてもことばでは言い表せないほどのものでないかぎり、どうして泣き声を使う必要があるだろうか。子どもがこの時期になってもまだ泣いてばかりいるのだとしたら、それはまわりにいる大人のせいである。エミールがひとたび「痛い」と言えるようになったら、もはやよほど激しい痛みでないかぎり、エミールを泣かせることはできまい。

かりに、子どもがひ弱で神経質で、何でもないことにもすぐに泣きだすような性質であれば、私は子どもがどんなに泣いても、それは効果がなくムダであるようにする。これでほどなく涙の源をからしてしまう。子どもが泣いているあいだは、子どもに近づかない。泣きやんだら、すぐに駆け寄る。そうすると、泣きやむのが私を呼ぶ方法だということになる。あるいは、せいぜい一度だけ泣き声をあげればいいことになる。

子どもは、自分の身ぶりのそれぞれの効果によって、身ぶりが意味するものを学んでいく。子どもにとって学習のしかたはそれ以外にない。自分がどれほど痛い思いをしても、まわりに誰もいなければ、あるいは少なくとも声を誰かが聞いてくれるという望みがなければ、声を出して泣く子どもはめったにいない。

子どもが転んで、頭にコブをつくり、鼻血を出し、指を切っても、私はけっしてあわてて駆け寄ったりしない。少なくともしばらくは、黙って見ている。たしかに子どもはケガをした。しかし、その痛みは子どもが耐えねばならないことである。私があたふたしても、それはただ子どもをますますおびえさせ、痛みをますます強く感じさせることにしかならない。

そもそも、ケガをしたときに子どもを苦しめるのは、傷そのものよりも、むしろ恐怖の感情である。私はせめて、子どもを恐怖で苦しめないようにしたい。子どもはかならずと言ってよいほど、私がそのケガのぐあいをどう判断しているのかを見て、自分のケガのぐあいを判断するものだ。つまり、私が心配そうに駆け寄り、なぐさめ、同情したりすれば、子どもは、これはたいへんなことだと思うだろう。私が冷静さを保っていれば、子どもは私を見て落ちつきをとりもどし、そして痛みを感じなくなれば、子どもは傷も治ったと思うだろう。

まさしくこの時期に、ひとは勇気を学ぶ最初のレッスンを受ける。小さな苦痛を恐れずに耐えることによって、子どもはしだいに大きな苦痛にも耐えることを学ぶのである。

私は、エミールがケガをすることを心配したりしない。それどころか、もしエミールが一回もケガをせず、痛みを知らぬまま成長するのは、とても心配なことだと思う。苦しむことは、エミールがまず最初に学ばねばならないことであり、将来のためにいちばん知っておかねばならないことである。

子どもは体が小さくて力が弱い。それはまさしくこういうたいせつなレッスンを危険なしに受けるためであるかのように思われる。子どもは転んでも足の骨を折ることはない。棒で自分を叩いても腕の骨が折れるほどのことはない。刃物をつかんでも強くは握れないので、手を深く切ることもない。ほうっておかれた子どもが、自分で死んだり、自分で手足に障害を生じさせたり、自分で大ケガをしたという話など、私は聞いたことがない。もちろん、軽率にも子どもを高いところに乗せておいたり、火のそばに置き去りにしたり、危険な道具を手の届くところに置いたままにしたのであれば、話はべつである。

子どもを苦しみから守るために、たくさんの道具で子どもを囲んで完全武装することについては、何と言ったらいいのだろうか。そんなことをすると、子どもは勇気も経験も身につかず、大きくなっても苦しみに勝てない。ピンがちょっと刺さっただけでも死ぬかと思い、一滴の血を見ただけでも気絶してしまう。

知ったかぶりで教えたがりのわれわれが熱心におこなう教育は、子どもが自分ひとりで学ぶほうがもっとよく学べることを教え、われわれしか教えられないことについては教え忘れるのがつねである。子どもに歩きかたを教えようと骨を折る、これほどバカげたことがあるか。乳母の怠慢のせいで、大人になっても歩くことができないとか、そんな人間を見たことがあるか。むしろ反対に、へたに歩きかたを教わって、そのせいで変な歩きかたが一生なおらない人間ならどれほどたくさん見られることか。

エミールは、ケガ防止の頭巾もかぶらされず、歩行器や手押し車もあたえられず、服につけられた紐で引っぱられたりもしない。あるいは少なくとも、エミールがよちよち歩きを始めるようになったら、われわれはエミールを舗装されたところでだけ支え、そして、そこは急いで通りすぎるようにする[*19]。

部屋のよどんだ空気のなかにとどめておくのではなく、草原のまんなかへ毎日つれていくようにしよう。そこでエミールは走りまわり、跳びまわる。一日に何度もこけたりするが、それこそけっこうなことだ。その分だけ早く自分で起き上がることを学ぶだろう。たくさんケガをしても、自由であることの幸せがそれを十二分におぎなう。

たしかに、私の生徒はしょっちゅうケガをするだろう。しかし、そのかわりにいつも朗らかだ。あなたの生徒はあまりケガなどしない。しかし、したいことはできず、つねに束縛され、いつも悲しげである。はたしてそういう生徒のほうがいいのかどうか、私には疑問だ。

＊19　小さいときに紐で引っぱられすぎた人間の歩きかたほど、こっけいで危なっかしいものはない。これはあまりにも正しいがゆえに、また、さまざまな意味で正しいがゆえに、少しも重視されない意見のひとつである。

さらに、もうひとつの進歩が、子どもに涙をさほど必要とさせなくなる。子どもにも力がついてくるからである。自分でできることが増えると、ひとに頼る必要は減ってくる。力がついてくるとともに、その力を上手にもちいる知識も発達する。この第二の段階においてはじめて、ほんとうの意味での個人の生活が始まるのである。子どもは、そのときはじめて自己意識というものを獲得する。自分は自分であるという感覚は、自分が生きてきたどの瞬間においてもあったことを、記憶が浮かび上がらせてくれる。こうして子どもはほんとうに一個の、つねに同一の存在となる。そして、その結果として、子どもも幸福とか不幸を感じることができるようになる。したがって、この段階からわれわれは、子どもを一個の精神的な存在として考察していかなければならない。

われわれは人間の寿命が最大どのくらいなのか、だいたいわかっているし、また老若どの年代であれ、そこで寿命がつきる可能性についても知ってはいる。しかし、個々の人間の寿命の長さほど不確かなものはない。また、寿命の最大値にたどりつける人間はきわめて少ない。

人間が、生命の最大の危機にさらされるのは、人生の初期においてである。生きた期間が短ければ短いほど、その後の寿命の長さの期待値も小さくなる。生まれてくる子どもは、せいぜい半数しか青年期にたどりつけない。あなたがたの生徒も、あるいは成年にまでたどりつけないかもしれない。

だとすれば、来ないかもしれない未来のために現在を犠牲にするような教育を、われわれはどう考えるべきか。つまり、子どもが享受できるとも思えないはるか未来の幸せなるもののために、いまはその準備として、子どもにあらゆる種類の束縛を課し、まず子どもを不幸にすることから始める、そういう残酷な教育をわれわれはどう考えるべきか。たとえ私が、そういう教育でも目的においては理にかなうと考えたとしても、いま子どもたちは、耐えがたいほどの拘束を受け、徒刑囚のように絶え間ない苦役を強いられ、しかも、たっぷり味わわされたそんな苦労が何かの役に立つという保証もない。あわれで不幸なようすを見て、われわれは憤りをいだかずにいられるだろうか。

ほがらかにすごすべき期間が、涙と罰と脅しと屈従のうちにすぎていく。かわいそうに、子どもは大人から「これもおまえのためだ」といって痛めつけられる。こうしたみじめな仕組みのなかでは死がやがて子どもをつかまえる。大人は、自分が子どもの死を招きよせているのがわからない。どれほど多くの子どもが、父親の、あるいは教師の不条理な教育心のせいで、その犠牲となって死んでいったことだろう。死んだ子は、こんな残酷さから逃れられて幸せであった。かれらがなめさせられる苦しみから唯一ひきだせる御利益は、人生を後悔することなく死ねることである。なにしろ、かれらの知る人生は拷問以外の何ものでもなかったのだから。

人間よ、ひととしての思いやりをもちなさい。それがあなたたちの第一の義務なのだ。あらゆる身分にたいして、あらゆる年齢にたいして、また、人間にかかわるあらゆることがらにたいして、ひととしての思いやりをもちなさい。ひととしての思いやりがなければ、あなたたちの賢さに、いったい何の意味がある。

子ども時代をたいせつに思いなさい。子どもの遊びや楽しみ、子どもの愛らしい本能を温かく見守りなさい。くちびるにはいつも笑みがあり、心はいつも平安だった子ども時代を、ときどきなつかしく思い出したりしない者があなたたちのなかにいるだろうか。

またたくまに過ぎ去るこの短いひととき、子どもがムダに費やすはずのないこの貴重な時間を、どうしてあなたたちは無邪気な子どもたちからとりあげ、かれらがそれを楽しむのを禁じたがるのか。大人にはもちろん子どもにも、もはやふたたびもどってこない、あのつかのまの幼年時代を、どうしてあなたたちは苦々しいもの、痛々しいものにしてしまいたがるのか。

父親よ、あなたたちは自分の子がいつ死ぬのか、わかっているのか。自然がかれらに授けたわずかな時間を奪うことで、自分で後悔の種をまかないようにしなさい。生きる喜びを子どもが感じとれるようになったら、すぐに、その喜びを子どもが味わえるようにしてやりなさい。子どもがいつ神に召されようと、けっして人生を味わえないまま死んだということにならないようにしなさい。

私にたいして反発の声もたくさん上がるだろう。ニセの賢さにもとづく非難の声も遠くから聞こえる。ニセの賢さとは、自分をたえず自分でないものにしたがり、現在をつねにゼロと見なし、自分が進めば進んだ分だけ遠ざかる未来を休むことなく追い続けるものである。ニセの賢さは、いまの自分がいないところへわれわれを運んでいこうとするあまり、自分というものがけっして存在しないところへわれわれを運んでいく。

私にむかって、あなたたちはこう答える。「いまこそ人間の悪い性向をただすチャンスなのだ。子ども時代は、もっとも苦痛を感じない時期である。だからこそ、理性の時期の苦痛を減らすために、いま、なるべくたくさん苦痛をあたえねばならない」しかし、あなたたちはいったい誰から、そういう処置をすべてまかせると託されたのか。また、ごりっぱな教えを子どものか弱い精神に注ぎこめば、その教えはすべて、いつの日にか、子どもにとって益になっても害になることはない、と言われたのか。子どもにたっぷりと苦悩を味わわせるのが子どものためになる、と保証されたのか。現在の苦はかならず将来の楽につながるといえないのに、どうして子どもに、いまの段階ではとてもがまんできないほどの苦痛をあたえるのか。また、あなたたちは子どもの悪い性向をただすのだと主張し、そして、その悪い性向は自然に由来するもので、自分たちのまちがった育てかたに由来するものではないと言うが、どうやってそれを私に証明してくれるのか。

将来を展望するからこそその不幸なのだ。根拠はともかく、子どもを将来いつか幸せにするという希望があれば、いま現在は不幸せにしてもいいのか。そんな俗説をとなえる連中は、自由とはわがままのことだと思い、幸せに育てられた子どもと甘やかされてダメにされた子どもの区別ができない。とすれば、連中にはその区別を教えてあげねばなるまい。

幻想を追いかけるあまり、いま現在の条件にふさわしいことは何かを忘れないようにしよう。人間は、万物の序列のなかにその位置を占める。子ども時代は、人間の一生という流れのなかにその位置を占める。われわれは、人間を人間として、子どもを子どもとして考察しなければならない。各人にふさわしい位置をわりあて、各人をきちんとその位置にすえること、また、人間のさまざまの情念を人間の身体の構造にしたがって秩序づけること、われわれが人間の幸せのためになしうることはこれだけである。それ以外のことは、外的な原因によるものであり、われわれの力ではどうすることもできない。

われわれは絶対的な幸せとか絶対的な不幸せがどういうものなのか、知らない。この世においてはすべてが混ざり合う。この世においては純粋な感情などけっして味わえないし、われわれはほんの一瞬しか同じ状態にとどまれない。われわれの心の動きは、肉体の変化と同じく、たえざる流れのなかにある。

幸と不幸は誰にでもあるものだが、その度合いはひとによって異なる。もっとも幸せなひととは、苦がもっとも少ないひとのことであり、もっとも不幸せなひととは、快がもっとも少ないひとのことである。苦はつねに快よりも多い。この不等式は万人にあてはまる。この世において、人間の幸福はたんなる消極的な状態にすぎない。幸福はひとが味わう苦の最小量によってはかられる。

苦の感情は、苦を免れたいという欲望をつねにともなう。快の観念は、快を享受したいという欲望をつねにともなう。欲望はかならず欠乏を前提とし、そして、欠乏はつねに辛さを感じさせる。したがって、われわれの不幸は、まさしく自分の欲望と自分の能力がつりあわないことにある。ひとが、自分の欲望と能力はつりあっていると感じられるなら、それこそ絶対的に幸せであろう。

では、人間が働かせるべき知恵、あるいは、ほんとうの幸せへの道はどこにあるのか。

それはたんに欲望を減らすことにあるのではない。なぜなら、欲望が能力よりも少ないばあい、われわれの能力の一部は使われないままとなり、したがって、われわれは自分が生きて存在することを十全に享受しないことになるからである。

また、それは能力を伸ばすことにあるのでもない。なぜなら、能力と同時に欲望がさらに増大するなら、われわれはますます不幸になるだけだからである。

ほんとうの幸せへの道は、欲望が能力を過度に上回ることがなく、力と意志が完全にひとしくなることにある。まさにそうなったときにのみ、すべての力が発揮されながら心は穏やかになり、人間はしっかりとした落ちつきをえるだろう。


そもそも自然はすべてを最善のものとしてつくるので、人間もまずは最善の条件のもとにあった。自然が人間にただちにあたえるのは、自己保存のために必要な欲望と、それをみたすに足る能力だけである。その他の能力はすべて、心の奥底に蓄えられ、必要に応じて自己発展するようになっている。

まさしくこうした原初的な状態においてのみ、力と欲望との均衡がなりたち、人間は不幸ではないのである。潜在的な能力が活動を始めると、すぐさまあらゆる能力のうちでもっとも活発な想像力というものがめざめ、そして、想像力はほかの能力よりも先に伸びる。想像力こそ、良くも悪くも、われわれの可能性の限界をひろげる。その結果、どんな欲望も満足させられるという希望がわき、それによって欲望はさらに刺激され、ふくれあがる。

ところが、はじめはすぐ手がとどきそうに見えたものが、とても追いつけない速さで逃げていく。つかまえたかと思うと形を変える。そして、われわれのはるか前方に姿をあらわす。われわれが通過した土地はもう目に入らず、われわれにとってそんな土地は何の意味もない。われわれがこれから踏み越えていかねばならない土地はますます大きくなり、しかもたえず広がり続ける。だから、われわれはゴールに達するまえに力をつかいはたしてしまう。われわれが享楽に向かえば向かうほど、幸福はわれわれから遠ざかるのである。

反対に、人間がほんらいの自然な条件からあまり離れずにとどまっていればいるほど、能力と欲望との差は小さく、したがって幸福から遠ざかることも少ない。人間は、まったくものをもたないようなときにこそ、もっとも貧困ではなくなる。なぜなら貧困は、ものをもたぬことにあるのではなく、それを感じさせる欲求のうちにあるからである。

現実の世界にはその限界があるが、想像の世界には限界がない。前者をひろげることはできないので、後者をせばめるようにしよう。なぜなら、われわれを真に不幸にする苦しみは、すべて現実の世界と想像の世界のあいだの落差から生じるものだからである。

体力と健康と自己承認、これを除けば、この世での幸せはすべてひとびとの意見による。肉体の痛みと良心の苦しみ、これを除けば、われわれの不幸はすべて想像の産物である。そんな主張は凡庸だと、ひとはいうだろう。私もそれは認める。しかし、これをじっさいに応用するのはけっして凡庸なことではない。そして、ここではまさに実践、それのみが問題なのである。

人間は弱いものである、などというが、それはいったいどういう意味なのか。弱いとは、程度をあらわすことばである。それが必要とされる存在の程度をあらわす。自分の必要以上に力をもつものは、虫であれミミズであれ、強い。自分の力が自分の必要に満たないものは、象であれライオンであれ、征服者であれ英雄であれ、あるいはたとえ神であっても、弱い。

自分の本性にさからって謀反を起こした天使〔『ヨハネの黙示録』第一二章以下参照〕は、自分の本性にしたがって平和に生きている幸福な人間よりも弱かった。人間も、あるがままの自分に満足しているときは、きわめて強い。人間以上の存在になりたがると、きわめて弱いものになる。だから、能力をのばせば自分はさらに力強くなれると考えてはならない。これまでの自分よりも力がついたと自負するとき、あなたは逆に力が弱くなっている。

われわれは、クモがいつも自分の巣のまんなかにいるように、自分の力のおよぶ範囲を見定めて、その枠から出ないようにしよう。そうすれば、われわれはつねに満ち足り、少しも自分の弱さを嘆かずにすむ。なぜなら、われわれはけっして弱いと感じることもないからである。

人間以外の動物はみな、自己保存にぴったり必要な能力だけをそなえる。ただ人間のみが余分な能力をもつ。この余剰が人間を不幸にする道具になるとは、じつに変な話ではないか。どの国でも、人間の腕は自分の生活に必要な分を超えるものをつくりだす。もし人間が、こうした余剰を少しも見込まないほど賢明であったならば、人間はつねに自分に必要な分をもつことになる。必要を超える分はけっしてもたないからである。

大きな欲求は大きな富から生まれる、とファヴォリヌス［二世紀ローマの哲学者］も言った[*20]。そして、自分がもたないものを得るには、自分がもっているものを捨てるのがしばしば最良の方法である、とも言う。われわれはもっと幸福になるためにがんばり、まさしくそのせいで幸福を不幸に変えているのだ。生きているだけで十分ならば、人間はかならず幸せだろう。そして、そんな人間はかならず善良だろう。なぜなら、悪人になっても何の御利益もないからである。

＊20　『アッティカの夜』［古代ローマの著作家アウルス・ゲッリウスによる夜話］第九巻第八章

もしも、われわれが不死の存在だったなら、われわれはきわめてみじめな存在だろう。なるほど、死ぬのはつらい。しかし、われわれは永遠に生き続けたりせず、いまよりよい生活がこの世での苦しみを終わりにしてくれると期待できるのは、うれしい。かりに、この地上で永遠の命を授けられるとしても、そんなうれしくもない贈り物を、いったい誰が受けとるだろうか［後の版には「それはひとによる」との補注あり］。運命のきびしさにたいして、また人間の不正にたいして、われわれにはどのような方策、どのような希望、どのような慰めが残されるのだろうか。

無知の者は、先々のことは何も考えず、命には価値があるとも感じず、命を失うこともあまり怖がらない。賢者は、もっと価値のあるものを見、命よりもそれを大事にする。半端な知識と半端な賢さをそなえたわれわれは、ようやく死のことも考えるようになるが、視野はそれを超えたところにはおよばず、死を不幸のなかの最大の不幸と見なす。

賢者によれば、死は必然だと知っているからこそ、ひとは生の苦しみに耐えられるのである。いつかは死ぬということを、ちゃんと知らなかったなら、生そのものがスカスカになるだろう。

われわれがおぼえる精神的な苦しみは、すべて世間の考えかたのせいである。ただひとつ、犯罪のみ例外で、それだけは自分のせいだ。われわれの肉体的な苦しみは、ひとりでに消えるか、もしくはわれわれを滅ぼす。

苦しみは、時間あるいは死によって癒される。とはいえ、われわれは苦しみをあまり経験しないでいると、その分だけよけいに苦しみをおぼえることになる。また、われわれは病気に耐えているときよりも、病気を治そうとつとめるとき、よけいに苦しみをおぼえる。

自然のままに生きなさい。じっとがまんしなさい。医者などは追い払いなさい。君は死を免れることはできないけれども、自分が死ぬと感じるのは一度だけですむ。ところが医者にかかると、君は来る日も来る日も、混乱した想像のなかで死を感じさせられる。医者たちのいつわりの技術は、君の命をひきのばすものではなく、生きていることの楽しさを君から奪いとるものである。

医術は、はたしてひとびとにどんな恩恵をもたらしただろうか。私はそれを問いつづけたい。たしかに、医術のおかげで死なずにすむひとも何人かはいるだろうが、医術のせいで死ぬひとは何百万人もいるのだ。分別のある人間なら、当たりクジがこんなにも少ないクジに手を出してはならない。病気にかかったら、死ぬか治るか、どちらかだ。しかし、とにかく大事なのは、生きている最後の瞬間まで生きること。

人間のいとなみはすべて愚行と矛盾にほかならない。われわれは自分の命の価値が下がっていくにつれて、ますます命をありがたがる。老人は若者以上に命を惜しむ。老後に楽しむために重ねてきた苦労が、ムダになるのは困る。六十歳になって、さあこれからほんとうに生きるぞというときに死ぬのは、じつに残酷だ。

人間は自己保存への執着が強い、と考えられている。そして、その考えは正しい。しかし、われわれも感じるそうした執着心はほとんど人間がつくりだしたものなのだが、そこは見落とされている。そもそも、人間が自己保存をしようとあせるのは、自分でその手立てをどうにかできるときのみである。自分でどうにもできないものならば、人間はじっと落ちつき、むなしく悩んだりせずに死んでいく。

あきらめるという最初の法則をわれわれは自然から学ぶ。未開人は、動物と同様、死にたいしてジタバタ抵抗したりしない。ほとんど文句もいわずにそれを受けいれる。この自然の法則が破られると、あらたに理性にもとづいた法則が形成される。しかし、あきらめを理性の法則から引き出せるような人間はほとんどいないし、また、この人為的なあきらめは、自然なあきらめにくらべると、けっして十分なものでも完全なものでもない。

未来志向！　未来志向は、自分をたえずいまの自分の外へ引きずり出し、たいていのばあい、自分がけっしてたどりつけない場所に自分を立たせる。まさにこれが、われわれのあらゆる不幸のほんとうの源なのである。

つかのまの存在にすぎない人間が、きわめてまれにしか来ない未来をたえず遠くから眺め、いま確実にそこにある現在をちゃんと見つめないのは、とんだ倒錯だ。この倒錯は、年をとればとるほど深まるものなので、じつに忌まわしい。老人はつねに小心で、この先どうなると思い、そしてケチくさいから、百年後にぜいたくができないぐらいなら今日必要なものでさえ、なしですませたがる。

こうして、われわれはすべてにつながり、すべてにこだわる。とき、ところ、ひと、もの、いま現在のすべて、これからの未来のすべてが、われわれひとりひとりにとってたいせつなのである。個としてのわれわれは、全体としてのわれわれの最小の部分にほかならない。

ひとりひとりが、いわば地球の全体に自分を拡大し、この広大な地球の表面全体でものを感じるようになる。われわれが傷つけられるあらゆる地点で痛みを感じるとなると、苦しみも増すわけだが、それは驚くにあたらない。自分が見たこともない土地を失ったことで嘆く君主はじつにたくさんいるではないか。インドで痛い目にあってパリで悲鳴をあげる商人もたくさんいるではないか。

はたして自然が、ひとびとをそんなふうに本人たちから遠く離れたところまでつれていくのだろうか。誰もが自分の運命をひとから知らされ、しかも、しばしばいちばん最後に知らされるのは、自然が望んだことなのか。こうして、ひとは自分では何も知らぬまま、幸せな、あるいはみじめな死をむかえる。

たとえば、ここに潑剌《はつらつ》として明るく元気でたくましい男がいる。そのようすを見るとこちらまで楽しくなる。その目のかがやきは、かれが満ち足りて幸せであることをしめす。まるで幸福を絵にしたような姿だ。そこへ郵便で一通の手紙が届く。かれがその宛名を見れば、自分への手紙だ。封を開いて、なかを読む。と、たちまちかれのようすが変わる。かれは青ざめて卒倒する。われに返ると、涙を流し、身を震わせ、うめき、髪をかきむしる。空気をつんざくような叫び声をあげる。ものすごい痙攣の発作のようにも見える。

君、気はたしかか。いったいその紙切れは君にどんな苦しみをもたらしたんだ。紙切れは君の手足四本のどれをもぎとったんだ。紙切れは君をどんな犯罪に走らせたんだ。要するに、紙切れは君を、いま私がみているひどい状態にするために、いったい君自身の内部の何を変化させたのだ。

もし、その手紙が宛先をまちがい、かれに届かなかったら、どうなっただろうか。また、心のやさしい誰かが、そんな手紙を火中に投じていたら、どうなっただろうか。最後には死すべきこの人間の運命は、幸せであると同時に不幸せでもあり、ひとつの奇妙な問題になったと私には思われる。

かれの不幸は現実のものであった、とあなたたちは言うだろう。それはまったくそのとおりなのだが、かれは不幸を感じなかった。ならば、それはどこにあったのか。かれの幸福は頭のなかにあった。つまり、健康も富も、良い暮らしも精神の充実も、けっきょくはものの見方にすぎない。

われわれはもはや自分の居場所では生きていない。自分の居場所じゃないところでしか生きていない。もし、そこに生きる手応えが残っているのであれば、それほど死を恐れてジタバタすることもないのではないか。


おお、人間よ。自分の存在は自分の内に閉じこめておきなさい。そうすれば、君はもう不幸にはならない。君は万物の連鎖のなかで自然が君に割りあてた位置にとどまりなさい。君をそこからどかすことのできるものは何ひとつない。厳密な必然の法則にはけっして逆らってはいけない。逆らいたくても、天が君にさずけた力をそれで使い果たしてはいけない。天が君にさずけた力は、けっして君の存在を広げたり伸ばしたりするためのものではなく、たんに君の存在を天の意にかなうよう、また天の意にかなうかぎりにおいて保つためのものなのである。

君の自由、君の権力は、君の自然の力がおよぶ範囲でしか発揮されず、それを越えることはない。それ以外は、隷従と幻想とまやかしにすぎない。民衆にたいする支配でさえ、民衆の意見をよりどころにするかぎり、いわば隷従だ。なぜなら、君が民衆の偏見をたよりに民衆を支配するなら、君自身もその偏見に依存するからである。君が自分の意にかなうように民衆を導くためには、君自身が民衆の意にかなうようにふるまわなければならない。

民衆が考えかたを変えただけで、君はいやおうなしに、ふるまいのしかたを変えねばならないだろう。君に近づく者は、君が支配していると思っている民衆の意見や、君を支配している側近の意見、あるいは君の家族の意見や、さらには君自身の意見、それを変えることができさえすればよい。

たとえ君がテミストクレス［古代ギリシアの将軍］のような天才であろうとも[21]、大臣、宮廷人、僧侶、兵士、従者、道化、そして子どもまでもが、君を君の軍団のまんなかで子どものように引きまわすことができるだろう。君がどんなにがんばっても、君の権威が君の実力以上になることはないだろう。

他者の目でものを見なければならなくなれば、とたんに他者の意志を自分の意志とせざるをえなくなる。君は誇らしげに、わが国の民衆は私の臣民だ、と言う。よかろう。では、君。君はいったい何者だ。君は君の大臣の臣下だ。では、君の大臣は何者だ。大臣は、大臣の下役の下役、大臣の愛人の家来、大臣の従者の従者である。

すべてを握り、すべてを奪え。そしてそれから、お金をばらまけ。砲列を敷け。絞首刑、車裂きの刑の台をたてろ。法律、法令をつくれ。スパイ、兵隊、死刑執行人、牢獄、鉄鎖を増やせ。

くだらない。ちっぽけな人間たちよ、そういうことをして、いったいそれが君たちにとって何の役にたつのだ。そんなことをしても、臣下がもっとよく仕えるようにはならない。盗まれたり、あざむかれたりすることが減るわけでもない。支配がさらに絶対的になるのでもない。それでも君たちは「これが自分の望みだ」と言いつづけるだろう。そして君たちはあいかわらず他人が望むことをおこないつづける。

＊21 テミストクレスは友人にこんなことを言った。「あそこにいる小さな男の子がギリシアの支配者だ。なにしろ、あの子が母親を支配し、あの子の母親が私を支配し、私がアテナイ人を支配し、アテナイ人がギリシアを支配しているのだからね」［プルタルコス『英雄伝』］。権力の階段を、君主から一番下まで降りていき、ひそかな最初のゆさぶり手にたどりつけば、巨大な帝国を動かしているのが、ああ、じつにちっぽけなひとびとであるということが、しばしば見られるだろう。

自分が望むことをおこなえるのは、それをおこなうために自分の腕の先に他人の腕をつけ足す必要のない人間だけだ。とすれば、あらゆる幸福のなかでいちばんの幸福は、権力ではなくて自由であるということになる。ほんとうに自由な人間は、自分にできることしか望まず、そして自分の好きなことをする。まさしくこれが私の基本原則だ。いま重要なのは、この原則を子どもにもあてはめることである。教育の規則はすべてこの基本原則から派生する。

社会は人間をますます弱い存在にした。社会は、人間が自分の力にたいしてもっていた権利を奪いとるばかりでなく、その力を人間にとって不十分なものにすることによって、人間をますます弱い存在にしたのである。そして、人間は弱いものであればあるほど欲望が大きい。大人に比べて子どもが弱いものとされるのも、まさにそれにもとづく。

大人は強者で子どもは弱者、といえるのは、大人は絶対的な力が子どもよりもまさるからではなく、大人は自分ひとりの力でやっていけるのに、子どもはそれができないのが自然だからである。したがって、大人には意志があるが、子どもは気まぐれということになる。私がここでいう気まぐれとは、真の欲求ではない欲望、他者の助けがないと満たせない欲望を意味する。

この弱さの状態が存在する理由についてはすでに述べた。この弱さをおぎなうための自然の備えが、親の愛である。しかし、親の愛はときに過剰だったり、足りなかったり、まちがったりする。親は自分たちのいる社会状態のなかへ、時期尚早であっても子どもを連れ込む。子どもがまだもってもいない欲求を、親は子どもにいだかせ、子どもの弱さを減らすどころか、増やしてしまう。さらにまた、自然が要求していないことを親は子どもに要求する。子どもが自分のしたいことをするための小さな力をも、親は自分たちの意志にしたがわせる。子どもにとっては自分の弱さのゆえに、親にとっては自分の愛着のゆえに、相手への依存が生じ、それが相手への隷従に変わる。つまり、子は親の奴隷となり、親は子の奴隷となる。こうして子どもはますます弱くなる。

賢明な人間なら自分のいるべき場所にとどまることができるが、子どもはそもそも自分のいるべき場所を知らず、そこにとどまることもできないだろう。子どもにとって、そこから抜け出す道はたくさんある。子どもをそこに引きとどめておくのが、子どもを監督する者のしごとなのだが、それは簡単なしごとではない。

子どもは獣でもなく大人の人間でもない。子どもは子どもでなければならない。子どもは自分の弱さを感じなければならないが、それを苦にしてはいけない。大人に依存しなければならないが、服従してはいけない。大人に要求をしなければならないが、命令をしてはいけない。

子どもが大人のいうことをきくのは、要求したいことがあるからにすぎない。また、子どもにとって有用なこと、身の保全に役立つこと、あるいは有害なことについては、大人のほうがよくわかっているからにすぎない。子どもにとって何の役にも立たないことを命令する権利は、父親にもない。つまり、誰にもない。

さまざまの偏見と社会の制度は、われわれの自然の傾向を変質させてしまう。が、それ以前においては、子どもの幸福は大人の幸福と同じく、自分の自由が楽しめることにある。ただし、子どものばあい、その自由はかれらの弱さによって制限される。

自分ひとりの力でやっていけるのであれば、ひとは自分が望むことをおこなうとき、誰もが幸福だ。これは、自然状態のなかで生きる大人のばあいである。いっぽう、自分の欲求が自分の力を上回るのであれば、自分が望むことをおこなうとき、誰もが幸福であるわけにはいかない。これは、自然状態のなかでの子どものばあいである。

子どもは、自然状態のなかにあってさえ、不完全な自由しかもたない。それは社会状態のなかでの大人が不完全な自由しかもたないのと同様だ。いま、われわれはみな、もはや他者なしにはやっていけず、その点で、われわれはふたたび弱くて不幸なものになっている。われわれは大人になるために作られていた。法律と社会がわれわれをふたたび子どもにしてしまったのである。

金持ちも貴族も王様も、みんな子どもだ。かれらは、自分の不幸をいつでもまわりのひとびとが軽くしてあげようとつとめるのを見て、まったく子どもじみた虚栄心をいだく。そして、自分がりっぱな大人だったら絶対にしてもらえない世話をうけて、すっかり得意になる。

この考察は重要であり、社会というシステムのあらゆる矛盾を解決するのに役立つ。依存には二つの種類がある。ひとつは、ものへの依存で、これは自然なこと。もうひとつは、人間への依存で、これは社会的なことである。ものへの依存は、道徳的な性格をまったくもたず、ひとの自由を損ねることもまったくなく、悪徳を生じさせることもまったくない。いっぽう、人間への依存は、秩序を失わせ、*22 ありとあらゆる悪徳を生じさせる。そして、まさに人間への依存によって、主人と奴隷はたがいに相手を堕落させるのである。

社会において生じるこうした問題にたいして、何らかの手だてがあるとすれば、それは人間への依存を法への依存にかえることである。一般意志に、あらゆる個別意志の働きを上回る現実的な力をあたえることである。もしも国の法律が、自然の法則と同じように、いかなる人間の力によってもけっして曲げられないものになったならば、そのとき人間への依存は、ものへの依存にかわるであろう。その国において、自然状態のあらゆる利点が、社会状態のあらゆる利点と結びつけられる。つまり、自由が人間を悪徳からまぬがれさせ、そして同時に、道徳性が人間を美徳へと高めるであろう。

＊22　私が『政治的権利の原理』〔『社会契約論』の副題〕で証明したように、個別意志は社会のシステムのなかではけっして秩序づけられない。

子どもは、ものへの依存のみにとどめておきなさい。そうすれば、教育の進行も自然の秩序にしたがうことになるだろう。子どもが無茶なことを望めば、そこには物理的な障害があることをわからせるだけでよい、つまり、実行すれば自分が痛い目にあうことをわからせるだけでよい。子どもはその痛みをことあるごとに思い出す。悪さをするのを禁ずるのではなく、悪さをしなくなるようにすればよいのである。経験、あるいは自分の無力さだけが子どもにとっては法のかわりになるのだ。

子どもの望みをかなえてあげるのは、それが求められたからではなく、それが必要だからというときだけにしなさい。けっして、子どもは服従する者で、大人は支配する者、といった観念を子どもにいだかせてはならない。子どもには、自分の行動にも大人の行動にも、そのなかに自分の自由を感じさせなければならない。

子どもに力が欠けているばあいには、子どもを支配者にするためにではなく、子どもを自由な存在にするためにちょうど必要な分だけ、力をおぎなってあげなさい。大人の援助には屈辱感を覚えさせ、子どもが、早くひとの助けなしにやっていきたい、何でも自分でできるようになりたいと思うようにさせなさい。

自然は自然なりのやりかたで、子どもの体を強くし、子どもを成長させる。われわれはけっしてそれに逆らうべきではない。子どもが外に出たがっているときに家にいさせたり、じっとしていたがるときに外に出したり、そんな強制をしてはならない。子どもの意志が大人のあやまちによって損なわれることさえなければ、子どもが欲するものはけっしてムダなものではない。跳ぶことも走ることも泣くことも、子どもが欲するものであるならば、それはおこなうべきものである。

子どもの動きはすべて、子どもの体が必要とするものであり、子どもの体はそれによって強くなっていく。しかし、子どもの欲するものが、ひとりではできないものだったり、ほかのひとがかかわりにやってあげねばならないものであれば、用心をしなければならない。そのばあい、子どもの真の欲求、すなわち自然な欲求と、子どもに生じ始めた気まぐれな欲求、すなわち私がすでに述べたような生命力の過剰に由来する欲求とを、われわれは入念に区別しなければならない。

子どもが、あれこれ、ものを欲しがって泣くとき、どうすればいいか。それについてもすでに述べたが、一点だけ、付言したい。

子どもが自分の欲しいものをことばで要求できるようになったら、それを早く手に入れるために、あるいは拒絶をむずかしくするために、涙をまじえて要求するようになったら、そんな要求は絶対に聞きいれてはならない。

もちろん、必要があっての発言ならば、聞いてあげるべきだし、すぐさま要求どおりにしてあげなければならない。しかし、涙に負けて譲歩するのは、子どもにもっと泣けと促すにひとしく、子どもに人間の善意を疑わせ、ひとのやさしさよりも子どものうるささのほうがあてになると学ばせてしまう。

子どもは、大人の善意を信じなくなれば、意地が悪くなる。子どもは、大人は弱いと思うようになったら、意地っぱりになる。あなたが拒絶したいものではないばあい、子どもがそれを欲しがればすぐにあたえることが重要である。とにかくやたらに拒絶するのはよくない。が、いったん拒絶したら、けっして取り消してはならない。

子どもにはとくに、表面ばかりの丁寧語など、覚えさせないようにしたい。そうした丁寧語は、まわりの全員を自分の意志にしたがわせ、自分が欲しいものを即座に手に入れたいときの、魔法のことばとして用いられる。

上品ぶった金持ちの家での教育は、誰も逆らうことのできないようなものの言い方を子どもに教えこみ、まさしく慇懃《いんぎん》無礼な人間にしたててしまう。金持ちの子どもは、心をこめてお願いする口調とか言いまわしには縁がない。かれらは、何かを頼むときには、何かを命令するときと同じくらい、あるいはそれ以上に横柄である。偉そうにしたほうが、たしかに相手は言うことを聞くからだ。

金持ちのばあい、口先で「どうぞ」というのは「どうであれ」という意味であり、「お願いします」は「命令する」という意味である。じつにみごとな礼儀作法だ。それはたんにことばの意味を変えるだけでよく、それでいてこの上なく支配力をもって話すことができる。

私としては、エミールは横柄な人間になるよりも粗野な人間であってほしい。かれが口先で「お願いします」と言って命令をするよりも、お願いをしながら口では「これをしろ」と言うほうが、はるかに好ましい。大事なのは、使うことばではなく、ことばに込められた意味なのである。

子どもにたいしては厳格すぎるのも、寛大すぎるのも、どちらもよろしくない。もしあなたが、子どもの苦しみを放置するなら、子どもは健康を損ない、生命すら危うくなる。つまり、厳格にしすぎると、子どもをいま現在において不幸にする。もしあなたが、子どもに不愉快な思いをさせないように気づかいをしすぎると、子どもを未来においてたいへん不幸にする。あなたは子どもを虚弱で過敏にする。子どもを、いまは人間集団の現実から引き離せても、やがてはそのなかへ戻さざるをえない。あなたは、自然が子どもにあたえるいくつかの苦しみを省いてあげることによって、逆に、自然が子どもにあたえるはずのない苦しみをあなたがつくりだしてしまう。するとあなたは私にこう言うだろう。ならばおまえは、おまえが非難する悪い親たちと同類だ。けっして来ないかもしれない遠い未来のために、子どもの現在の幸せを犠牲にする。

いや、私のばあいはそうではない。私は生徒に自由をあたえるので、私が生徒に味わわせるちょっとした苦しみは、それによって十分にあがなわれる。たとえば、私はわんぱくな子どもたちを雪のうえで勝手に遊ばせる。子どもたちは寒さで唇は青ざめ、体は凍え、指はほとんど動かせない。暖を取りに行きたければ行けるのに、いっこうにそうしない。強制的に室内へ戻らされたら、子どもは寒さの厳しさよりも束縛の厳しさのほうが百倍つらいと感じるだろう。

では、あなたはいったい何がご不満なのか。私はただ、あなたの子どもが喜んでがまんしたがる苦痛をあたえるにすぎないのに、それによって私はあなたの子どもを不幸にしていると言うのか。私は子どもを自由にさせているので、私はいま現在での子どもに良いことをしている。私は子どもが耐え忍ぶべき苦しみにたいする抵抗力を子どもにつけさせるので、私は将来での子どもに良いことをしている。もし子どもが、私の生徒になるか、あなたの生徒になるか、どちらか選べと言われたら、子どもは一瞬でも迷ったりするとあなたはお考えか。

誰であれ、自然な自分から逸脱して、はたしてほんとうの幸せがえられると、あなたはお思いか。人間であるかぎりつきまとう苦しみをいっさいまぬがれたいと望むのは、人間がその自然なありかたを失うことではないのか。

そうだ。私は絶対にそのとおりだと思う。大きな幸福を感じるためには、小さな不幸を知っておく必要がある。これが人間の自然なありかただ。身体の外面がりっぱにできすぎていると、内面は腐敗する。痛みを知らない人間は、ひとのやさしさへの感動も知らず、苦をわかちあう喜びも知るまい。そういう人間は心がまったく冷淡で、ひとづきあいもできず、周囲のひとからは怪物みたいにあつかわれるだろう。

子どもをもっとも確実に不幸にする方法を、あなたはご存じか。それは、欲しいものは何でもすぐに手に入ると子どもが思ってしまうように、習慣づけることである。欲望を満たすのが簡単であれば欲望はたえず増大していく。すると、遅かれ早かれ、あなたは力がおよばなくなり、子どもの要望をどうしても拒絶せざるをえなくなる。拒絶されることに慣れていない子どもにとって、それは欲しいものが手に入らないことよりも、はるかに大きな苦痛となるだろう。

最初、子どもはあなたが手にするステッキを欲しがる。つぎには、あなたの時計を欲しがる。さらには、空を飛ぶ鳥を欲しがる。ついには、夜空に輝く星を欲しがる。つまり、目にするすべてを欲しがるようになる。あなたは神でもないのに、どうやって子どもを満足させるのか。

自分の力がおよぶものはすべて自分のものと見るのは、人間の自然な気持ちである。

その意味で、ホッブズの原理はある点まで真理である。すなわち、われわれが欲望の増大とともに、それを満足させる手段を増大させていけば、われわれはみんな万物の支配者となるであろう。だから、欲しがれば何でも手に入る子どもは、自分を宇宙の主と思ってしまう。そして、まわりの人間をみんな自分の奴隷と見る。この子どもは、命じたことはすべてかなうと思っているので、われわれがついにはかれの命令を拒まざるをえなくなると、かれはそれを許しがたい反逆と思ってしまう。道理がわかる年齢ではないので、われわれがどれほど道理を説いても、そんなものはかれにとってはたんなる弁解にすぎない。子どもはいたるところに大人の悪意を感じる。大人の言うことは正しくないと感じると、子どもはますます聞き分けのない子になる。すべての大人にたいして憎しみをいだく。やさしくされてもけっして感謝などしないが、少しでも気にくわないことをされると怒る。

そんなふうに怒りに支配され、猛々しい情念のえじきになってしまった子どもは、はたして幸福だろうか。私にはどうにもそうは思えない。幸福な子ども、とんでもない。かれは暴君だ。そして同時に、もっともみじめな奴隷であり、もっとも哀れな生き物である。

私は、こういうふうにして育てられた子どもをじっさいに知っている。そういう子どもは、大人にあの家を体当たりで壊せ、教会の塔のうえの風見鶏をもって来い、太鼓の音をずっと聴いていたいので連隊の行進をやめさせろ、などと言う。そして、自分の要求がすぐにはかなわないとなると、子どもはもう誰の言うことも聞かず、空気をつんざくような声で泣くのであった。

大人はそろって子どものご機嫌をとろうと努めるが、効果なし。子どもの欲望は、簡単に実現されるとますますつのり、実現不能のものに執着するにいたる。すると、子どもはいたるところで矛盾や障害にしか出合わず、痛みや苦しみばかりを味わうことになる。そういう子どもはいつもふてくされ、反抗し、暴れた。そして、連日のように、泣きわめいた。これがとても幸せな子どもか。

弱さと支配欲の結びつきから生じるのは、愚かさとみじめさだけである。甘やかされて育った子どもが二人いる。ひとりは自分が足をぶつけたテーブルを叩く。もうひとりは自分に嫌な思いをさせた海を鞭《むち》で叩く。二人とも、どれほど机や海を叩いても、けっして晴れ晴れとした気持ちにはなれない。

子どもはこうした支配と専制の観念のせいで、むしろみじめになる。とすれば、大きくなって、他人との関係がさらに拡大・増加しはじめると、どうなるか。自分のまえではみんなが屈することに見慣れていると、世間に出たとき、たいへん驚くことになる。みんなが自分に反抗すると感じる。かつては宇宙を自在に動かしていると思っていたのに、いまやその宇宙の重みで自分が押しつぶされそうだ。

甘やかされた子どもの生意気な態度、子どもっぽい見栄が招きよせるのは、屈辱、軽蔑、あざ笑いだけである。かれらは浴びせかけられる侮辱を飲まねばならない。かれらは、自分が身分も実力も知らずにいたことを、厳しい試練によってすぐに思い知らされる。何でもできるわけではないとなると、こんどは、何ひとつできないと思うようになる。はじめて出合うたくさんの障害におじけづき、たくさんのひとに軽蔑されて卑屈になる。こうして卑怯者になり、臆病者になり、ひとにへいこらするようになる。それまでは本来のありかたよりも上に登らされていたが、こんどはその分だけ、本来のありかたよりも下へ落とされる。

原点のルールに立ち返ろう。

そもそも自然は子どもを、ひとから愛される者、ひとから助けてもらう者として作った。そうではないか。子どもは、ひとを服従させ、ひとを恐れさせる者として作られたか。子どもは、ひとをおびえさせる重々しい風采、けわしい目つき、荒々しい脅迫的な声をあたえられたか。

ライオンのうなり声は動物たちをおびえさせる。動物たちはライオンの恐ろしいたてがみを見ただけで震える。それは私も理解する。しかし、産衣を着たひとりの赤ちゃんにむかって、一国の宰相を先頭に、礼服を着た大臣たちがそろってひれ伏す、そんな光景以上に、みっともなく、おぞましく、おかしな光景がこの世にあるだろうか。大臣たちは仰々《ぎょうぎょう》しい口上を並べたてるが、それにたいして赤ちゃんは、ただ泣いて、口からよだれをたらすだけという光景。

子どもを、それ自体として考えてみよう。世の中で子どもほど弱くて、みじめで、まわりにいいようにあつかわれる存在があるだろうか。子どもくらい憐れみと世話と保護を必要とする存在があるだろうか。子どもは、近づく者みんなに自分の弱さに関心をいだかせ、どうしても助けてあげたい気持ちにさせる、そのために愛らしい顔立ち、とても心ひかれる姿をしていると思えないか。横柄であつかましい子どもがあらわれて、まわりのみんなに命令し、大人に見捨てられたら自分が死んでしまうにもかかわらず生意気にも主人づらをしていたら、そういう光景は見るだにショッキングで、これほど道理に反するものはないのではなかろうか。

他方、子どもはその弱さゆえに、もともといろいろな面で動きが制約される。それは誰の目にも明白だろう。そうした制約に、さらに大人の気まぐれによる制約を加えるのは、いかに残酷か、それも明白ではないか。子どもはごく限られた自由しかもたず、また、そんな自由は乱用しても何ほどのこともないのに、大人はそれすら子どもから奪おうとする。しかも、奪ったところで、それは子どもにとっても、われわれ大人にとっても、ほとんど無益なことなのだ。

偉そうにふるまう子どもほど物笑いの対象になるものはないとすれば、おどおどしている子どもほど憐れみにあたいするものはない。理屈がわかる年ごろになれば世間への隷従が始まるのだから、どうして家庭での隷従で予行をする必要があるのか。そもそも隷従は自然がわれわれに課したものでもない。せめて人生のほんの一時期、そういう束縛から解放してあげよう。子どもには、自然があたえた自由を行使させよう。そうすれば、隷従によって身につけるさまざまの悪徳から、少なくとも一時期、遠ざかることができる。

子どもに厳しい教育者も、子どもの奴隷のような甘い父親も、どうぞ、それぞれお好きな反対意見をもってよろしい。ただ、どちらも自分の方法を自慢するまえに、一度でいいから、自然の方法を学んでほしいものだ。

具体的な実践の話にもどろう。

すでに述べたように、子どもには、子どもが欲しがるものではなく、子どもに必要なものしかあたえてはならない。*23 また、子どもは大人に服従して行動するのではなく、自分自身の必要にしたがって行動するようにしなければならない。

そうすると、「服従する」とか「命令する」は子どもの辞書から追放される。「義務」とか「恩義」はなおさらだ。しかし、強さ・必然・弱さ・制約は、重要なことばとなるはずだ。

理性の年齢に達するまでは、道徳的なありかたとか社会的なかかわりかたについて、いかなる観念ももつことができないだろう。したがって、子どものまえで、そういう観念をあらわすことばを使うのは、できるかぎり避けたい。子どもが最初に、そうしたことばをまちがった観念に結びつけたら、その結びつきはもはや断ち切ることができず、断ち切られないままとなりかねないからだ。

まちがった観念が最初に子どもの頭に入ると、誤りと背徳の芽ばえとなる。最初の第一歩にこそ、とりわけ注意が必要なのである。

子どもが感覚的なことにしか刺激されないでいるあいだは、子どもの観念は感性の枠内にとどまるようにしなさい。身のまわりの何を見ても、子どもにはただ物理的な世界しか知覚されないようにしなさい。そうしないと、子どもはあなたの言うことを何ひとつ聞かなくなるか、もしくは、あなたが子どもに語って聞かせる道徳的な世界について、生涯消すことのできない幻想的な観念をつくりだす。これは確信してよい。

＊23　苦痛がしばしば必要なものであるのと同様に、快楽もときおり必要なものであることを認めねばならない。そこで、子どもが欲してもけっして許してはいけないものはひとつしかない。それは、ひとを自分に服従させたいという欲望である。したがって、子どもが何を要求しようと、われわれが注目すべきは、子どもにそれを要求させた動機のほうである。子どもにじっさいの快楽をあたえることなら、できるかぎりすべて認めてあげなさい。子どもがたんなる思いつきで要求することや、あるいは、ただ権勢をふるいたくて要求することは、絶対に拒絶しなさい。

子どもときちんと議論をすること、これはロックの教育論の重要な原則であった。今日ではそれが大流行している。しかし、流行しているからその原理は正しいと信じるのは、かなり不適切なことではなかろうか。そして、私が思うに、大人とやたらに理屈で話す子どもほど愚かな子はいない。

理性は、いわば人間のその他の能力の総合であるから、人間の能力のうちで発達がいちばん困難で、いちばん遅れて発達するものなのである。ところが、このごろは、何と、理性を子どもの諸能力の発達のために用いることが求められる。良い教育の成果のひとつが、人間を理性的にすることである。ところが、いまでは理性によって人間を育てることが主張される。これは終点から出発しようというにひとしい。できあがりの作品を使って道具を作ろうというにひとしい。

もしも子どもがほんとうに理屈を理解できたのであれば、その子に教育は必要ないだろう。しかし、幼いときから、まったく理解できないことばで話を聞かされていると、子どもはことばだけですますことに慣れてしまう。何を言われても口答えすることに慣れてしまう。そして、自分も先生と同じくらい賢いと思うようになり、口ばかり達者な騒がしい子になる。

子どもが理性に動かされて獲得したとあなたが思っているものはすべて、物欲しさや恐怖心や虚栄心に動かされてのものにすぎない。ただし理屈は添え物として、つねに不可欠とされるのである。

子どもにたいする道徳の教えかた、また、われわれにできる道徳の教えかたは、ほぼすべて次のような形に要約できよう。

先生　そんなことはしてはいけません。
子ども　どうしていけないんですか。
先生　悪いことだからです。
子ども　悪いこと！　悪いことって何ですか。
先生　禁じられていることです。
子ども　禁じられたことをすると、何か悪いんですか。
先生　従わなかったことで、罰されます。
子ども　わからないようにやります。
先生　ちゃんと見ています。
子ども　隠れてやります。
先生　問いつめます。
子ども　ウソをつきます。

先生　ウソをついてはいけません。
子ども　どうしてウソをついてはいけないんですか。
先生　悪いことだからです。……

道徳の教育に、この堂々めぐりは避けられない。この堂々めぐりからはずれたら、子どもはもうあなたの言うことが理解できない。

きわめて有益な教えかたとは、こういうものではないか。こうしたやりとりのほかに、どういう対話がありえよう。あればぜひとも知りたいものだ。きっとロック自身もそこでたいへん悩んだにちがいない。善悪を知ること、人間の義務の根拠をも知ること、それは子どもにできることではない。

子どもは大人になるまでは子どもであるべきだ。自然はそう求める。もしわれわれが自然の順序をゆがめようとすれば、われわれは果実をしかるべき時期より早く採りいれることになる。その実は熟しておらず、味わいもなく、すぐに腐ってしまう。つまり、われわれは若い博士と年老いた子どもをもつことになる。

子ども時代には、子ども特有のものの見かた、考えかた、感じかたがある。それを大人特有のものの見かた、考えかた、感じかたに置きかえようとするのは愚劣のきわみだ。十歳の子どもにちゃんとした判断力を求めるのは、十歳の子どもに五フィートの身長を求めるようなものだろう。じっさい、そんな年ごろの子どもにとって、理性がいったい何の役に立つのか。理性は力を制御するものだが、子どもには力の制御は必要ない。

生徒には服従の義務があるということを説得するとき、あなたはこの説得なるものに力と脅しを加える。あるいは、もっと悪いことに、へつらいと約束を加えたりする。すると生徒は、利益につられて、あるいは力に屈して言うことを聞くが、それをあたかも理屈に負けてであるかのように見せかける。

服従や反抗を大人が感じとると、服従は子どもに利益を、反抗は損をもたらす。それは生徒にすぐにはっきりとわかる。しかし、大人は子どもがしたくないことばかり要求するし、また、ひとの言うとおりにしか行動できないのは誰にとってもつらいものだ。だから、子どもは自分のしたいことは隠れてする。自分の不服従がバレなければうまくやったと思う。しかし、バレたら、もっと痛い目にあうことを恐れて、自分は悪いことをしましたとすぐに認める。

義務の根拠など、十歳そこらの子どもにはわからない。それを子どもにほんとうにわからせることのできる人間は世界のどこにもいない。しかし、罰を受けることへの恐怖、許しを受けることへの期待、説教のしつこさ、返答に困ること、そうしたものによって大人はまったく望みどおりの告白を引きだすことができる。子どもはただうんざりさせられて、あるいは、たんに脅えてそうしただけなのに、大人はこれで子どもを説得したつもりになるのである。

その結果どうなるか。

まず第一に、子どもは、わけのわからない義務をおしつけられると、あなたの専横に嫌悪感をいだき、あなたを愛する気持ちなどもてなくなる。そしてつぎに、子どもはごほうびをせしめたり、罰をまぬがれるためには、本心を隠したり、ごまかしたり、ウソをつけばいいことを学ぶ。そして最後に、子どもが本音を隠してうわべだけととのえるのを日常化させると、子どもがあなたをしょっちゅうだますその手段を、あなた自身が子どもにあたえていることになるのだ。それは子どもが自分のほんとうの性分をあなたに知られないようにし、あなたやほかの大人たちをそのつど中身のないことばで満足させる。

あなたに言わせれば、法律は良心に義務を課すものである。とはいえ、やはり大人もそれによって束縛されていることに変わりはない。私もそれは認める。しかし、法律によって束縛される大人とは、子どものとき教育によってダメにされた人間ではないのか。われわれはまさしくそれを避けなければならない。子どもには力を用い、大人には理性を用いること。これが自然の秩序である。賢人に法律は必要ない。

生徒には、その年齢に応じたあつかいをしなさい。まず最初に、生徒をしかるべき位置に置く。生徒はそこで大事にあつかわれるので、そこからはみ出そうとはしない。そうすると、子どもは賢明さとは何かを知る以前に、賢明さについてのもっとも重要な教えを実践によって学ぶことになる。

生徒には、けっして命令などしてはいけない。どういう内容であろうと、命令は絶対にいけない。あなたが生徒にたいして何らかの権威をもっているようだ、と想像させることさえよくない。生徒はただ自分が弱い者で、あなたが強い者であると、それがわかればよい。生徒の身分とあなたの身分により、生徒は必然的にあなたの意のままであることを知らねばならない。生徒はそれを知り、それを学び、それを悟らねばならない。高慢な生徒でも、その首には自然が人間に課した苦しいくびきがかけられていることを、早いうちに悟らねばならない、それは必然という重いくびきであり、すべての有限な存在はかならずその重さに膝を曲げざるをえない。この必然は事物のなかにあるのであって、けっして人間の気まぐれのなかにあってはならない。子どもを制御するためには、力を用いるべきであり、権威を用いるべきではない。

子どもがしてはならないことがあれば、それを禁止するのではなく、何の説明も理由づけもせずに黙って妨げなさい。子どもにあたえたいものがあれば、子どもの最初の一声ですぐにあたえなさい。哀願させたり祈らせたりさせず、ほんとうに無条件であたえなさい。

あたえるときは喜んであたえ、拒否するときはしぶしぶ拒否すること。ただし、いったん拒否したら、もう絶対に取り消してはならない。どんなにせがまれても動じてはならない。あなたが発した「ダメ」の一言は、鉄の壁となり、子どもが力いっぱい五度、六度ぶつかろうとビクともしない。力つきた子どもは、もうそれをくつがえそうと思わなくなる。

こんなふうにすれば、子どもは欲しいものがえられなくてもガマンできるような、おちついた、聞きわけのよい、おとなしい子どもになる。なぜなら、人間の本性として、われわれには他人の悪意にはガマンできなくても、事物の必然にはじっとガマンできるという部分があるからだ。ウソだとわかっていればべつだが、大人が「もうありません」と言うと、子どもはそれにさからったりしない。

そもそも、そこには中間の道はない。子どもにはいっさい何も求めずに放っておくか、あるいは、はじめから屈服させて完全に服従させるか、どちらかにしなければならない。最悪の教育は、子どもを本人の意志とあなたの意志のあいだでフラフラさせ、そして、どちらが主人なのか、あなたと生徒のあいだでしょっちゅう言い争うことである。そんなことで争うぐらいなら、子どもがつねに主人であったほうが百倍もましだと私は思う。

＊24　子どもが自分の意にそぐわない意志を、そして自分には理由がわからない意志を、すべて気まぐれと見なすことは承知しておかねばならない。子どもというのは、自分の思いこみを傷つけるようなものにはことごとく、理由も認めないのである。

まったく奇妙なのは、ひとびとがいったん子どもの教育にかかわると、子どもを導くための手段として、競争心、ねたみ、うらやみ、見栄、欲、恐怖心といったものしか思いつかなかったことである。これは、いずれもきわめて危険な情念で、すぐに子どものなかで発酵し、肉体がきちんとできあがる以前に魂を腐敗させてしまう情念にほかならない。

子どもの頭に何かを詰めこもうとする早熟教育はすべて、子どもの魂の奥底に悪を植えつけるものである。あさはかな教師は、子どもに善とは何かを教えながら子どもを邪悪にする。自分ではすばらしい成果をあげているつもりだ。そして、われわれにむかっておごそかに、「こうして人間ができあがる」と言う。たしかにそうだ。まさしくそれが、あなたがつくりあげた人間なのである。

これまで教育にはあらゆる手段が試みられてきたが、ひとつだけ、試みれば成功しうる唯一の手段だけは除外されてきた。それは、適正に規制された自由である。自分の望む方向へ子どもを導くばあいでも、子どもにとって実践が可能なことと不可能なことの法則、これのみを用いるべきである。それができないような者は、そもそも子どもの教育にたずさわるべきではない。

子どもには、可能なことの範囲もわからず、不可能なことの範囲もわからないので、大人は好きなように、その範囲を広げたり、狭めたりできる。大人はただ必然という紐で子どもを拘束したり、動かしたり、制止したりするだけなので、子どもから文句が出ることもない。大人はただ事物の力で子どもを素直で従順にさせるだけなので、子どものなかでいかなる悪徳も芽生えたりしない。とにかく、情念というのはそこで何かを生じさせるものでないかぎり、けっして発動もしないのである。

子どもには、ことばだけで教えてはいけない。それはかならず経験をとおしてのものでなければならない。また、けっして厳しい罰をあたえてはいけない。なぜなら、子どもは何があやまちなのか知らないからである。また、子どもに謝罪をもとめてはいけない。なぜなら、子どもは何があなたを傷つけることなのか知らないからである。子どもの行動には道徳性も不道徳性もないのだから、子どもが道徳に反することをしたとか、子どものやったことが懲罰・叱責《しっせき》にあたいするというのは、そもそもありえないことなのだ。

すでに読者は恐れをいだいて、こういう子どもをいまの子どもたちと見比べているのは私にもわかる。しかし、恐れをいだく読者はまちがっている。

あなたが自分の生徒をずっと窮屈にさせていると、生徒の元気の良さはむしろかきたてられる。生徒たちはあなたのまえでおとなしくさせられていればいるほど、あなたの目から離れるとすぐに、ますます元気に騒ぎだす。かれらはあなたから束縛されて苦しい思いをした分だけ、騒げるときには、当然ながらその埋めあわせをしようと騒ぐのである。

都会の子ども二人を田舎につれていくと、この二人は村の子ども全員を合わせたよりも村に迷惑をおよぼす。また、良家の子どもと農民の子どもをひとつの部屋に閉じこめてみなさい。農民の子はその場でじっとしているのに、良家の子は何もかもひっくり返し、ぶち壊してしまうだろう。

なぜそうなるのか。それは、農民の子は自分の自由を確信しているので、あわてて自由を行使したりしないのにたいして、良家の子は一瞬あたえられた放任の状態をあわてて乱用するからではないのか。ただ、農民の子どももしばしば甘やかされたり、もしくはいろいろ妨げられたりするので、私がそうあってほしいと思うような状態からは、やはりまだまだほど遠いのである。

本性の最初の衝動はつねに正しい。われわれはこれを逆らいがたい原則として立てよう。人間の心には、けっして生まれつきそなわる悪などない。人間の心のなかに見出せる悪はすべて、どこからどうやって入ってきたのか、説明ができる。人間に最初からそなわる唯一の情念は、自己愛である。すなわち、広い意味での利己心である。この利己心は、それ自体では、あるいはわれわれにかんするかぎりでは、善であり、有益なものだ。また、利己心は他者と必然的な関係をもつものではないのであるから、その意味でそもそも他者にたいしては無関心なのである。利己心が善になるか悪になるかは、ただ、それをどう用いるか、またそれを誰と関係づけるかによる。

利己心を正しく導くのは理性である。したがって、子どものなかで理性が育ち上がるまでは、けっしてあなたの目や耳による監督のもとで子どもに行動させてはならない。これが重要な点だ。一言でいえば、子どもには他者との関係を考えさせてはならない。子どもにはただ自然がかれに要求することのみをおこなわせる。そうすれば、子どもはまさしく善のみをおこなうことになる。

私は、子どもはけっして迷惑なことをしない、と言うつもりはない。けっしてケガをしたりなどしない、とも言わない。また、手の届くところに高価な家具があっても壊したりしない、とも言わない。子どもは、おそらくたくさん悪いことをするだろうが、悪をおこなうわけではない。悪をおこなうというのは、害をあたえたいという意図によるものだからである。子どもはけっしてそういう意図をもたない。子どもが一度でもそういう意図をもったら、教育は完全に失敗だ。そんな子どもはもうほとんど救いようのない邪悪な人間になるだろう。

理性の目で見れば悪ではないことでも、ケチな欲張りの目には悪だったりする。子どもが何も気にせず、どんなことでもまったく自由にできるようにするのはいいが、そのばあい、値段が高そうなものからは遠ざけ、子どもの手の届くところに壊れやすい貴重なものは置かないほうがよい。子どもの部屋に置く家具は粗末で頑丈なもののほうがよい。けっして鏡とか陶器とか、豪華なものは置いてはいけない。

私が田舎で育てるエミールについて言えば、かれの部屋は農夫の部屋と何ひとつちがわない。そもそもかれがその部屋にいる時間はほとんどないのだから、気づかいをして部屋を飾ってもしようがないのではないか。いや、私のこの答えはまちがっている。じつはエミールは自分でその部屋を飾るようになる。どんなふうに飾るのか。その答えはもう少しあとで。

しかし、あなたが用心をしても、子どもは何か不始末をしでかし、何かの器具を壊したりする。たとえそんなことがあっても、あなたは自分の不注意によるできごとで子どもを罰してはならない。子どもを非難するようなことばは、いっさい発してはならない。あなたが嫌な気持ちにさせられたことを、けっして子どもに感づかせてはならない。まさしく家具がひとりでに壊れたかのように、ふるまいなさい。要するに、あなたがじっと黙っていられればいられるほど、あなたはたくさんのことをなしとげられたのだと思いなさい。

ここで私は、教育全体にかかわるもっとも重大な、もっとも重要な、もっとも有益な規則をあえて述べてみようか。それは、時間をムダにするな、ではなく、時間をムダにせよ、ということである。一般の読者よ、私の逆説を許していただきたい。われわれは、ものごとを深く考えるならば逆説を言わざるをえないのである。そして私は、あなたたちから何と言われようと、偏見になびく人間であるよりも、逆説を語る人間でありたい。

さて、人間の一生において、もっとも危険な期間は出生から十二歳までである。その時期、かずかずのあやまちや悪が芽生えるのに、それを追い払う道具をまだまったくもっていないからだ。そして、ようやく道具を手に入れたとき、悪はすでに深く根をおろし、もはやそれを引き抜くこともままならない。

かりに子どもが、乳離れしたら一足飛びに理性の年齢に達するのであれば、いまおこなわれている教育が適切かもしれない。しかし、自然な成長にしたがうのであれば、まったく逆の教育が必要である。

子どもに精神の諸能力がすっかりそなわるまでは、精神で何かを紡ぎだすようなことはいっさいさせてはならない。なぜなら、灯火をさしだしても、目が見えない者には光は認識されない。とてもよい目をもっていても理性の道はまだまだかすかにしか見えないのに、さまざまの観念がちらばる広大な平野のなかでその道をたどるのは不可能にきまっているからである。

したがって、最初の教育は純粋に消極的なものでなければならない。けっして美徳や正しいことを教えるのが教育だと思ってはいけない。最初の教育は、魂を悪から守り、精神をあやまちから守ることにある。

できれば、あなたは何もせず、また何もやらせないようにしたい。生徒が右手と左手の区別もできぬまま、十二歳までただ健康で丈夫に育つようにすればよい。そうすれば、あなたの授業が始まるとすぐに、生徒の知性は理性にむかって目が開かれるだろう。生徒は偏見にも習慣にもとらわれていないので、生徒の内面には、あなたの働きかけの効果を妨げるものは何もないはずだ。

生徒はあなたの手によって、やがてはとりわけ賢明な人間となるだろう。つまり、あなたは最初は何もしないことによって、けっきょく、すばらしい教育をしたことになるであろう。

ふつうとは逆のことをしなさい。そうすれば、まずたいていまちがわない。

ひとびとは、子どもを子どもらしい子どもにはしたがらず、子どもをもの知りにしたがる。父親や教師たちは、子どもが幼いうちから叱ったり、改めさせたり、たしなめたり、機嫌をとったり、脅したり、ごほうびを約束したり、訓練したり、道理を説いたりする。

あなたはもっとましなことをしなさい。すなわち、あなた自身が道理をわきまえること。けっして生徒に道理を説いてはならない。とくに子どもがいやがることを子どもに受けいれさせようとするときに、道理をもちだしてはならない。なぜなら、いやなことをさせるときにきまって道理が説かれると、道理は子どもにとってはつまらないものでしかなくなる。まだ道理が理解できない子どもの精神において、道理は早くもうさんくさいものと化す。

子どもにおいて鍛えるべきは、身体、体の諸器官、感覚、力である。しかし、子どもの魂は、できるかぎりそのままずっと遊ばせておきなさい。さまざまの意見を吟味する判断力がそなわっていないのに子どもが意見をもつことを恐れなさい。外部から印象を受けるのは抑制して妨げなさい。そして、悪が生じるのを妨げたいからといって、幼いうちから子どもに善行を促すのもよくない。なぜなら、善は、理性の光に照らされてはじめて善になるからである。

遅れることがけっして損にはならない点にも注目しなさい。何も失わずに目標にむかって進んで行ければ、それはたいへんな儲《もう》けなのである。子どものなかで子ども時代がきちんと熟するよう放っておきなさい。それでも、子どもには何らかの教えを授けるのが必要になるかもしれない。しかし、その授業は、明日に延ばしても危険なことが何もないのであれば、今日するのはやめなさい。

子どもの教育にはこうした方法が適していることは、もうひとつ、べつの考察からも明言できる。それは子どもの個性にかかわる考察だ。子どもの精神をどのように管理したらよいのかを知るためにも、個性というのはきちんとつかんでおかねばならない。

子どもの精神にはそれぞれ固有の型があるので、精神はその型におうじた管理を必要とする。子どもへの心くばりが成功するためには、それがあの型でなく、この型で管理されたというあたりが重要なのである。

あなたが慎重な人間なら、時間をかけて生徒の本性をうかがい、生徒をじっくり観察してから、はじめて声をかけなさい。最初は、かれの性格が完全に自由に芽生えるのを放任しなさい。その全体を見きわめるためには、それがどんなものであれ、けっして抑えつけてはならない。

あなたは、この自由な時間を子どもにとってムダなものと考えるのか。じつは逆なのである。時間をムダに使うことこそがもっとも有益な時間の使いかたになるだろう。なぜなら、ムダな時間があるからこそ、ほんとうに貴重な時間を一瞬もムダにしないことが学べるのである。もし逆に、何をすべきかがわからないのに、早々と活動を始めれば、やみくもに動き回ることになる。動きはまちがいだらけで、けっきょく後戻りせざるをえない。早く目標に達しようとあわてる者は、あわてずゆっくり進んだ者よりも、目標から遠ざかってしまう。

だから、一銭も失いたくなくて、かえって大金を失うけちんぼうのようなことをしてはいけない。むしろ幼いときに時間をムダにつかい、年齢が進んでから、たくさんの利子をつけてムダをとりもどそう。

賢い医者は、初診ですぐに処方を出すような軽率なことはしない。まず患者の体質をよく調べてからでなければ処方などしない。治療に取りかかるのも遅いけれども、この医者は病人を治す。ところが、手ぎわの良すぎる医者は病人を殺してしまう。

しかし、われわれはこういう子どもをどこで育てるのか。自然に育てれば、感受性のない人間、自動人形みたいな人間になるのではないか。子どもを自然に育てられるのは月の世界か、無人島か。すべての人間から隔離できるのか。この世界にいたら、ほかの人間たちの姿や、さまざまの情念のパターンをたえず目撃してしまうではないか。同じ年ごろの子どもたちと会わないわけにはいかないではないか。親、隣人、乳母、家政婦、召使いの姿を見てしまうではないか。また、家庭教師といえどもけっして天使ではないのだから、その姿だって見てしまうではないか。

なるほど、これは自然にしたがう教育への手ごわい反論である。しかし、私はあなたに、自然にしたがう教育は簡単なものだと言ったか。

おお、人間たちよ。あなたたちが善をすべて困難なものにしてしまったことも、やはり私のせいなのか。たしかに、善は困難なものだろう。私もそれは認める。その困難の解消はおそらく不可能だ。しかし、それでもわれわれがどうにかしようと努力するなら、ある程度までその困難を予防できるのも、やはり確かなことなのだ。

私は、われわれがめざすべき目標を示しているのである。私は、われわれがそこに到達できるとは言わない。が、しかし、目標にもっとも近づいた人間こそもっとも成功した人間なのだ、と私は言いたい。

さて、人間の形成にあえてたずさわろうとする者は、そのまえに、そのひと自身が人間としてできあがっていなければならない。これが大事な点である。つまり、そのひと自身が模範とされるべき人間でなければならない。

子どもがまだ何の知識もないあいだは、子どもに近づくすべてのものについて、子どもが最初に目にするのは子どもが見ておくべきものばかり、という風に整えたい。

あなたは誰からも尊敬されるようになりなさい。誰もがあなたの言うことを聞くようになるためには、まずは愛される人間になりなさい。あなたがその子の先生になるためには、あなたはその子のまわりにいる者全員の先生になっていなければならない。そして、先生としての権威は、あなたの人徳にたいする尊敬にもとづくものでないかぎり、けっして十分なものとはなりえない。

財布の底をはたいて、お金をばらまいても、それこそまったくムダである。私の知るかぎり、お金で愛が買えるはずもない。もちろん、ケチで強欲なのもよくないし、貧困の苦しみをやわらげることもできないのに哀れむだけなのもよくない。しかし、あなたが金庫を開いても、そのときあなたの心も開くのでなければ、ひとはあなたにたいして心を閉ざしたままだろう。

あなたがひとにあたえるべきは、あなたの時間、あなたの心づかい、あなたの愛情、そしてあなた自身である。あたえるのがお金だと、どんなことができようとも、それはまさにお金のおかげであって、あなたのおかげではないとかならず思われてしまう。かずかずの証拠が示すとおり、やはり相手に関心をもち親切にしてあげることこそが、どんな贈り物よりも効果があり、そしてほんとうに有益である。じっさい、不幸な人間や病人には、たいていのばあい、施しよりも慰めのほうが必要だ。しいたげられているひとびとにとっては、お金よりも保護のほうがありがたい。

仲たがいしているひとびとを和解させなさい。訴訟にまでいたらないようにしなさい。子どもには義務をはたさせ、父親には寛大さを求めなさい。幸せな結婚を励まし、苦しみが生じないようにしなさい。正しい裁きが受けられず、強者に苦しめられている弱者のためなら、あなたの生徒の両親の信用を勝手に利用してもかまわない。あなたは不幸なひとびとの保護者であることを高らかに宣言しなさい。正しく、人間的で、親切でありなさい。施しだけですませるのではなく、慈しみの活動をしなさい。慈しみの活動は、世の中の悪を減らすうえで、お金よりも役立つ。ひとを愛しなさい。ひとを愛すれば、ひとから愛される。ひとの役に立ちなさい。ひとのために働けば、ひとがあなたのために働いてくれる。ひとびとの兄弟になりなさい。すると、かれらはあなたの子どもになるだろう。

これもまた、私がエミールを田舎で育てたい理由のひとつである。田舎なら、人間として最劣等に近い下僕たち（ちなみに最劣等はかれらのご主人）から遠ざけられる。都会の汚い習俗、つまり、表面の飾り立てで子どもを引きつけて、子どもを地の色に染まらせる習俗、それからも遠ざけられる。いっぽう、農民の悪習は少しも飾られず、見るからに粗野であるから、意識的にマネするばあいを除けば、それは子どもを引きつけるどころか、むしろ遠ざける。

田舎なら、教師は、生徒に見せたいものをはるかに自由に手に入れることができる。田舎なら、教師の評判、教師のことば、教師がしめす模範は、都会ではえられないほどの権威をおびる。教師は誰にとっても役に立つ人間である。だから、誰もが教師には親切にしてあげたがる。教師に高く評価してもらいたがる。教師の弟子にたいしてでさえ、自分を、教師がじっさいに望んでいるような姿に見せたがる。そこで、ひとびとの悪い部分は矯正されなくても、少なくとも悪評は立たなくなる。われわれの目的にとって、いまわれわれに必要なのはこれで十分である。

あなたのあやまちを、ほかのもののせいにするのはやめなさい。子どもが自分で知る悪いことよりも、あなたが教える悪いことのほうがよほど子どもに悪い。あなたはいつも説教し、つねに道学者づらをし、のべつ学者ぶる。あなたが子どもに善かれと思ってひとつの観念を授けると、あなたは何の価値もない二十の観念を授けているのだ。あなたは自分の頭に浮かんでくることでいっぱいで、あなたが子どもたちの頭に生じさせる結果などは眼中にない。あなたの長々としたおしゃべりは、子どもたちをずっとうんざりさせている。あなたは子どもたちがその長い話を一カ所もまちがわずに理解していると思うのか。あなたの長たらしい説明をかれらなりに解釈していると思わないのか。そして、かれらなりに理解することで、そこからかれらの身の丈にあった体系を構築する材料を見つけだすとは思わないのか。子どもたちは、その体系によって、いつかはあなたに刃向かうことができるのではないのか。

ちゃんと教えを受けてきた子どもに聞いてみなさい。かれには、自由にしゃべらせ、質問させ、どんなたわごとでもいいから許しなさい。すると、あなたの授けた理屈はかれの頭のなかで奇妙な形をとっていることに驚かされるだろう。かれは理屈をすべて混同し、すべてをひっくりかえす。あなたをいらつかせる。ときには思いもよらぬ反論をして、あなたを落胆させる。ついには、かれがあなたを黙らせてしまう。もしくは、あなたがかれを黙らせてしまう。しかし、あれほど説教が好きだった先生を黙らせたばあい、かれはそれをどう考えるだろうか。かれは優位に立ち、そしてそのことに気づく。そうなったら教育はおしまいである。その瞬間からすべてが台なしだ。子どもはもう学ぼうとはしない。あなたに何でも逆らおうとする。

熱心な教師たちよ。素朴で慎み深く控えめでありなさい。あわてるのは、あわててひとの動きを抑えねばならないときだけにしなさい。これは何度でもくりかえし言いたい。良い教育はできるかぎり遅く始めなさい。早くから始めると悪い教育になりかねないからだ。

自然が最初の人間の楽園としてつくったこの地上で、人間を誘惑した悪魔の役割をあなたが演じてはいけない。無垢の者に善悪の知識をあたえようとしてはいけない。子どもが自分の外部でさまざまの実例から学ぶのを妨げることはできないのだから、あなたはそういう実例が子どもにふさわしい姿で子どもの精神に印象づけられるよう、すべての努力を傾けなさい。

激しい情念は、子どもにたいしてたいへん大きな効果を生むものである。それは、子どもにとって衝撃的だし、子どもの注意をひきつけずにはおかない。とりわけ怒りは、激しければきわめて騒々しいものなので、その近くにいると気づきませんでしたとはとても言えない。

教育者はいまこそ子どもに説教をするチャンスかも、などと思ってはならない。ダメだ、説教なんて、とんでもない。そんなとき、説教などしてはならない。一言だってダメだ。

子どもをそばへ近寄せなさい。子どもは自分が見た光景に驚き、かならずあなたにわけを尋ねるにちがいない。答えは簡単である。答えは子どもが感覚でつかんだことがらから出てくる。子どもが目にしたものは、まっ赤な顔、ぎらついた眼、威嚇するようなしぐさ。子どもが耳にしたのはわめき声であった。そして、怒るひとは体に落ちつきがないこともすぐにわかる。

あなたは子どもにむかってはっきりと、これは何の不思議もないことだと言ってあげなさい。「かわいそうにあのひとは病気で、あれは熱の発作です」。こう言えば、あなたはこの機会を利用して、子どもに、病気というものと病気がもたらすものについての考え方を、ほんの数語で説明できたことになる。なぜなら、こういうこともまた自然の一部であり、子どもが自分もそれに縛られていると感じるべき必然性のきずなのひとつだからである。

まちがいのないこの考え方を子どもが聞いたならば、子どもは激情を病気と見るようになり、激しい情念にとらわれるのを自分でも少し嫌なことだと幼いときから思うようになるのではなかろうか。また、こういう観念は、タイミングよくあたえれば、ひどく退屈な道徳の説教より多少はよい効果を生むと思われないか。

しかし、もっと重要なのは、この観念があとからもたらす成果である。この観念によって、あなたは、それがどうしても必要なら、反抗的な子どもを病気あつかいすることが許される。その子どもを部屋に閉じこめ、ばあいによってはベッドに寝かしつけ、食事をぬきにすることも許される。自分のなかで悪が芽生えるのを子ども自身におびえさせる。悪の芽生えは憎むべきこと、恐ろしいことだと子どもに思わせる。悪の治療のためにあなたが厳しい態度をとらざるをえないとき、これはけっして子どもを罰しているのではないと思わせることができる。

かりに、あなた自身がたまたま興奮し、あなたが研究において保つべき冷静さや穏やかさを失うようなことがあれば、あなたはけっして自分のあやまちを隠そうとしてはならない。あなたは率直に、そして子どもをやさしく非難するような調子で、こう言いなさい。「あれあれ、あなたのせいで私も少し病気になりました」

もうひとつ、重要なことがある。子どものもつ単純な考え方のせいで子どもがどれほど幼稚なことをしゃべったとしても、けっしてそれを本人のいる場であげつらったり、また本人が自分のことだとわかる形で引用したりしてはいけない。それが露骨な大笑いを誘ったりすると、六ヵ月の苦労もだいなしになるし、一生消えないほどの傷をあたえるかもしれないからだ。これは何度でもくりかえし言いたいことだが、あなたが子どもの師となるためには、あなたがあなたの師となっていなければならない。

私は幼いエミールのこんな光景を想像する。エミールは、近所の女二人がけんかをしている最中、怒りかたが激しいほうの女に近づくと、憐れみの口調でこう言うのだ。「おばさん、病気なんですね。ほんとうにかわいそう」。こんなことばを聞くと、見物人たちも、またおそらく二人の女も、一瞬、何だっと思わずにはいられないだろう。

私はエミールを、笑いもせず、叱りもせず、誉《ほ》めもしない。私はただ、かれが自分の行為の効果を知るまえに、あるいはそれを考えたりもしないうちに、むりやりエミールを連れ去る。そして、急いでほかのことでエミールの気をまぎらし、さきほどのことはすぐに忘れてしまうようにする。

私が狙いとしていることは、すべてを細部にわたって語ることではなく、ただ一般的な原則を明らかにし、それが困難なばあいには実例を示してみせることである。

私が思うに、子どもを社会のなかで育てると、子どもは十二歳になるまでのあいだに、人間と人間の関係について、また人間行動の道徳性について、どうしても何らかの観念をもつようになる。そうした必要な観念であっても、われわれとしては、子どもがそれを獲得するのをできるかぎり遅らせたい。それが不可能となったばあい、いま有益なことだけに限定できれば、りっぱなものである。つまり、子どもが何についても自分がご主人様だと思わないようにし、また子どもがほかのひとを平然と無自覚に害することがないようにできれば、それで十分だろう。

もちろん、やさしくておとなしい性格の子どもは最初の無邪気さを保つので、長い道のりを何の危険もなく引き連れていくことができる。しかし、荒々しい性格の子どもはその凶暴性が早くから発達するので、そういう子どもは急いで大人にしてやらねばならない。そうしないと、鎖でしばりつけておかねばならないことになる。

われわれの最初の義務は、自分への義務である。われわれの原始的な感情は、自分自身に集中する。われわれの自然の衝動はすべて、まず自己保存と自分の気持ちよさにむけられる。

そこで、正義についての最初の感情は、自分がなすべき正義からではなく、自分が受けとるべき正義から生まれるのである。そして、一般の教育はまさしくこの点でも逆の理解をしている。子どもにむかってまず子どもの義務を語り、けっして子どもの権利は語らない。つまり、ほんとうに必要なこととは逆のことが教えられている。子どもには理解ができないこと、子どもには興味がもてないことが最初に教えられている。

だから、もし私が、いましがた想定されたような子どものひとりを指導しなければならなくなったら、私はこうつぶやくだろう。「子どもは人間を攻撃しない。[*25] 子どもが攻撃するのは物だけだ。しかも、子どもはやがて経験によって、自分より年齢や力が上の人間については誰であろうと尊敬することまで学ぶ。いっぽう、物は自己防衛をしない。したがって、子どもにあたえる必要のある最初の観念は、自由の観念ではなく、所有の観念である。しかし、子どもが所有の観念をもつためには、そもそも何かを自分のものとしてもっていなければならない」

ただし、子どもにむかって、これはおまえの服、おまえの家具、おまえのおもちゃ、などと言っても、それは本人にとって何の意味もなさない。かれはそれを自由に使ってはいるが、なぜ、どうして、それが自分のものとされるのかは知らないからである。ひとがおまえにあたえたものだから、いまはおまえのものだ、と言ってもやはりほとんど説明にならない。なぜなら、あたえるためにはまずそれを所有していなければならない。とすると、かれが所有するまえは誰かが所有していたわけだ。そして、われわれが子どもに説明してあげたいのは、まさしく所有というものの原理なのである。ついでに言えば、あたえるというのは約束ごとであり、子どもは約束ごととは何かということもまだよくわからずにいる。[*26]

読者のみなさん、これはぜひ注意していただきたい。この例からも、ほかの無数の例からも見てとれるように、ひとは、子どもにとって何の意味もないことばを子どもの頭に詰めこんで、それでりっぱな教育をしたつもりになったりするのである。

＊25　子どもが、さらに年下の子や、あるいは同じ年ごろの子にたいするのと同じように、大人にたいしてふざけるのは、けっして許してはならない。たと

え相手が自分の召使いであろうと、死刑執行人であろうと、子どもが誰かを本気で打つようなことがあったら、かならず相手からたくさん利子をつけてお返しを受け、二度とそんなことをする気にならないようにしなさい。私は家政婦たちの浅はかなふるまいを見たことがある。女たちは、わざと子どもの反抗心をかきたて、自分を打つようにそそのかし、じっさいに打たせて、子どもの打つ力の弱さを笑うのだ。この子どもが怒りにまかせてしたことは、殺人をおかす大人と意図においては同等である。だから、嫌な人間を打ちたいと思うような子どもは、大きくなったら、嫌な人間を殺したいと思うようになるだろう。このことに女たちは思いいたらない。

＊26 約束の観念が欠けているから、たいていの子どもは、自分が一度あたえたものを取り返したがり、相手が返してくれないと泣いたりするのである。あたえるとはどういうことであるかがわかるようになったら、もうそういうことはしない。ただ、そうなると、あたえることにはとても慎重になる。

ここで必要となるのは、したがって、所有の起源にまでさかのぼることである。所有の最初の観念はまさにそこから生じるはずだからだ。

田舎で暮らす子どもは、野良しごとについて何らかの観念をいだくようになる。その観念を獲得するためには眼とヒマさえあればよい。そして、子どもには眼もヒマもある。また、何かを創造し、模倣し、生産して、力と活動のしるしを刻みたいという願望は、世代を問わず誰にでもあるが、とくに子どもはそれが強い。子どもは、ひとが畑を耕し、種をまき、野菜が芽を出し、大きく育っていくのを一度見たら、もうさっそく自分も畑しごとをしてみたくなるのである。

私は、さきほど立てた原則にしたがい、子どものやりたいことにはけっして反対しない。それどころか、私は子どもの意欲を肯定し、子どもの気持ちに寄り添い、子どもといっしょになって働く。子どもを喜ばせるためではなく、私自身が喜ぶためである。少なくとも子どもはそう思ってくれる。私は畑で子どもの下働きをする。子どもが十分な腕力をもつようになるまで、私がかわりに土を耕す。子どもはそこにそら豆を植えることによって、その土地を自分のものとして占有する。この占有は、ヌニェス・デ・バルボア［太平洋の発見者］が南アメリカの海岸に国旗をたてることによって、南アメリカをスペイン国王のものであるとしたあの占有よりも、確実にもっと神聖で、もっと尊重されるべき占有である。

われわれは毎日そら豆に水をやりに行く。そら豆が育っていくのを見るのは大きな喜びだ。私は子どもに「あなたはこれを自分のものにできるんですよ」と言って、その喜びをさらに大きくさせる。このとき、私は子どもに「自分のものにできる」ということばの意味を説明するのである。すなわち、自分のものにできるというのは、子どもがそこに自分の時間、自分の働き、自分の苦労を投じたこと、つまりは自分自身を投じたことなのだ。そして、この土地は自分の体の一部のようなものであり、それは誰にたいしても主張できる。それはちょうど、私が嫌がるのに私の腕をつかんで離そうとしない人間の手からは、自分の腕を引き離すことができるのと同様だ。このことを子どもにわからせる。

ある晴れた朝、子どもはじょうろを手にもち、いそいそとやって来る。ところが、たいへんな光景を目にする。ああ、何と痛ましい。そら豆がことごとく引き抜かれている。畑はめちゃめちゃに掘り返されている。もはやどこまでが畑だったのかさえわからない。

ああ、ぼくの労働、ぼくの作物、ぼくの苦労と汗の大事な成果はどうなってしまったんだ。ぼくの財産を奪ったのは誰だ。ぼくのそら豆をとったのは誰だ。

幼い心に怒りがわく。不正をはじめて感じ、心に悲痛な思いがにじんでくる。涙が滝のように流れ落ちる。かわいそうな子どものうめき声と泣き声が、あたりに響きわたる。

私はその子の嘆きに、その子の怒りに同調する。われわれは犯人をさがす。聞いてまわり、捜索をする。そして、ついに発見する。庭師のしわざだったのだ。それで庭師をつれて来させる。

ところが、われわれの目算はまったく外れてしまう。庭師はわれわれの文句を聞くと、かれのほうも、われわれよりもっと激しく、こんなふうに文句を言いはじめる。

「あなたがた、何をおっしゃるんですか。あなたがたのほうが、私の作物を台なしにしたんですよ。あそこに私はマルタ・メロン［冬メロン］の種をまいておきました。その種を私は大事な宝物としていただいたんです。そして、それが実ったら、あなたがたにごちそうしてあげようと思っていました。ところが、あなたがたはつまらないそら豆を植えるために、もうすっかり芽の出ていた私のメロンをめちゃくちゃにした。あの種はもうありません。もう取り返しがつかない。あなたがたは、極上のメロンを食べる喜びを、あなたがたご自身で踏みつぶしたんです」

ジャン＝ジャック　これは申し訳ない、ロベールさん。あなたの労働、あなたのご苦労がここにはそそがれていたんですね。私たちがその作物を台なしにした。悪うございました。あらためてマルタ・メロンの種を取り寄せて、お渡ししま す。私たちはもうこれからは、先に誰かが手をつけていないか、確かめもせずに土地を耕したりしません。

ロベール　おや、だんなさん、それならもう心配はご無用。誰の手も入っていない土地など、もうほとんどないからです。私が耕している土地は、私のおやじが手入れをしてきた土地ですし、それはよそでも同じこと。だから、あなたがたがごらんになる土地はすべて、ずっと昔から誰かのものなんです。

エミール　ロベールさん、メロンの種は、よく台なしにされたりするのではないですか。

ロベール　はばかりながら、お坊ちゃん、あなたのように軽はずみなことをする坊ちゃんはめったにいません。隣の畑に手を出すひとはいません。ひとはみんな、ほかのひとの労働を尊重します。それは自分の労働も安全も確保するためです。

エミール　だけど、ぼくには畑がありません。

ロベール　それは私には関係のないこと。とにかく、あなたが私の畑を荒らすのであれば、二度とあなたにそこを歩かせません。だって、そうでしょ。私だって自分の苦労をムダにしたくない。

ジャン＝ジャック　では、これならいかがですか、ロベールさん。あなたの畑の一角を、この子と私が耕すのを認めていただけたら、作物の半分はあなたにさしあげる、ということで。

ロベール　いや、お返しはいりません。地面は耕してもけっこう。けど、私のメロンに手出しをしたら、私はあなたがたのそら豆をほじくり返します。それをお忘れなく。

これは、ものごとの基本的な観念をこんなふうにして子どもに教えるという試みだが、ごらんのとおり、所有の観念をさかのぼると、所有は労働によって最初に占有した者の権利であることが自然にわかる。これはわかりやすく、はっきりとしていて単純なので、子どもでもかならず理解できる。ここから所有の権利そして交換まではほんの一歩である。そして、そこまで来たら、ぴたりと足を止めなければならない。

また、これもお察しのとおり、私が以上で説明した教育は、書けば三頁ですむが、実行すればおそらく一年はかかるだろう。道徳的な観念が形成される過程においては、われわれはできるだけゆっくり進むべきであるし、できるだけ一歩一歩を、しっかりと踏みしめながら進むべきだからである。

若い教師たちよ。どうか、この話を教訓として受けとめてほしい。そして、何ごとについても、授業はことばより行動によってなされるべきであることを心に刻んでほしい。子どもというのは、自分が言ったことや言われたことは簡単に忘れてしまうが、自分がしたことやされたことは忘れないものだからである。

すでに述べたように、こうした教育をあたえる時機は生徒におうじて異なる。すなわち、生徒が穏やかな性格なのか、騒々しい性格なのかによって、あたえる時機を早くしたり、遅くしたりする必要がある。この教育方法の用い方については、まちがいようがないほど明瞭であるが、しかし、教育という難事業において重要な点をいっさい見落とすことがないようにしたいので、もうひとつ例をあげておく。

たとえば、あなたの生徒は気むずかしい子だ。手あたりしだい何でも壊してしまう。あなたはけっして腹をたててはいけない。子どもが壊してしまいそうなものは、子どもの手の届かぬところに置くべきだ。

その子は自分が使っている家具も壊す。あなたはけっしてすぐにかわりの家具をあたえてはいけない。家具がないと困ることを子どもに思い知らせるべきだ。

子どもは自分の部屋の窓も壊す。あなたはそのままにして、昼も夜もすーすー風が吹くにまかせなさい。子どもの風邪など心配しなくてよい。子どもが分別のない人間になるより、風邪を引くほうがまだましだからである。あなたにとって不便が生じても、けっして不平をこぼしてはいけない。不便はまず子ども自身に感じさせたい。けっきょく窓ガラスは修繕することになるのだが、そのときもあなたは何も言ってはいけない。

子どもは窓ガラスをまた壊すのではないか。そのときは方法を変えなさい。あなたはそっけなく、しかし怒りは見せずに、今度はこう言いなさい。「この窓ガラスは私のものです。私が苦労してガラスを入れました。だからこの窓は私が大事にしたいものなのです」。そう言ってから、あなたは子どもを窓のない暗い部屋に閉じこめる。

このまったくあらたなやりかたに、子どもはまず最初は泣きわめく。しかし、誰も聞いてくれない。やがて子どもは疲れて、声の調子も変わる。ため息をついたり、うめいたりする。そこへ召使いがあらわれる。この召使いに、先ほどの暴れ者はここから出してくれと哀願する。召使いは哀願を断る口実を探しもせず、ただ一言、「私もガラスは壊されたくありません」と言って立ち去る。

とうとう子どもは何時間もそこにいることになる。これはもううんざりするのに十分な時間であり、しっかり記憶するのに十分な時間である。そのあとで、誰かが子どもにこうほのめかす。すなわち、部屋から出してもらったら、もう二度とガラスを壊しませんと、先生に約束しなさいと言うのだ。これは子どもにとって願ってもない話である。子どもはあなたに来てもらうよう、そのひとに頼むだろう。そこであなたが部屋に行くと、子どもはあなたに約束を申し出る。あなたは申し出をすぐに承諾し、こう返事する。

「それはとても良い考えですね。私たちのどちらにとってもとても良い話だ。そんな良い考えを、どうしてもっと早く出さなかったのですか」

それから、あなたはけっして子どもに誓わせたり、確かめたりせず、ただ喜んで子どもを抱きしめる。そして、ただちに子どもの部屋にもどしてあげる。あなたは子どもとの約束を、厳《おごそ》かな誓いがなされたものと同じくらい神聖で犯すべからざるものと見なす。

こうしたやりかたをすれば、子どもは約束を信じることについて、また約束の効用について、どのような観念をいだくようになると、あなたはお思いか。すでにすっかり歪んでしまった子どもをべつにすれば、こうした扱いを受けたあとでも、わざと窓ガラスを壊そうとする子どもが世界にひとりでもいたら、私はとんでもない思い違いをしていることになる。[*27]

以上の話の道筋をはじめからたどってみよう。いたずら好きな子どもは、豆を植えるために地面を掘ったが、まさか自分が土の牢獄を掘っているのだとは夢にも思わなかった。かれは自分の学問のせいでその牢に閉じこめられることになるのである。

＊27　さらに言えば、約束を守るという義務は、その効用の大きさによって子どもの心に定着するものではない。やがて芽生えはじめる内面的な感情が、それを良心の掟《おきて》、あるいは生得的な原理とするのである。そして、この原理はそれにかかわる知識がえられたとたんに発達する。その最初の輪郭は、人間の手によって描かれるのではなく、あらゆる正義の創造者によってわれわれの心に刻まれる。約束にかかわる原初的な法、およびその法によって課せられる義務、これを取り除いたならば、人間の社会においてすべては幻のように虚《むな》しいものとなる。自分にとって利益があるから約束を守っているだけの者は、何の約束もしない者とほとんど同じくらい、約束にはしばられない。あるいはせいぜいのところ、かれにとっての約束は、球技で弱者にあたえられるハンディキャップと同じようなもので、どこでルール破りを利用しようかという問題だ。

つまり、球技のハンディキャップと同じく、ルール破りはもっとも有利な場面が来るまでがまんしているだけの話。この原理は決定的に重要であり、深く研究するにあたいする。なぜなら、まさしくここにおいて、人間は自分自身と矛盾しはじめるからである。

こうしてわれわれは道徳の世界に入る。悪徳への扉がここで開かれる。約束や義務とともに、あざむきやウソが生まれる。おこなうべきでないことがおこなえるようになると、われわれは、おこなうべきでないことをおこない、そして、それを隠そうとするようになる。利益のために約束をするようになると、われわれは、もっと大きな利益のために約束を破るようになる。そうなると、約束を破っても罰せられずにすむこと、それだけが大事になる。その方法は自然とこうなる。すなわち、われわれは隠したり、ウソをつく。

われわれは悪徳を防ぐことができなかったので、こんどはそれを罰することになる。

こうして人間のあやまちとともに人生の不幸がはじまる。

これはすでにさんざん述べたことだが、子どもにはけっして罰を罰としてあたえてはいけない。罰は、まちがった行為の自然な帰結として子どもの身に起こるものでなければならない。

だから、けっしてあなたは子どものウソを非難してはいけない。子どもがウソをついたことで罰してはいけない。ただ、ウソをついたら、それによってあらゆる否定的な結果が本人の頭上に降りそそぐことを味わわせてやりなさい。すなわち、そのあとで真実を語ってもまったく信じてもらえないし、自分がやってもいないいたずらなのに、どんなに弁解しても自分のせいにされてしまったりするのだ。

しかし、子どもにとってウソをつくとはどういうことなのか。それを説明しよう。

ウソには二つの種類がある。過去の事実にかかわるウソと、未来の約束にかかわるウソである。

前者は、自分がしたことをしていないと否定したり、しなかったことをしたと言い張ったりするときのものである。要するに、事実に反することをわざと言うばあいのものだ。

後者は、守るつもりもないのに約束をするときのものである。つまり、本心とは逆の意向を表明するばあいのものだ。

この二つのウソは、ときおりひとつに混ざり合うこともある。*28 しかし、ここでは二つをそれぞれ違ったものとして考察する。

＊28 たとえば、悪事を告発された悪人が、自分は善人だと言って自己弁護するばあいがそれだ。このばあい、悪人は事実においても約束においてもウソをついている。

自分にはひとの助けが必要だと思い、また、たえずひとから親切を受けている者は、ひとをあざむくことに何の関心もない。むしろ、ひとがものごとをありのままに見てくれることに関心がある。思い違いをされたりすると自分の損になるからだ。ゆえに、事実にかかわるウソは、子どもにとって自然なものではないのは明らかである。服従の法則が、ウソをつく必要を生じさせる。なぜなら、服従するのはつらいことなので、子どもはできるかぎりひそかにそれを免れようとする。また、いまここで罰されたり叱られたりしないという目先の利益が、真実を語ることでえられる遠い先の利益にまさるからである。

したがって、自然で自由な教育においては、あなたの子どもはあなたにウソをつく理由がない。あなたに隠しておきたいことは何もない。そもそも、あなたはけっして叱らず、少しも罰せず、何ひとつ要求しない。だから子どもは、自分のしたことをすべて、自分の仲間に話すのと同じくらい率直にあなたにむかって話すだろう。あなたにすべてをうちあけてもやはり何の危険もないと思われるからである。

約束にかかわるウソは、なおさら自然ではない。なぜなら、何かをするとかしないという約束は社会的慣習をよりどころとする行為であり、それは自然の状態からはずれ、自由にも背く。

それればかりではない。子どもの約束はすべて、そもそも無意味なのである。子どもの限られた視野では現在よりも先は見通せず、子どもは約束をしたとしても、それが何のことやら、自分ではわかっていないからである。

子どもが約束をするときにウソをつくこともまずありえない。なぜなら、現在の難局を切り抜けることだけが大事なとき、いま効果が出ないような手段はどれでも同じだからである。未来の時間にむけて約束する子どもは何も約束しないにひとしい。想像力がまだ眠っている子どもは、自分の存在を二つの異なる時間にまたがらせることができない。

「明日、窓から飛び降ります」と約束すると、鞭で叩かれずにすむのであれば、あるいはお菓子を一袋もらえるのであれば、子どもはすぐに約束をするだろう。だから法律は子どもの約束など、いっさい認めないのである。そして、父親や教師が厳格な顔をして、子どもに「約束を守りなさい」と求めるばあいも、それは、子どもが約束とかしなくても当然おこなうべきことがらにかぎられる。

子どもは、約束をするとき自分が何をしているのか知らないのであるから、約束をするときにウソはつけない。ただ、約束を破るときは話が異なる。それは過去をふりかえると、自分でもウソをついたとわかる。約束をした内容は自分でもよく覚えているからだ。しかし、子どもは、約束を守ることのたいせつさ、まさしくそれがわからないのである。

未来を読む力がないので、子どもはものごとの結果を予想することもできない。だから、約束を破るときも、それはその年齢の理性に何ら反するものではない。

以上のことから、子どものウソはすべて先生の教育の産物である。先生は子どもに「ほんとうのことを言え」と教えたがるが、それは子どもに「ウソをつけ」と教えることにほかならない。

子どもをきちんとさせ、統制し、教育しようという熱意はあっても、それを成功させるための道具はけっして十分に見つけられない。大人は、根拠のない処世訓や合理性のない戒律をおしつけて、子どもの精神につけこむ足場をあらたにつくりたがる。そして、子どもが無知のままで真実を語る人間になるよりも、知識を身につけたウソつきになることを好むのである。

いっぽう、われわれは生徒に実践による授業しかしない。生徒には知識よりも善良さを身につけさせたい。われわれはけっして生徒に「ほんとうのことを言え」と要求したりしない。要求すると生徒はかえって真実を隠すようになるかもしれないからだ。われわれはけっして生徒に約束などさせない。約束させると生徒はかえってそれを破りたい気持ちになるからだ。

もしも私がいないあいだに誰かが悪さをしでかし、私にはその誰かがわからないとき、私はエミールをとがめたり、エミールに「あなたがやったのですか」と問うたりしない。*29 なぜなら、そんなことをしても、それはただ子どもに否定のしかたを教えることにしかならないではないか。

もしも私が、ひねくれた子どもと何かの決まりごとをつくらねばならないばあい、私はけっして自分のほうから提案をしない。私は術をつくして、子どものほうから提案をするようにしむける。そして、子どもが約束をしたら、子どもがそれを守ればすぐさま手ごたえのある利益があるようにする。約束を破れば、子どもはウソをついたことでかならず痛い目にあう。そして、それは家庭教師が腹いせにやったことではなく、ものの道理としてそうなったのだと、子どもは考える。

しかし、これほど残酷な手段にたよる必要はほとんどない。エミールが、ウソをつくとはどういうことかを知るのはずっと後のことである。そして、それを知っても、かれはウソが何の役に立つのか理解できないので、ひどく驚くだろう。私はほとんどそう確信している。

自分の幸せは他人の意志や意見に左右されるものではないと、エミールに教えることができたら、エミールにはウソをつくことへの関心もいっさいなくなるはずだ。これもきわめて明白である。

＊29　こんな質問ほど思慮に欠ける質問はない。子どもに罪があるばあいは、なおさらだ。そのとき、子どもがあなたはすべてを知っていながら質問していると思えば、これは自分を罠《わな》にかけようとする質問だと思ってしまうだろう。そう思ってしまえば、子どもはあなたに敵意をいだかずにはいられまい。また、子どもがあなたは犯人を知らずに質問していると思えば、子どもは心のなかで、

どうして自分は罪を白状しなければならないのか、とつぶやくだろう。あなたの愚かな質問の結果として、まさしくここでウソをつくことへの最初の誘惑が生じるのである。

性急にあれこれ教えこもうとしないのであれば、性急にあれこれ要求することもない。ゆっくり時間をかけて、そのときの状態にふさわしいことしか要求しない。そうすると、子どもはそのまままっすぐに育っていく。

ところが、軽率な教師は大事なことをわきまえず、自分勝手で節度もなく、のべつあれこれ子どもに約束をさせる。このばあい、子どもは背負いきれないほどの約束にうんざりさせられる。そして、子どもは約束を無視したり、忘れたり、ついにはバカにするようになる。約束をたんなる形式的なきまり文句と同じと見なす。おもしろがって約束をしてみたり、約束を破ったりする。

したがって、子どもに約束を守らせたいのであれば、子どもにあまりたくさんのことを要求してはならない。

以上、ウソにかんしてやや詳細に述べてきたが、ここで述べたことはほかのあらゆている義務にかんしてもかなりあてはまる。つまり、子どもに「それを守れ」と命じると、義務というのは子どもにとって不愉快なものになるばかりでなく、実行できないものになってしまうのだ。

教師は子どもに美徳を説くように見えるが、じつは子どもにあらゆる悪徳を好むようにしむけている。悪を禁じることによって、子どもに悪を教えこんでいる。信心深い子どもにしたくて教会に連れて行くと、教会は子どもをうんざりさせるものとなる。祈りのことばを長々といつまでも唱えつづけさせると、子どもは、もう神に祈らなくてもよければ幸せだと思うようになる。

慈悲の心を育てるために、子どもに施しをさせたりするが、それではまるで施しは教師自身がするべきことではないかのようだ。とんでもない。施しは子どもがするべきことではなく、教師がするべきことなのである。教師がどれほど生徒を愛していようと、施しをするという栄誉は生徒に譲ってはならない。生徒の年齢ではまだそれにふさわしくないと生徒自身にわからせねばならない。

施しは、自分があたえるものの価値がわかり、また受ける側がそれを必要としていることもわかる人間がおこなう行為である。子どもはそういうことがまったくわかっていないので、子どもが施しをしても、少しも善いおこないをしたことにはならない。

子どもは慈悲心も親切心もないまま、施しをする。子どもが、自分の例や教師の例にもとづいて、施しをするのは子どもだけで、大人になったらもう施しなんかしないと思うようになったら、施しはほとんど恥ずかしい行為になってしまう。

子どもに施しをおこなわせるとき、教師が子どもに出させるのは、子どもには価値がわからないものばかりである。すなわち、ポケットのなかにあったお金は、どれも子どもにとってはたんなる金属の一片にすぎない。ここが要点だ。

子どもは一個のお菓子よりも百ルイの金貨をよろこんでさしだすだろう。しかし、この気前のよい寄付者に、おもちゃとかキャンディーとかおやつとか、子どもにとってたいせつなものを出すように求めてごらんなさい。われわれは、教師がその子をほんとうに気前のよい人間にしたのかどうか、そのときすぐにわかるだろう。

教師はまたべつの方法も見つけている。それは、子どもが出した分はすぐに子どもに返すことだ。こうすれば、子どもはやがて自分に戻ってくるとわかっているものなら、何でもさしだせるようになる。じっさい、私はいろんな子どもを見てきたが、子どものなかにこの二種類以外の気前よさをほとんど見たことがない。すなわち、子どもが気前よくさしだすのは、自分にとって何の価値もないものか、もしくは、確実に自分にもどってくるものだけである。

ロックは言う。「もっとも気前のよい者が、いつもいちばん多くもつことになる。そのことを経験によって子どもにわからせなさい」〔『教育に関する考察』第一一〇節〕。これは子どもを、見かけは気前よく、じっさいはケチな人間にするやりかたである。ロックはさらに言う。「こうして気前よさが子どもに習慣として定着するだろう」

なるほど、そうだろう。子どもは、牛一頭を得るために卵一個をさしだす高利貸しのような気前よさを身につける。しかし、ほんとうにあたえるだけとなると、そんな習慣ともおさらばだ。あたえても何ももどってこないと、あたえる習慣もやがてなくなる。われわれが重視すべきは手の習慣よりもむしろ心の習慣である。

教師が子どもに教えるその他の美徳についても、すべて似たようなことがいえる。教師はあれこれ美徳を重々しく説教して、子どもの若い陽気な日々を陰気くさいものに変える。まさにこれが学問的な教育なのである。

教師たちよ、先生気取りはやめなさい。高潔な善人でありなさい。あなたの生徒の記憶に、あなたが模範として刻まれ、生徒が大きくなってもそれが心に残っているようにしなさい。

私は自分の生徒をせかして慈善行為をやらせたりしない。私はむしろ自分が生徒のまえで慈善行為をおこないたい。そもそも、慈善行為は子どもには似あわぬ名誉なのだ。そこで私は、生徒が私をマネて慈善行為をする手段も奪う。人間としての義務を、子どもだけの義務みたいに子どもに思いこませてはいけない。これが重要なのである。

貧しいひとに私が援助をするのを見て、子どもがそのわけを私に尋ねたら、そして、そのときが子どもに答えてあげてもよい時機[*30]であったら、私はこう答えよう。

「いいかい、貧乏人も、この世に金持ちがいてもいいと認めているけれど、それは、財産もなく働いて生きていくこともできないひとびとを、ひとり残らず養ってあげると金持ちが約束したからなのだ」

「では、先生も約束したのですか」と子どもはまた質問する。

「たしかに、私も自分の手に入った財産を自分で自由に使うことができる。けれども、それはその財産がたしかに自分のものといえるばあいに限られる」

＊30　これはぜひ理解してもらわねばならない。私が子どもの質問に回答するのは、子どもが答えを望むときではなく、私が回答をしたいときである。そうでなければ、私が子どもの意志に従属することになる。つまり、教師の生徒へ

の従属、あってはならないほどのもっとも危険な従属状態に、私はおちいることになる。

こういう説明を子どもに理解させるにはどうすればよいかは、すでに語ったが、エミール以外の子どもはこういう説明を聞いたあとでも、やっぱり私のマネをして、金持ちのようなふるまいをしようとするかもしれない。そのばあい、私は少なくともそれがこれ見よがしな行為になるのは妨げたい。私としては、慈善行為をするという特権を子どもが私から奪い、しかも隠れて施しをするようになればいいと思う。なるほど、それは子どもっぽいごまかしではあるが、そういうごまかしなら私も許してあげたい。

もちろん、こうした模倣による美徳はすべて猿まねの美徳である。どんなに善いおこないも、それがそれとしておこなわれたときにのみ道徳的に善いものであり、けっしてほかのひとがするから善いものになるのではない。それは私も承知している。しかし、まだ心で感じるということができない年ごろにおいては、大人が子どもに習慣づけたい行為は子どもに模倣させる必要がある。子どもは模倣しているうちに、しだいに分別によって、また善への愛によってその行為ができるようになるのだ。

人間は模倣する。動物だってそうだ。模倣をしたがるのはきわめてまっとうで自然なことである。ところが、社会においては、それは善くないことに変わる。

猿は、自分が恐れる人間のマネはするけれども、自分よりも下等な動物のマネはしない。自分よりも上等な存在がすることは善いことだと判断しているからである。われわれ人間のあいだでは、まったく逆のことがおこなわれている。あらゆる道化師たちが、上等な存在の品位を落とすために、またそれを笑いものにするために、そのマネをしている。かれらはあさましいことに、上等な存在を自分と同等の存在にしようとする。あるいは、かれらも自分たちが賛美する存在をマネしようとするが、そのとき、かれらが誰のマネをしようとしているかを見ると、かれらの趣味の悪さがわかる。つまり、かれらは善人とか賢人とかではなく、ただ、ひとを恐れ入らせたり、ひとから才能があるとほめてもらえる人間になりたいのである。

われわれのあいだでの模倣欲の根拠は、われわれがつねに自分以外の者になりたがる欲望である。もし私が私なりの教育に成功するならば、エミールはきっとそんな欲望をもつことはないだろう。したがって、われわれは、そういう欲望から生まれるとされる見かけ上の善など、なくてもかまわないものとしなければならない。

あなたたちの教育のすべての規則を、深く見つめなおしてみなさい。すると、どれもこれも方向が逆だとわかるだろう。とりわけ、美徳や品性にかかわる規則はまるでさかさまだ。

道徳にかんして、子どもにあたえるべき唯一の教え、また、どの世代の人間にとってもいちばんたいせつなことは、けっしてひとに悪いことをするな、である。

ひとに善いことをせよ、という教えでさえ、上の教えにしたがうものでなければ、危険であり、まちがっており、矛盾したものである。そもそも、善いことをしない人間がいるだろうか。誰もが善いことをする。悪人でさえ善いことをする。悪人は、ひとりを幸せにするのに、百人を不幸にする。まさに、われわれの災いのすべてがそこから生じてくる。

もっとも崇高な美徳は、消極的なものである。それは同時に、もっともむずかしいものである。なぜなら、それはひとに見せつけるものではないからだ。自分がひとに喜んでもらえたという喜び、つまり人間の心のなかに浮かぶきわめて甘美な喜び、それさえも克服しなければならないからである。

ああ、けっしてひとに悪いことをしない人間がひとりでもいるとしたら、そのひとりはまちがいなく人類にたいして、どんなに善いことをおこなうだろう。かれがそれをおこなうためには、どんなに大胆な精神とどんなに強い性格が必要とされるだろう。それを実行するのがいかに偉大で、いかに苦しいものであるかをきちんと理解するためには、「悪いことをするな」という原則を理屈で考えるのではなく、自分で実践をしてみなければならない。[*31]

＊31　けっしてひとを傷つけるな、という戒律は、なるべく人間の社会とかかわるな、ということでもある。なぜなら、社会状態において、自分にとって善いことは、かならずほかのひとにとって悪いことだからである。この関係はものごとの本質に属し、絶対に変えられない。われわれはこの原則にもとづいて、社会的な人間がいいのか、孤独な人間がいいのか、どちらなのかを考えなければならない。ある有名な作家［ディドロ］は「孤独でいるのは悪人だけ」と言っている［一七五七年作の戯曲『私生児』四幕三場におけるコンスタンスのセリフ］。私に言わせれば「孤独でいるのは善人だけ」なのである。このことばは、あの作家のことばほど気取ったものにはならないけれども、しかし、より真実に近く、より理にかなう。悪人が孤独でいるとしたら、悪人はいったいどんな悪いことをするのだろう。ひとを害するためのしかけが設けられる場が、まさ

に社会なのである。善人のためにこの主張に反対したいひとにたいしては、私はこの注がついている本文の一節をその答えとしたい。

以上、子どもに教えをあたえるときに注意していただきたい点について、不十分ながら私の考えを述べてきた。教えというのは、しばしばぜひともあたえるべきものである。それをしなければ子ども自身を損ね、ほかのひとも害しかねない。とりわけ良くないのは、教えを怠れば悪い習慣が身についてしまう。悪い習慣はあとでなかなか修正できない。しかし、きちんと教えを受けて育った子どもなら、習慣を修正する必要はほとんど生じない。これはたしかなことである。なぜなら、子どもがへそまがりで、意地悪で、ウソつきで、欲ばりになるのは、子どもの心にそうなるような悪の種を植えつけてしまったからであり、それがなかったらそうなることはありえないからである。

したがって、私がこの点にかんして述べたことは、規則どおりのものよりも、例外のほうにあてはまる。しかし、子どもが本来の状態からはずれて、大人の悪徳に染まる機会が多くなればなるほど、この例外も増えるのである。世間のまんなかで育つ子どもには、世間から離れたところで育つ子どもより、やはりどうしても早めに教えをあたえなければならない。であるから、世間を離れての孤独な教育は、子どもを子ども時代にしっかり成長させるだけでも、より好ましい教育だといえよう。

また、まったく逆の、別種の例外もある。その年齢の水準を上回る才能にめぐまれた子どものばあいである。

子どもの状態から抜けだせないままの大人がいるのと同様、子どもの状態をまったく通過せずに、言ってみれば、ほとんど生まれたときから大人であるような子どももいる。こういう子どもは例外中の例外なのに、困ったことに、ほかの子どもとなかなか見分けがつかない。そして、母親というのはみんな、神童は存在しうると思っており、自分の子どもがそのひとりだと信じて疑わない。

母親たちはいろいろ思い違いをする。子どもの成長のごく普通のしるし、たとえば活発さとか、おもしろい言いまわしとか、軽率さとか、気持ちいいほどの素朴さなど、そういうものさえ、母親たちはわが子が桁違いであるしると思ってしまう。しかし、いずれも子ども時代に特徴的なもので、子どもはやっぱり子どもでしかないことをあらわすものである。

たくさんおしゃべりをすると大人が喜び、何をしゃべっても大人が許していると、子どもは何も遠慮せず、礼儀もわきまえずにしゃべる。子どもがそのとき偶然に気のきいたことをしゃべったとしても、それは驚くほどのことだろうか。むしろ、一度もそういうことが起きないほうが驚きだ。それはちょうど、占星術師がでたらめな占いばかり重ねて、一度も当たらない、というのと同じくらい驚きだ。アンリ四世も「生まれたばかりの皇太子の未来について占星術師たちがさまざまの見立てをするので」こう皮肉った。「あの者たちはウソばかり言っているので、しまいにはほんとうのことを言うだろう」

何か、しゃれたことを言いたいのであれば、バカっぽいことを長々としゃべればいいのである。当世風の人間は、ひとから歓迎されるためにバカっぽいことしかしゃべらないが、神よ、そういう人間も悪から守りたまえ。

子どもの頭脳にも、きわめてすばらしい考えが浮かぶことがある。また、子どもの口から、きわめてすばらしいことばが飛び出ることもある。しかし、それは、子どもでもきわめて高価なダイヤモンドが手に入ることがあるのと同様で、たまたまそういうことがあっても、だからといって、そのすばらしい考えやダイヤモンドが子どものものということにはならない。どんなものについても、その年齢では、けっしてほんとうの所有者にはなれない。

子どもが話すことばは、子どもの側とそれを聞いた大人の側で、同じ意味ではない。子どもの考えは、たとえ子どもが考えをもつことがあったとしても、まとまりもなく、脈絡もない。子どもが考えることは、何ひとつ、しっかりと定まったものではなく、確かなものではない。

あなたたちのいわゆる天才児をよく調べてみなさい。ときとして、かれは頭の回転がものすごく早く、かれの知性は暗雲をつらぬくような輝きを見せることもあるだろう。しかし、かれの知性は鈍重で、濃い霧につつまれているように見えることのほうがずっと多いはずだ。あるときは、かれは大人よりも先へ進んでいるが、あるときは、まったく進歩しないままでいる。ある瞬間には、この子は天才だと言いたくなるが、つぎの瞬間には、この子はバカだと言いたくなる。つまり、あなたたちはつねに思い違いをするだろうが、子どもはやはり子どもなのである。一瞬、空高く舞い上がり、またすぐもとの巣に舞いもどる子鷲《こわし》なのである。

だから、見かけにとらわれるのではなく、子どもは子どもとして扱いなさい。そして、子どもを鍛えすぎて、子どもの元気をすっかりなくしてしまわないよう、気をつけなさい。

もしも子どもの若い頭脳が熱してきて、沸騰し始めるのが見えたなら、まずはそれを自由に発酵するにまかせなさい。しかし、あまりに熱くさせると、全部蒸発してしまいかねないので、そこは気をつけたい。そこで、最初の幼稚な部分が蒸発したら、残りの部分は保存し、圧縮させよう。すると数年後には、すべてが活力の元になる熱となり、ほんとうの力に変わるであろう。

そうしないと、あなたはただ時間と労力をムダにする。あなたは自分のしごとをだいなしにする。あなたは立ちのぼってくる可燃性の蒸気を吸って酔っぱらい、いい気分になるが、そのあとに残るのは気の抜けた絞りかすだけだ。

考えの浅い子どもは、成長してもただの俗っぽい大人になる。私はこれ以上に一般的で確実に言えることを知らない。

しかし、子どものころに、ほんとうの愚かさと、魂の強さを予告する外見上の愚かさを見分けるのは、この上なくむずかしい。二つの極端が、見かけはきわめて似ているのは、最初は奇妙に思われるだろうが、これは当然そうなるのだ。なぜなら、ほんとうの観念をまだまったくもたない年齢において、天才児とそうでない子どもとの違いは、後者がまちがった観念ばかり受けいれるのにたいし、前者はまちがった観念ばかりを聞かされるが、それをひとつも受けいれないという点のみにある。だから、天才児が愚かな子どもに似てしまうのは、愚かな子どもは何ひとつできず、天才児は何ひとつ受けいれないからである。両者の区別を可能にする唯一のしるしは、偶然に左右される。すなわち、天才児は偶然かれに理解できる観念をいだいたりするが、愚かな子どもはいつでもどこに行っても何も変わらない。

小カトー［古代ローマの政治家］は子どものころは、家ではまるでバカのように思われていた。せいぜい、無口で頑固な子どもだと思われていた。たまたまかれが、スッラ［ときの権力者］の家の控えの間で、おじ［正しくは家庭教師］に自分の考えをしゃべったとき、はじめてほんとうの力が知られることになる［『プルターク英雄伝』「小カトー」参照］。もし、その控えの間に入らなかったら、かれは理性の年齢に達するまで、おそらくそのままずっとバカあつかいをされただろう。もし、カエサルが存在しなかったなら、小カトーのように、カエサルの忌まわしい天才を見抜き、かれの計画全体をかなり早くから予見できた人物は、やはりたんなる妄想家としてあつかわれることになっただろう、

ああ、子どもの評価を急ぎすぎるひとは、たいてい判断を誤る。そういうひとはしばしば、子どもよりも子どもっぽい。

また、私が親しくおつきあいし、じっさいに知っているある男性［哲学者コンディヤック］のようなひともいる。かれはかなりの年齢になるまで、家では、あるいは友だちのあいだでは、愚鈍な人間と思われていた。かれのすぐれた頭脳は人知れず静かに成熟したのである。かれは突然、哲学者として世に知られるようになった。そして、後世においても、かれは今世紀でもっともすぐれた理論家、もっとも深遠な形而上学者として、名誉ある高い地位をあたえられるにちがいないと私は確信する。

子ども時代はそれとして尊重しなければならない。善いことでも悪いことでも、けっして急いで判定をくだしてはならない。

例外的な子どもがいても、あわてて特殊な教育方法を採用するのではなく、その子どもがほんとうの自分をあらわし、自分を証明し、自分を確立するまで、けっこう長いあいだそのまま放っておくのがよい。自然の働きに逆らうことがあってはいけない。できるかぎり長く自然のなすがままにまかせなさい。あなたが勝手に手を出して、自然の働きに逆らうことがあってはいけない。

あなたたちは、時間のたいせつさを知っているから時間をムダにしたくない、と言う。あなたたちはわかっていない。時間をへたに用いると、何もしないよりももっと時間をムダにする。子どもをへたに教育すると、その子はまったく何の教育もされなかった子どもよりも、知恵から遠ざかる。

あなたたちは、小さいころの子どもは何もしないでいるので心配する。いったい何が心配なんだ。子どもは幸せでいっぱいではないか。一日中、飛んだり跳ねたり、遊んだり、走り回ったりしているではないか。一生のうちで、これほど忙しい時期はあるまい。

プラトンも、きわめて厳格なものと思われているかれの理想国家において、子どもたちをもっぱら祭りやゲームや歌や遊戯だけで育てている。楽しく生きることさえ教えられたら子どもへの教育は完成だとでも言わんばかりだ［『法律』第七巻］。

また、セネカは古代ローマの若者たちのことをこう語っている。「かれらはいつも立っていた。座って学ばねばならないようなことは、ひとつも教わらなかった」［『道徳書簡集』第八八第一九節］。では、この若者たちは成年に達しても、ちゃんとした人間にはなれなかったのだろうか。そんなことにはならないのだから、若者たちがたとえ何もせずに遊んでいるようでも、心配はいらない。

かりに、生きている時間を一瞬もムダにしたくないからといって、絶対に眠ろうとしない人間がいたら、あなたは何と言うだろうか。あなたはきっとこう言うだろう。「このひとは頭がおかしい。自分がもっている時間を楽しむのではなく、自分で時間を失っている。眠りから逃げて、死にむかって走っている」。つまり、あなたたちが求めているのも、じつはこういう生きかたなのだ。そして、子ども時代というのは、理性が眠っている期間なのである。どうか、そのことを考えてほしい。

学びとるのが見るからに容易にできていると、じつはその容易さが子どもをダメにする。やすやすと学びとったというのは、その子がまったく何も学んでいないことの証明にほかならないのに、一般のひとにはなかなかそれがわからない。

つるつるピカピカの子どもの頭脳は、ちょうど鏡のように、さしだされたものを反射するだけで、頭脳のなかには何も残らず、そもそも何も入ってこない。子どもは、ことばは覚えるが、観念は反射してしまう。子どものことばを聞く大人たちにはその意味がわかるが、ことばを発する子どもだけには意味がまったくわからない。

記憶力と思考力は、それぞれまったく異質の能力なのだが、じっさいには、両者がからみあってはじめてどちらも伸びるのである。

理性の年齢に達していない子どもが受けいれるのは、イメージであり、観念ではない。そして、イメージと観念のあいだには、こういう違いがある。すなわち、イメージは外的な事物をそのまま写したものだが、観念は事物をさまざまの関係によって限定してとらえたものである。イメージは、それを思い浮かべるとき、心のなかで単独に存在しうるが、観念はすべて、ほかの観念なしにはありえない。

イメージをいだくのであれば、われわれはただ眺めればよい。概念をいだくのであれば、われわれは比較をしなければならない。われわれの感覚は純粋に受動的であるが、われわれの知覚、あるいはわれわれの観念はすべて、判断をおこなうひとつの能動的な原理から生まれる。このことの証明はあとでおこなう。

したがって、私に言わせれば、判断をすることができない子どもはほんとうの記憶をもたない。子どもは、音や形や、ものの感じは覚えているが、観念を覚えるのはまれであり、諸観念の関係を覚えるのはさらにまれである。

私への反論として、「子どもでも幾何学の基本定理をあれこれ学んでいる」と言い、それで私のまちがいを証明できたと思うひとがいる。あいにくながら、その言い分は逆に私の正しさを証明する。すなわち、その言い分によれば、子どもは自分でものを考えることができないばかりか、ほかのひとの考えかたを覚えることさえできないのである。なぜなら、この幼い幾何学者の方法をたどってみればすぐにわかるように、幾何学を学んで子どもが覚えるのは、せいぜい図形の正確な印象と証明の用語にすぎない。ちょっとでもちがうことを言われると、子どもは困ってしまう。知っている図形でも裏返しにされると、もう何だかわからない。

子どもの知識は、すべて感性レベルにとどまり、知性のレベルに達したものはひとつもない。子どもの記憶は、子どものその他の能力と同様に、不完全である。なぜなら、子どものころにことばとして覚えたことがらは、ほとんどきまって、大きくなってからもう一度学びなおさなければならないからだ。

とはいえ、私はけっして、子どもにはいかなる種類の思考力もないと考えているわけではない。[*32] それどころか、子どもは自分が知っていることや、自分が肌で感じる現実の利害にかかわることには、きわめて巧妙に考えをめぐらすのを私は知っている。

しかし、ひとびとは子どもの知識について考えちがいをする。つまり、子どもがもってもいない知識を子どもがもっていると想定したり、子どもには理解できないことを子どもに考えさせようとしたりする。また、これも考えちがいだが、ひとびとは、子どもにとってはおもしろくも何ともないことがらに注意を向けさせたがる。つまり、将来の利益とか、大人になってからの幸せとか、大きくなったときに世間からえられる尊敬とか、そんなことを大事なことだと言う。将来を予想することがまったくできない子どもにむかって、そんな話をしても、それは子どもにとって何の意味もない。とにかく、気の毒にもこういう子どもたちは無理やり勉強させられるし、その勉強は子どもの精神とまったく縁のないことがらに向けられる。子どもがそうした無縁のことがらにはたしてどれほどの関心をもちうるか、大人にはぜひそれを判断してほしい。

＊32　執筆中に何度も考えさせられたことだが、長大な著作において、同じことばにつねに同じ意味をもたせるのは不可能である。われわれの観念がたどりうる変化をちゃんと表現できるほど、たくさんの語彙、語句、言いまわしをそなえた豊かな言語は、ひとつも存在しない。あらゆることばを定義し、そして定義されたことばでたえず定義を置きかえていく方法は、美しいけれども実行不能である。なぜなら、定義に定義を重ねる循環からはどうしても抜けだせなくなるからだ。定義をするのにことばを使わなくてよければ、定義をするのもいいかもしれない。が、冗談はともかく、私の確信しているところによれば、たとえわれわれの言語は貧しくても、明晰に語ることはできる。ただし、それは同じことばにつねに同じ意味をもたせることによってではない。それは、ど

のことばについても、そのことばを用いるたびに、そこで語られるさまざまの観念で、そのことばの意味が十分に限定されることによってである。また、そのことばを含む文章のひとつひとつが、いわばそのことばの定義として役立つことによってである。私は、あるときには、子どもは思考する能力がないと言ったり、あるときには、子どもは十分に器用に思考すると言ったりする。私は自分の考えかたに矛盾があるとは思わないけれども、しかし、表現のしかたでしばしば矛盾することがあるのは認めないわけにはいかない。

生徒にどういう教育をするかを大々的にひけらかしている教育者がいるが、かれらは、まさしく私とちがうことを語って稼いでいる。しかし、かれら自身の教育から、かれらがじつは私とまったく同じように考えているのが見えてしまう。というのも、けっきょくのところ、かれらは生徒に何を教えているのだろうか。ことばである。つねにことばである。ことばだけである。かれらは生徒にいろいろなりっぱな学問を教えていると自慢するが、かれらは教える学問をとても用心して選んでいる。生徒にとってほんとうに役に立つかもしれない学問は用心して省く。なぜなら、役に立つかもしれない学問とはものごとについての科学なのだが、そういう学問の教育はけっして成功しないからである。かれらが選ぶのは、用語さえ知ればその学問がわかっているように見える学問、たとえば紋章学、地理学、年代学、語学などである。つまり、人間にとって縁遠く、とりわけ子どもにはほとんど縁がないような学問ばかりが選ばれる。そういう学問の何かしらが、一生のうちで、たった一度でも役に立つようなことがあれば、それこそ奇跡である。

語学の勉強を、私はムダな教育のひとつに数えるので、驚くひともいるだろう。しかし、思い出していただきたいが、私がここで語っているのは年少者の勉強にかぎっての話なのだ。そして、私はひとから何と言われようと、十二歳、あるいは十五歳までの子どもで二つの言語をほんとうに習得できた者は、いくたりかの天才を除けば、これまでひとりもいなかったと思う。

もしも語学の勉強がたんなる単語の勉強にすぎないのであれば、つまり、その単語をしめす記号や音を覚えるだけでよいのであれば、語学の勉強は子どもにふさわしいものと言えるかもしれない。しかし、言語というのは、記号が変われば、その記号があらわす観念も変わる。

頭脳は言語にもとづいて形成され、思想は言語の特色と同じ色合いを帯びる。理性だけは共通するが、精神はそれぞれの言語で特有の形をもつ。言語のちがいは、たしかにあてていど、国民性のちがいの原因であり、あるいは結果であると言えよう。この推論に自信があるのは、世界のどの国でも、言語は習俗の移り変わりに連動し、習俗とともに維持され、あるいは習俗とともに乱れるという事実があるからである。こ

世界にはさまざまの言語の形態があるが、そのうちのひとつを使用することによって、子どもはそれを自分のものにする。そして、理性の年齢に達するまで、子どもの言語はその言語のみである。

言語を二つ、ものにするには、それぞれの言語で観念を比較できなければならない。だが、観念をいだくことすらろくにできない子どもが、どうしてそれを比較できるだろうか。ものごとなら、いずれも、ひとつにたいして子どもは無数の記号をあたえることができるが、観念はすべて、ひとつにつき、ひとつの形しかもちえない。だから、子どもが話すことを学びとれる言語は、ひとつだけなのである。

いや、複数の言語を子どもは習得する、と私に言うひとがいるが、私はそれを否定する。

五、六カ国語しゃべることができると思っている天才児に、私も会ったことがある。

話すのを聞けば、かれらはラテン語の単語、つぎにフランス語の単語、そのつぎにイタリア語の単語で、ドイツ語をしゃべっている。たしかに、かれらは五、六カ国語の辞書にのっていることばを使ってはいたが、しゃべっているのは一貫してドイツ語であった。

ずばり言おう。あなたはお好きなだけ、たくさんの言語で同じ意味のことばを子どもに教えるがよい。ことばは変わっても、言語は変えられないだろう。子どもは絶対にひとつの言語しかものにできないだろう。

教師たちが子どもに、いまは使われなくなった古代の言語を学ばせたがるのは、まさにこうした点での自分の無能力を隠すためなのである。そういう言語なら、自分が文句も言えないぐらいに絶対的な判定者はもはや存在しない。これらの言語が日常的に用いられることはすでにずっと昔からなくなっており、ひとびとは書物のなかに書かれていることばをまねるだけで満足する。そして、そのていどのことで、自分はその言語が話せると称するのだ。

教師たちのギリシア語やラテン語がこういうものなら、教わる子どもたちのギリシア語やラテン語がどういうものなのか、想像はつく。子どもたちは古代の言語の初歩をわずかに暗記したばかりで、ことばはまったく理解できないのに、まず最初にフランス語の文章をラテン語の単語に置きかえていくことを教えられる。それから、少し先に進むと、子どもたちはキケロの言い回しをつなぎあわせて散文をつくり、ウェルギリウスの詩句をつなぎあわせて韻文をつくることを教えられる。すると、かれらはもうそれでラテン語を話しているつもりになるのだ。いったい誰が、それはちがうよ、と言いに来てくれるだろうか。

どんな学問にせよ、用いられる記号がどういうことがらをあらわすものなのかわからなければ、記号そのものには何の価値もない。ところが、ひとびとはいつも子どもに記号だけを教える。記号があらわすことがらを理解させるのは、できたためしがない。

子どもに地球がどのようなものか教えようと考えて、ひとびとが教えているのはただたんに地図の読みかただけだ。都市、国、川の名前を教えても、子どもにとって、それはただ紙のうえにしめされたものとしか認識されない。

ある地理の本の冒頭に「世界とは何か。それは厚紙でできた球である」と書かれていたのを、私はどこかで見た覚えがある。まさしく子どもの地理学とはこんなものなのだ。私が思うに、十歳の子どもは、地球や天体についてすでに二年間学んでいても、教えられた規則にしたがってパリから郊外のサン゠ドニまでの道がわかる者は、ひとりもいないだろう。じっさい、父親の庭の図面をたよりに、その庭のまがりくねった道を迷わず歩ける子どもはひとりもいない、と私は考える。地理学の博士というのは、北京《ペキン》やイスファハン［イランの古都］やメキシコや、世界のあらゆる国が地図上のどこにあるか、ちゃんと知っているというていどのひとなのである。

また、私はこんなことも耳にする。子どもには目だけしか必要としない学問をさせるのが適切だ、というのである。目だけしか必要としない学問、そんな学問があるとしたら、そうもいえるかもしれない。しかし、私はそんな学問はひとつもしらない。

歴史の勉強を子どもにさせるのは、もっとバカげた考えちがいにもとづいている。すなわち、歴史は事実の寄せ集めにすぎないから、子どもにも理解できる、というのだ。

しかし、この事実ということばを、ひとびとはどう理解しているのか。歴史的事実を決定する諸関係は簡単に理解できるものなので、その観念は子どもの精神のなかで簡単に形成されるというのか。

できごとについての真の認識は、できごとの原因の認識や、結果の認識と切り離すことができるというのか。歴史的なことがらと精神的なことがらは、あまりつながりがないので、一方を知らなくても他方を知ることはできるというのか。

もしもあなたが人間の行為を、純粋に物理的な、外面的な動きとしか見ないのであれば、あなたは歴史からいったい何を学ぶのか。絶対に何も学ばない。そして、歴史の勉強はまったく興味がもてないものとなり、あなたにはもはや何のよろこびも、何の教訓ももたらさない。

もしもあなたが人間の行為を、精神とのかかわりにおいて評価したいのであれば、あなたは生徒にも行為と精神のつながりを理解してもらえるよう、試みてみなさい。それをしてみれば、歴史の勉強がはたして子どもにふさわしいものなのかどうか、あなたにもわかるだろう。

読者よ。これはぜひ覚えておいてほしいことだが、あなたにむかって語っているのは、学者でも哲学者でもない、ふつうの人間である。どの党派とも、どんな体系とも無縁の、たんに真理を愛する者である。ひととほとんど交わることのない孤独な人間である。交わりが少ないので、ひとびとの偏見に染まる機会も少なく、そして、ひとと交わったとき疑問に感じたことについて、よく考えてみる時間がたくさんある。

私が組み立てた考えは、なにかしらの原理にもとづくというより、あれこれの事実にもとづいている。であるから、あなたに私の考えをもっとよく理解してもらうためには、私にそうした考えを起こさせたじっさいの観察体験を、ときおり例にあげながら話を進めるのがよいと思う。

私は、ひとりの善き母親のために、その田舎の家で数日をすごしたことがある。彼女は自分の子どもたちの教育についてとても心配していたのだ。

ある朝、私はいちばん年上の子が家庭教師に教えを受けるのを参観した。教師はとても熱心に古代史を教えており、そのときはアレクサンドロス大王と侍医フィリッポスの有名な逸話［重病の大王が、侍医のさしだす薬は毒薬だとの密告の手紙を侍医にも見せながら、その薬を平然と飲みほした話］をまじえての授業であった。この逸話は絵画［ジャン・レストゥ作］にもなっているし、たしかに子どもに教えるにあたいする。

家庭教師は教師としてそこそこ力があり、かれはアレクサンドロス大王の大胆さについていくつか意見を述べた。私は、その意見はまったく気にくわなかったけれども、そこで言い争うことはしなかった。かれの生徒の心に、先生への不信が生じるのは控えたかったからだ。

食卓では、フランスの作法にしたがい、この子はやっぱりたっぷりとおしゃべりをさせられた。いかにも子どもらしい快活さと、絶対にほめてもらえるという期待をあらわにしながら、その子はバカげたことをたくさんしゃべった。ただ、ときおりなかなか感心なこともしゃべったおかげで、バカげた部分は忘れてもらえた。子どもは最後にアレクサンドロスと侍医フィリッポスの話になった。子どもはその話をよく整理して、とてもじょうずに語った。母親が求め、子ども自身が期待した賞賛が型どおりになされる。それから、先ほどの話がみんなのあいだで議論になった。

大多数のひとは、アレクサンドロスの行為は軽はずみだと非難した。数名は家庭教師に同調して、アレクサンドロスの剛胆さ、勇敢さをほめたたえた。私はこれを聞いて、ここにいるひとびとは誰もアレクサンドロスの行為のほんとうの美しさがわかっていない、と思った。

そこで私も発言した。「私が思うに、アレクサンドロスの行為は、ほんの少しでも剛胆さとか勇敢さがまじってなされたものならば、ただの無謀な行為です」。すると、みんな一様に「そうだ、無謀だ」と言い立てる。私はすっかり熱くなって、言い返そうとした。そのとき、私のとなりにいて、それまで一言もしゃべらなかった女が、私の耳もとに顔を寄せて小声でこうささやいた。「およしなさい、ジャン＝ジャック。

何を言ってもわかってもらえませんよ」。私はそのひとの顔を眺め、そのことばに心を打たれて、口をつぐんだ。

食事のあと、私はあの小さな勉強家の手をとり、いっしょに庭園を散歩して、思う存分かれに質問した。この子は食卓でなかなかじょうずにしゃべったが、その話を自分ではまったく理解してないのではないか、とあれこれ思い当たる節があって、私はそう疑っていたのだ。普通のひとでもアレクサンドロスの勇敢さをしばしば讃《たた》えるが、私はこの子が普通のひと以上にその勇敢さを崇拝しているのがわかった。しかし、かれはどういう点にアレクサンドロスの勇敢さを認めているのか。あなたにはおわかりか。

それはただ一点、アレクサンドロスがひどくまずい飲み薬を、いやな顔ひとつ見せず、ためらいもなく、一気に飲みほした点である。この子はかわいそうに、半月たらず前、とても飲めたものではない薬を飲まされ、その苦味がまだ口のなかに残っていた。死ぬとか毒がまわるというのは、子どもの頭では、せいぜい不愉快な思いがすることとしか考えられない。また、毒薬といわれて子どもが思いつくのは、便秘の薬センナぐらいだろう。

ところが、幼い子どもの心にも英雄の毅然とした態度は強烈な印象をあたえ、このつぎ薬を飲むときには自分もアレクサンドロスのようにしようとかれは決意していた。そのことは私も認めねばならない。そこで私は、どうしてもかれには理解できなさそうなことをくどくど説明するのをやめて、かれのその心がまえはりっぱなものだと誉めてあげた。子どもに歴史を教えていると思っている父親たち、教師たちの賢明さこそ一段上かも、と私は自分を笑いながら家にもどった。

国王、帝国、戦争、征服、革命、法律といったことばを、子どもに口先で言わせるだけなら簡単である。しかし、そうしたことばのそれぞれに明確な観念を結びつけることになると、いずれについても説明は、「所有について」庭師ロベールとしたやりとりより、かなりむずかしいものとなろう。

私が食卓で「およしなさい、ジャン゠ジャック」と言われて口をつぐんだことを、不満に思う読者もいるだろう。そういう読者は、私がアレクサンドロスの行為のどんなところに、ほんとうの美しさを見ているのか、それを知りたがっているのだと思うが、そこがわからない読者はきのどくなひとびとである。そこの説明が必要なひとに、どうしてそれを理解させせられるだろうか。

アレクサンドロスの行為のほんとうの美しさは、美徳を信頼したことである。自分の頭、自分の命をかけて、美徳を信じたことである。かれの偉大な魂が、人間の美徳を信じるようつくられていたことである。

毒かもしれない薬を飲んでみせる、ああ、これほど美しい信頼表明の行為があるだろうか。絶対にない。こんなにも崇高な行為をしてみせた人間はいまだかつていない。もし現代にもアレクサンドロスのような人物がいるのであれば、ぜひそのような行為を見せてほしいものだ。

ことばだけの学問などないのであれば、子どもに適した学問などもないことになる。子どもがほんとうの観念をもたないのであれば、子どもにはほんとうの記憶もないことになる。なぜなら、感覚でしか覚えていないものは記憶とは呼べない、と私は思うからだ。

子どもにとって無味乾燥な記号の羅列を、子どもの頭につめこんで、いったい何の役に立つのか。ものごとを学べば、それをあらわす記号も学ぶのではないのか。いったいなぜ、それを二度にわけ、ムダな勉強を子どもにやらせるのか。

しかも、である。子どもにとって何の意味もないことばを、これが学問だとして、子どもの頭につめこむことから、とてつもなく危険な偏見が植えつけられ始めるのである。

子どもが学問の用語だけ覚えて満足するようになったり、自分では意味など考えず、ひとのことばだけでものごとを学ぶようになったとたん、子どもは判断力を失ってしまう。そういう子どもは、失った判断力をとりもどすのに長い時間がかかるが、それまでのあいだは、まわりのバカな連中の目にはまぶしいほどの秀才に見えるだろう。*33

＊33　学者も、大多数は子どもと同じやり方でものを学びとっている。巨大な博識は、たくさんの観念よりも、たくさんのイメージによるものである。日付、固有名詞、場所など、それぞれバラバラで、観念との結びつきももたないものはすべて、ただ記号の記憶として頭に残る。そして、こうしたものの何かを思い出そうとすると、それは自分がかつて読んだ本の右ページだったのか左ページだったのか、自分が最初に目にしたときの姿がどういうものだったのか、それらも同時に浮かんでこないことはめったにない。前世紀までは、学問といえばほとんどがこういうスタイルであった。ところが、今世紀の学問はまったく別物である。ひとびとはもはや研究などしない。観察などもしない。ひとびと

はただ夢想する。そして、寝苦しい夜に嫌な夢を見たとき、その夢を重々しく哲学と呼ぶのである。ひとびとは私に、おまえも夢を見ているのだ、と言うだろう。よろしい、それは認めよう。しかし、私はほかのひとがけっしてやらないことをしている。それは、自分の夢を夢だとわかって見ていることである。そして、私の夢想のなかに、目覚めているひとびとにとって何かしら役に立つものがあるかどうか、その探求は読者のみなさんにゆだねたい。

そうだ。自然は子どもの頭脳に柔軟性をあたえて、どんな種類の印象でも受けいれられるようにしているが、それはけっして国王の名前や日付、紋章学・天文学・地理学の用語など、子どもにとっては何の意味もなく、大人にとってさえまったく無用のことばを、子どもの頭脳にきざみこむためではない。また、それによって子ども時代をみじめで不毛なものにするためでもない。

自然が子どもの頭脳に柔軟性をあたえたのは、子どもに理解可能で、しかも役に立つあらゆる観念、自分の幸福に結びつき、いつの日にか自分の義務に目を開かせてくれるあらゆる観念を、早くから子どもの頭に、消すことのできない文字できざみこみ、子どもがそれから死ぬまでずっと、自分の存在と自分の能力にふさわしい生き方ができるようにするためである。

書物などで勉強しなくても、子どもにそなわる記憶力は、そのせいで眠ったままでいるわけがない。子どもは見るもの、聞くものすべてに心を打たれ、自分の思い出にする。子どもは大人のすること、言うことを心にとどめる。自分を取り巻くものすべてが、子どもにとっての書物なのである。この書物のなかで、子どもは無自覚のうちに、たえず記憶を豊かにしていく。やがて子どもは、判断力をそなえてから、自分の記憶を利用できるようになる。

記憶されるものを選んであげること。子どもが知りうることはたえず見せてやり、子どもが知るべきでないことはなるべく隠すようにすること。まさしくこれが、子どものなかで記憶力という基本的な能力を育むための秘訣なのである。そして、そうすることによって、子どものなかに知識の倉庫が形成されるようにしてあげねばならない。その知識の倉庫は、若いときの教育と人生のあらゆる場面でのふるまいかたに役立つのだ。

たしかに、この方法は天才児をつくるものではなく、保育者や教師に栄光をもたらすものでもない。しかし、この方法は分別をそなえた人間をつくる。心身ともに健康な人間をつくる。小さいうちは誉めそやされることはないが、大きくなってからは尊敬される、そういう人間がつくられる。

エミールは何ひとつ暗記せず、寓話でさえ暗記しない。ラ・フォンテーヌの寓話はとても単純でおもしろいのに、それすら暗記しない。なぜなら、寓話をことばで覚えても、それで寓話がわかったことにはならないからだ。それは歴史のことばが歴史ではないのと同様である。

どうしてひとびとは寓話を、子どもに道徳を教えるものと呼ぶほどまでに信頼するのであろうか。寓話というのは、子どもを楽しませながら、子どもを誤りへみちびくものなのだ。子どもはウソに引きつけられて、真実を見のがしてしまう。教訓を楽しく飲みこませようとする工夫が、逆に教訓の受けとめをさまたげている。そのことをひとびとは考えもしないのか。

なるほど、寓話は大人にとっては教訓になるかもしれない。しかし、子どもには真実をそのままの形で語るべきである。いったん真実にヴェールをかぶせると、子どもはもうそのヴェールをわざわざ取りのけようとはしない。

子どもたちはみんな、ラ・フォンテーヌの寓話を習わされるけれども、それを理解できる子どもはひとりもいない。理解できなくて、むしろよかった、というべきだろう。なぜなら、そこに含まれる教訓はいろんなものが混ざりあい、子どもの年齢にはあまりにもふさわしくないので、子どもを美徳よりも悪徳のほうへ導くことになるからだ。「また、いつもの逆説ですね」とあなたたちは言うだろう。なるほど、逆説である。しかし、逆説のなかに真実がないかどうか、いっしょに見てみよう。

私が、子どもは寓話を習わされても理解はできない、と言う理由はこうだ。作者がどれほど話を単純にしようとしても、そこから教訓を引きださせたいと望むのであれば、どうしてもそこに子どもには理解できない観念を入れこまざるをえない。詩的な言い回しはたしかに寓話を覚えやすいものにするが、同時にそれは内容を理解しにくいものにする。つまり、気持ちよさとひきかえに、明快さを失わせている。

ラ・フォンテーヌの寓話は数が多く、たまにはマシなものも混じっているため、大人たちは悪びれもせず子どもに読ませているが、寓話のほとんどが子どもにはまったく理解できず、役にも立たない。以下で引用する寓話は、そうしたものではなく、・フォンテーヌがとくに子どものために書いたと思われるもののなかから選ぼう。

さて、私の知るかぎり、ララ・フォンテーヌの寓話集のうちで、子どもの素朴さがきわだって輝くものは五つか六つにすぎない。この五つか六つのうち、私は寓話集の冒頭にあったものを例にとろう。なぜなら、その話に込められた教訓はどの年齢にももっとも適合し、そして、その話は子どもにとってもっともわかりやすく、子どもがもっとも喜んで学ぶものであり、だからこそ作者も寓話集の冒頭に置いている話だからである。もしも作者のほんとうの目的が、話を子どもに理解してもらい、話で子どもを喜ばせ、話で子どもを教育することであったとすれば、この寓話はまちがいなくかれの傑作だ。そこで、私は以下でその話を一行ずつ紹介し、一行ごとに少し検討を加えたい。

寓話「カラスと狐」

カラス先生、とまっていました、木の枝に

先生《メートル》だと！　このことばはいったい何を意味するのか。固有名詞につけられるときは、どういう意味なのか。そして、この文章のばあいはどういう意味なのか。

また、カラスとは何か。

「とまっていました、木の枝に」とは何だ。ふつうなら「とまっていました、木の枝に」とは言わず、「木の枝にとまっていました」と言う。したがって、詩においては語順の入れ換えがあることを語らねばならない。詩と散文のちがいを語らねばならない。

そのくちばしには、一切れのチーズ

チーズだけではわからない。どこのチーズだ。スイスか、フランスのブリーか、それともオランダか。

また、もし子どもがカラスをいちども見たことがないとしたら、話にカラスを登場させることに、どんな取り柄があるのだ。カラスを見たことがあるとしても、子どもはカラスがチーズをくちばしにくわえる姿を想像できるだろうか。描写はつねに自然なものでなければならない。

狐先生、チーズの匂いにいざなわれ

またしても「先生」だ！　しかし、この話での狐には、そういう称号がふさわしい。

つまり、狐はそのしごとの巧みさにより、先生と呼んでも少しもおかしくない。ただし、狐とはどういうものかを話し、物語にでてくる狐の慣例的なキャラクターと狐のほんとうの性質は区別しなければならない。

「いざなわれ」ということばは、ふつうは使われない。だから、説明をする必要がある。いまでは詩のなかでしか使われないことばだと言わなければならない。すると子どもは、どうして詩ではふつうとちがうことばを使うのか、と質問するだろう。あなたはそれにどう答えるか。

「チーズの匂いにいざなわれ」というが、くちばしにチーズをくわえたカラスは木の上にいる。狐はやぶの中か、自分の穴の中にいて、その匂いを感じたのだから、匂いはよほど強かったにちがいない。と、こんなふうにして、あなたは自分の生徒に正しい批判的精神を学ばせられるのではないか。批判的精神とは、納得できる証拠以外は信じないこと、そして、ひとの話のなかにある真実とウソが見分けられることである。

こんなことばで、カラスに声をかけました

「こんなことば」！　ということは、狐はしゃべることができるのか。そして、カラスも同じことばで話ができるのか。
あなたが賢明な教師なら、ここは気をつけなさい。この問いに答えるまえに、よーく考えなさい。あなたの答えは、あなたが考えたよりも、重大な意味をもつからである。

おや、こんにちは、カラス殿

「殿」！　子どもは、これが相手を敬う呼びかただと知るより先に、敬称が相手をからかうためのものに転ずることを、ここで学ぶ。したがって、教師はこの「カラス殿」について、敬称の「殿」を説明するよりもまえに、もっといろんなことを語ってあげなければなるまい。

あなたのお姿、じつにすてきで、お美しい

美しい言いまわしのつもりで、むだにことばが重ねられている。子どもは、同じことがべつのことばでくりかえされるのを見て、だらだらとした言いかたを学ぶ。
このむだなことばのくりかえしは、なるほど、作者の技巧かもしれない。つまり、狐がことばを重ねて相手をたたえる気持ちの強さを見てもらいたがっていることを、これによってあらわしているのかもしれない。しかし、そういう弁解は私には通用しても、私の生徒には通用しないだろう。

ウソではありません。もしもあなたの声が

「ウソではありません」！ ということは、ウソをつくこともあるわけだ。もしもあなたが子どもに、狐はウソをついているからこそ「ウソではありません」と言ったのだ、と教えたら子どもはどう思うだろうか。

あなたの美しい羽につりあうものなら

「つりあう」！ つりあうとはどういう意味だ。声と羽毛のように、まったく性質が異なるものでも比較がなされることを、子どもに教えてみなさい。そうすれば、子どもがあなたのことばをどれくらい理解できているかがわかるだろう。

　あなたこそ、この森の理想の客人、フェニックス

「フェニックス」！　フェニックスとは何だ。われわれはここでとつぜん、でたらめな古代世界に投げこまれ、ほとんど神話のなかに入りかける。

「この森の理想の客人」！　比喩にしても度が過ぎている。なるほど、おべっか使いは大げさな言いかたをし、ことばにいっそう威厳をもたせて、相手をたらしこもうとする。しかし、そんな手管《てくだ》が子どもに理解できるだろうか。高尚な言いかたと低俗な言いかたがあることぐらいはわかっているのか。いや、そもそも子どもにそういうちがいがわかるのか。

　このことばに、カラスはうれしくて我を忘れ

きまり文句のようなこの表現をしみじみと理解するためには、感情が激しく高ぶるようなことをじっさいに体験していなければならない。

自分の美しい声を聞かせようと

子どもがこの行、およびこの寓話全体を理解するためには、カラスの美しい声とは何なのかがわかっていなければならない。その点を忘れないように。

口をパカッと開けたら、くわえていたものがポロリ

この行はなかなかいい。音の響きだけで絵が浮かんでくる。私には、カラスがみにくいくちばしを大きく開けるのが見える。チーズが枝のあいだをとおりぬけて、下に落ちていく音が聞こえる。しかし、こうした図柄の美しさは子どもにわかるものではない。

狐はそれをつかんで言いました。お人好《ひとよ》しのカラス殿

人の好さは愚かしさに転ずる。まさしくここがその場面である。もちろん、大人は

すかさずここで教訓をたれる。

覚えておきなさい、おべんちゃらを言うやつは

一般向けの金言。子どもには不要。

それを聞いてうれしがる者を食いものにするんです

十歳ていどの子どもに、こんなことば、理解できるはずがない。

この教訓、チーズ一切れ分の価値がありますよ、絶対

これはうなずけるし、考えかたもとてもよい。しかし、教訓とチーズを比較できるような子どもはめったにいない。また、チーズより教訓を好む子どももめったにいない。したがって、このことばはたんなるからかいにすぎないことを、子どもに理解させる必要がある。つまり、子どもにとってはあまりにも微妙。

カラスはこれを聞くと、恥じ入り、身を縮めました

ここでもまた、むだなことばのくりかえし。しかし、ここでのくりかえしは、ほんとうにむだ。

いささか手遅れながら、もうその手には乗らんぞと誓いました

「誓いました」！ 誓うとはどういうことかまで子どもに説明しようとする教師がいたら、よほど愚かな教師だろう。

以上、こまかいことをくどくどと述べた。それでも、この寓話に含まれる観念をすべて分析し、そのいずれについても、その構成要素である単純な諸観念に還元するには、もっとたくさん語る必要があるだろう。しかし、子どもに話を理解してもらうためにそういう分析が必要なのだ、と思ってくれるひとがいるだろうか。われわれは誰ひとりとして、子どもの目線でものを考えることのできる哲学者ではないのである。

そこで、道徳のほうへ話を移そう。

世の中には、自分の利益のためにお世辞を言ったり、ウソをついたりする人間がいる、ということを十歳の子どもに教える必要があるのだろうか。私には疑問だ。小さな男の子をからかって、子どもの愚かな虚栄心をかげで笑うような、嫌な大人がいることを教えてあげるのが、せいぜいのところだろう。しかし、先の話では、チーズがすべてを台なしにする。自分のチーズを落とさないようにすることよりも、相手のくちばしからチーズを落とさせることを、子どもは教わるのである。まさしく、ここに私の第二の逆説がある。そして、この逆説はまえの逆説より重要性が低いものではない。

子どもが寓話で何を学ぶか、追跡してごらんなさい。子どもは学んだことを応用できるようになると、ほとんどつねに作者の意図とは反対のことをする。つまり、自分の欠点をあらためたり、欠点をもたないように心がけるのではなく、他人の欠点に乗じて利益をえようとする邪悪なふるまいを好むようになる。

右に紹介した寓話では、子どもはカラスをあざ笑い、みんな狐のほうが好きになる。そのつぎの寓話「セミと蟻」［日本で知られる「蟻とキリギリス」とは結末が異なる］では、セミの立場で反省することが期待されるが、子どもは誰もそんなことはしない。子どもが好むのは蟻の態度［援助を求める者を冷笑して見捨てる］のほうだ。子どもはけっして自分がみじめになるのを好まない。つねに勝利する側を選ぶ。それは自己愛にもとづく選択であり、きわめて自然な選択である。だが、これが子どもにあたえる教訓なら、あまりにもおぞましい。ひとの必死の願いであることを知りながら、それを拒絶する情け知らずの欲ばり、そんな子どもはあらゆる怪物のうちでもっとも醜悪な怪物であろう。この寓話の蟻はもっとひどいことをする。拒絶したうえに、さらに相手をあざ笑ってよいことを子どもに教える。

　ライオンが登場する寓話［たとえば「ライオンと共同で事業をした牝ウシと牝ヤギと牝ヒツジ」］では、だいたい、ライオンがいちばん良い役なので、読んだ子どもはかならず自分もライオンになる。そして、自分が何かの分配を仕切る立場になると、ライオンをお手本に、自分が全部をひとりじめできるよう大いに心を配る。

　しかし、ブヨがライオンを倒す話［「ライオンとブヨ」］では事情がちがってくる。それを読む子どもは、もうライオンではなく、ブヨになる。とても真正面からは攻撃できない相手でも、いつか針の一刺しをお見舞いすれば、殺すことができると子どもは教えられる。

やせたオオカミと太った犬の寓話［「オオカミと犬」］では、子どもは、大人が教えたがる節制の大事さではなく、自由気ままな生きかたのたいせつさを学ぶ。私は小さな女の子がこの寓話を読んで大泣きするのを見たことがある。その姿はけっして忘れられない。大人はこの女の子に、つねに従順であれ、と教えようとして、女の子を泣かせてしまったのだ。どうして女の子が泣くのか、はじめは、わけがわからなかった。しかし、最後には理由がわかった。女の子はかわいそうに自分も鎖でつながれているのが嫌でたまらなくなったのだ。自分の首のまわりも鎖ですり切れているように感じたのだ。そして、自分は自由なオオカミではないのが悲しくて泣いたのである。

以上、五つの寓話を紹介した。一番目の寓話が子どもに教えるのは、下卑たお世辞である。二番目が教えるのは、不人情である。三番目が教えるのは、不正である。四番目が教えるのは、皮肉である。五番目が教えるのは、独立である。

この五番目の教えは、私の生徒には不要だが、あなたがたの生徒にさずけるべきものでもない。あなたが生徒にさずける教訓がたがいに矛盾するのであれば、あなたの教育努力は、いったいどんな成果を期待してのものなのだろうか。

しかし、それはともかく、私が寓話に反対するための根拠にする道徳というもの全体は、おそらく同時に、あれこれの寓話を保存するための根拠にもなる。社会においては、ことばの上での道徳と実践される道徳のどちらも必要なのだが、この二つの道徳はそれぞれまったく別物だ。前者、ことばのうえの道徳はカテキズム［キリスト教の信仰教育の教材］のなかにあり、誰もさわらぬまま放置される。後者、実践される道徳は、子ども向けにはラ・フォンテーヌの寓話のなかにあり、母親向けにはラ・フォンテーヌの小話《コント》のなかにある。同じ作者ですべてまにあうわけだ。

よろしい、ラ・フォンテーヌさん、おたがい折りあいましょう。私のほうは、こう約束します。あなたの本を好んで読み、あなたを愛し、あなたの寓話から学びます。というのも、私なら寓話のねらいを読みまちがうことはないと思うからです。しかし、もうしわけないが、あなたがつぎのことを私に納得させてくれないかぎり、私は自分の生徒にはあなたの寓話から学ばせたりしません。すなわち、私の生徒が中身の四分の一しか理解できない話でも、それを学ばせるのは生徒にとって良いことだと証明してほしい。生徒に理解できる話のばあい、生徒はけっして話にたぶらかされることがないと証明してほしい。生徒は、登場人物のうち、だまされる側になって用心をするのではなく、だます側になりたがる、などということはないと証明してほしい。

こうして私は、子どもへの宿題をいっさいなくし、子どもをもっとも苦しめる道具、すなわち書物を子どもからとりあげる。本を読まされるのは子どもにとって苦役であり、大人が子どもにあたえることのできるほとんど唯一のしごとなのである。エミールは、十二歳では、書物がどういうものなのか、ほとんど知らないだろう。しかし、ひとびとに言わせれば、少なくとも文字は読めなければならない。それは私も同意する。読書が子どもにとって役に立つものになったとき、たしかに文字は読めなければならない。だが、それまでは、読書は子どもをただ退屈させるだけのものである。

もしも子どもに、大人の意にしたがわせて、何かをやらせるようなことなどあってはならないとしたら、必然的に子どもは、娯楽であれ実用であれ、じっさいにいま自分でやりたいと感じないことはけっして学ぼうとするはずがない。それ以外のどんな動機で、子どもはものを学ぼうとするだろうか。

いまここにいないひとに語りかけ、そのひとの話を聞く技術、遠くにいるひとと直接おたがいの感情や意志を交流しあう技術、それはどんな年齢の者にも有益だと感じられる技術である。そういうきわめて有益で、きわめて楽しい技術が、いったいどうしたはずみで子どもを苦しめるものになってしまったのか。それは、大人が子どもの気持ちを考えずに、その技術をむりやり教えこもうとするからである。そして、子どもが少しも理解できないことにその技術を使わせようとするからである。

子どもというのは、自分を苦しめるような道具なら、それをみがくことにあまり熱心にはなれないものだ。しかし、その道具が子どもの楽しみに役立つようにすると、たちまち子どもは、もうあなたにはとめられないぐらい、それに熱中するようになるだろう。

子どもに字の読みかたを教える最良の方法の探求が、いま世間でたいへん話題になっている。文字箱《ビューロー》［印刷所を模した大きな教育玩具で発明者はルイ・デュマ］や、文字カードが発明された。これは子どもの部屋をまるで印刷所の工房のようにしてしまう。ジョン・ロックは、さいころを使って楽しく文字を教えるのがよいと言う［『教育に関する考察』一四八〜一五五節］。これはなかなかよい案ではないのか。いや、何とも残念な案である。

こうした方法のどれよりも確実なものがある。これまでずっと忘れられてきたものだが、それは、学びたくてたまらない気持ちにさせることだ。子どもにこの気持ちを起こさせたら、そのあとは文字箱だろうが文字カードだろうが、どれでもよい。

いま現実の利害、これこそが大きな原動力であり、われわれを確実に上達させる唯一の原動力なのである。

エミールはときおり、父や母や親戚や友人などから、短いお誘いの手紙を受けとる。昼食会とか散歩とか水遊びとか何かの祭り見物へのお誘いである。この手紙は短く、単純明快で、上手に書かれている。しかし、エミールはそれを自分に読んでくれる誰かを見つけなければならない。この誰かは、いつもうまい具合に見つかるものではない。あるいは、この誰かは、前日に子どもが自分に無愛想だったから、そのお返しをする。こうしてチャンスを失い、時間もすぎてゆく。やっと読んでもらえても、時すでに遅しだ。ああ、自分で読むことができたなら！

そこへ、あたらしい手紙がくる。とても短い手紙である。どんなことが書いてあるか、興味しんしんだ。そこで、子どもはどうにかして中身を知ろうとする。しかし、援助がえられるときもあれば、やはり拒絶されるときもある。子どもは努力をかさねて、とうとう手紙を半分だけ判読した。それは、明日クリームを食べに行きましょう、という手紙だった。でも、どこへ、誰と……、それがわからない。残りの半分を読み解くのに、どれぐらい努力すればよいのだろう。

私はエミールに文字箱《ビューロー》が必要だとは思わない。私はいまここで書きかたについても語ることになるのだろうか。いや、教育を論ずるさいに、そんなくだらないことを語っておもしろがるのは恥ずかしいことだと思う。

私はただ一言だけつけくわえたい。とても重要な格言となるようなことばである。すなわち、たいていのものについて、その獲得を急がない人間こそ、それをきわめて確実に、かつ速やかに獲得する。

エミールは十歳になるまえに読み書きが完全にできるようになっているだろう。私が思うに、それはほとんど確実である。なぜなら、エミールが十五歳になるまで読み書きができなくても、まさしくこの私がほとんど気にしないからだ。むしろ私は、読み書きが役に立ちそうな学問をすべて犠牲にして、読み書きだけを学問として学ばせるぐらいなら、エミールはいっさい読み書きができないほうがましだとさえ思う。読むことがとことん嫌いになってしまったら、読むことができたとしても、それがいったい何の役にたつのだろう。

「何にもまして避けるべきことは、まだ学業を愛することのできない年齢の子供がそれを嫌悪したり、一度味わってしまった苦い想い出のために幼児期が終わった後までも学業をこわがってしまうようにさせてしまうことである」［一世紀ローマの修辞学者クインティリアヌス『弁論家の教育』第一巻第一章二〇節、小林博英訳］

なるべく教えないようにするのが私の教育方法だが、それを主張すればするほど、つぎのような反対の声が強くなるのを感じる。

あなたの生徒は、あなたからは何も学ばないとしても、ほかのひとから学んでしまうだろう。もしあなたが正しいことを教えることによって、まちがいを防いであげなければ、かれはいつわりを学んでしまうだろう。あなたは生徒に偏見をあたえるのを恐れるが、偏見はかれをとりまくあらゆるものからあたえられ、すべての感覚器官をとおってかれのなかへ入ってくるだろう。すると偏見は、かれの理性がきちんとできあがるまえに、かれの理性をダメにするだろう。あるいは、かれの精神は長いあいだ活動しないでいると鈍化し、物質のなかに吸収されてしまうだろう。子ども時代に、ものを考える習慣を身につけておかないと、それ以後一生、考える力がないままになるだろう。

こうした反論に答えるのはたやすいことだと思う。しかし、どうして反論にいちいち答える必要があろう。私の教育方法それ自体が、こうした反論にたいする答えになっていれば、もうそれでいいのだし、もし、それが答えになっていなければ、私の教育方法には何の価値もない。だから私は自分の話をつづけよう。

かりにあなたも、私がすでに描きはじめた教育のプランどおり、既成の規則とはまったく逆の規則にしたがってごらんなさい。そしてあなたも、自分の生徒の精神を遠くへ運ぼうとするのではなく、すなわち、生徒の精神をべつの場所、べつの風土、べつの時代、地球のはて、空のかなたなどで、のべつさまよわせるのではなく、生徒にはつねに自分自身であるようにさせ、本人に直接関係があることに関心を向けるようにさせてごらんなさい。すると、あなたは子どもにも、ものごとを知覚する力、記憶する力、考える力があることを発見するだろう。それはまさしく自然の秩序なのである。

感覚する存在は、活動的になればなるほど、その体力にみあった判別力を身につける。そして、自分の体力が自己保存に必要なもの以上に増大したとき、この余分な体力を自己保存以外の用途に使うための思考能力が、はじめて発達するのである。したがって、あなたが生徒の知性を育みたいのであれば、知性が支配することになる体力をまず育みなさい。生徒の体をたえず鍛えなさい。生徒を賢く、そして理性的にするために、生徒を丈夫で健康にしなさい。生徒に労働をさせ、活動をさせ、走り回らせ、大声をあげさせなさい。いつも動いているようにしなさい。生徒をまず体力において大人にしなさい。そうすればやがて理性においても大人になるだろう。もちろん、こういう方法でも、いつもあなたが指図ばかりしていると子どもは愚鈍になる。しじゅう子どもに、あっちに行け、こっちに来い、じっとしていろ、これをやれ、あれはするな、と言ってばかりいるとそうなる。いつもあなたの頭脳が子どもの手足を操作していると、子どもの頭脳は無用になる。しかし、われわれの約束を思い出してほしい。すなわち、あなたがたんなる学者気取りのひとならば、私の本はあなたが読むような本ではない。

身体の活動は精神の活動を害すると考えるのは、じつに情けないまちがいである。身体と精神はたがいに影響しあって、ともに成長するはずがないというのか。一方の成長は他方の成長につながるはずがないというのか。

身体をたえず活動させている二種類の人間がいる。農民と未開人である。たしかに、どちらも自分の精神の成長にほとんど関心をもたない。農民は不作法で粗野で不器用だ。ところが、これはよく知られていることだが、未開人のほうは感覚が鋭いし、精神も繊細である。一般に、農民ほど鈍重なものはなく、未開人ほど鋭敏なものはない。

このちがいはどこから来るのか。それは、農民はいつも命令されたことしかせず、あるいは父親がしてきたこと、あるいは自分が若いころからしてきたことをそのままつづけるだけだからである。つまり、慣習になっていることしかしないからである。農民はほとんど自動人形のように暮らし、いつも同じ作業に従事する。こうして、農民のばあいは習慣と服従が理性のかわりになっている。

未開人のばあいは、これとまったく異なる。未開人は土地にしばられない。しごとにもしばられない。誰にも服従しない。自分の意志のほかには何の掟《おきて》ももたない。したがって、自分の生活で行動を起こすたびに、どうしても理性を働かせねばならない。体を動かすときも、足を一歩ふみだすときも、あらかじめその結果を考えておかねばならない。こうして未開人は、身体の活動をすればするほど、精神がますます敏活になる。体力と理性は同時に成長し、たがいに助けあって伸びていく。

あなたは学識のある先生だ。では、あなたの生徒と私の生徒で、未開人に似ているのはどちらのほうか。農民に似ているのはどちらのほうか。それを見てみよう。

あなたの生徒は、何ごとについてもつねに教えをさずける権威に服従し、ことばで指図されなければ何もしない。お腹がすいていても何も食べようとしない。おかしくても笑わない。悲しくても泣かない。言われたとおりにしか手を出さず、動けと言われなければ足も出さない。やがては呼吸をすることさえ、あなたの定めた規則どおりにしかできなくなるだろう。

何でもかんでも、あなたが生徒のかわりに考えるのなら、あなたは生徒にいったい何を考えさせたいのか。将来のことについても、生徒はあなたの考えを聞いてすっかり安心しているなら、どうして自分の考えをもつ必要があろう。あなたが生徒の身の安全や生活の安泰を保証するとわかったら、生徒はもうその気づかいをしなくてすむ。生徒の判断はあなたの判断にもとづく。あなたが禁止しないことなら、生徒は、それは実行しても何の危険もないと承知しているので、何も考えずに実行する。雨の前兆とかを、どうして生徒は学ぶ必要があるだろうか。生徒はあなたが自分のかわりに空を眺めてくれるのを知っているからだ。どうして生徒は散歩の時間を自分で決める必要があるだろうか。時間の決定はあなたにまかせても、生徒が昼食をとりそこなう心配はないからだ。食事にかんしても、生徒はあなたが食べるなと言うまで食べる。あなたが食べるなと言えば、もう食べない。生徒はもはや自分の胃袋と相談せず、あなたの意見にしたがうのである。

あなたが生徒に運動をさせずに体をやわにしてしまっても、そのおかげで生徒の頭脳がやわらかくなるわけではない。それどころか逆に、あなたは生徒の心のなかで、理性を大事にする気持ちを失わせてしまう。あなたは生徒がわずかながらもっている理性を、かれにはまったく無益としか思えないことのために使わせるからである。生徒は、理性が何の役に立つのか少しもわからず、けっきょく理性なんて何の役にも立たないと決めつけてしまう。

理性の用いかたをまちがっても、そのとき生徒の身に起こる最悪のことは、せいぜい先生に叱られることだろう。そして、叱られるのはあまりにもたびたびだと、生徒はもうほとんど気にしない。そんなありふれた危険など、もはや怖いものではないからだ。

それでもあなたは、自分の生徒には才気があると思っている。たしかに、ご婦人方とおしゃべりをするときは、才気が働く。その口調の良さも、私はすでに紹介した。しかし、かれが体を張って何かをしなければならないとき、あるいは何か困難な局面で自分の態度を決めなければならないとき、かれはこの上なく粗野な田舎者の息子より百倍も愚かなバカ者であることが、あなたにもわかるであろう。

私の生徒、というより自然の生徒だが、かれはどうなのか。小さいときから、できるだけ自分のことは自分でするよう訓練されている。つねにひとに頼るような習慣はまったくない。ひとに自分の知識をひけらかす習慣はなおさらない。

かれは自分に直接関係することなら、すべて自分で判断する。予測をし、推理をする。ムダぐちを叩かず、行動する。かれは、世間で起こっていることについては一言も語れないが、自分がなすべきことについてはちゃんとわかっている。

いつも動き回っていると、必然的に多くのことがらを観察し、多くの結末を知る。早くから豊かな経験をえる。かずかずの教訓を、人間からではなく自然から学ぶ。かれにものを教えてやろうとする人間はどこにも見当たらないので、かれはますます自分で学ぶことになる。

こうして、かれの身体と精神は同時に鍛えられる。他人の考えではなく、つねに自分の考えにしたがって活動するので、体の動きと頭の働きはたえず合致する。体が強く頑丈になればなるほど、頭は賢くなり、分別もついてくる。

まさしく、これが秘訣だ。一般には両立不可能と思われているが、偉大な人物ならほとんど全員があわせもっている二つの力、すなわち肉体の力と魂の力、賢者の理性とアスリートの活力、この二つをどちらも身につけさせる方法がこれなのだ。

若い教育者よ、私があなたに説いているのは、むずかしい技である。何も教えずに教えること、何もせずにすべてをなすこと。たしかに、そんな技はあなたの年齢には似つかわしくない。しかも、そういう技では、あなたの教育者としての才能を輝かせることにはならず、父親たちから評価されることもない。だがしかし、この技のみが成功につながるのである。

あなたは、まず最初にやんちゃな子どもをつくらないかぎり、けっして賢い人間をつくることはできないだろう。スパルタ人の教育がまさにそうであった。書物にかじりつかせるのではなく、食べるものを盗んでくることを教えた。だからといってスパルタ人は、大人になると粗雑な人間になっただろうか。よく知られるとおり、スパルタ人は論争にも強く、辛辣であった。つねに勝利するように育てられたかれらは、いかなる種類の戦いにおいても相手を粉砕する。おしゃべり好きのアテネ人でさえ、スパルタ人の剣による攻撃と同じくらい、スパルタ人の弁舌を恐れたのである。

この上なく心をくだいて教育をおこなっている教師は、子どもに命令をし、それで子どもを支配しているつもりになる。しかし、じっさいの支配者は子どものほうだ。子どもは、あなたが何かを子どもにやらせたがるのを利用して、自分が望むものを手に入れる。たとえば、うんざりするような一時間をガマンすれば、お気楽な一週間が手に入ることを、子どもはかならず知っている。

あなたはいつもそのつど子どもと取引をしなければならない。取引をあなたはあなたの流儀で申し出るのだが、子どもは子どもの流儀で実行するので、取引はつねに子どもの願いがかなう方向で決着する。とりわけ、あなたの条件設定がへたくそなばあいはそうなる。つまり、その条件なら、子どもがそれを守ろうと守るまいと、子どもは欲しいものが確実に手に入るのに、あなたはそれを交換条件として子どもにおしつけたりする。

一般に子どもは、先生が子どもの心を読むよりも、はるかにたくみに先生の心を読むものだ。それも当然である。なぜなら、子どもは、自分で自分の身を守るときのためにさずけられた知恵のすべてを、いまは自分の自然の自由を圧制者の束縛から救い出すために用いるのにたいし、先生は子どもの心のうちを読みとることに、さほどさしせまった関心をもたず、むしろ子どもの怠慢さや虚栄心をそのままにしておいたほうが、自分にとってはつごうがいいと思ったりもするからである。

あなたは、生徒とは逆の手をとりなさい。生徒のほうが支配者だと生徒には思わせて、じつはあなたがつねに支配するのだ。見かけの自由が保たれている隷属状態ほど完全な隷属状態はない。こうすれば意志そのものをも囚人にすることができる。

何も知らず、何もできず、何もわからないあわれな子どもは、あなたの意のままになるのではないか。生徒にかんするかぎり、あなたはかれのまわりにあるものをすべて自由に使えるのではないか。あなたは生徒の心さえ自分の好きなように動かせるのではないか。生徒のしごとも遊びも、楽しみも苦しみも、すべて生徒が知らぬまま、あなたの手のなかにあるのではないか。

たしかに、生徒には、生徒自身が望まないことをさせてはならない。しかし、生徒は、あなたが望むとおりのことしか望んではならない。生徒は、あなたが予想もしなかった方向には、一歩も進んではならない。生徒は、あなたが生徒の言うことをあらかじめ承知していないかぎり、けっして口を開いてはならない。

そうすると、生徒がその年齢に必要な身体の訓練にどれほど打ち込んでも、精神が愚鈍になることはない。するとまた、生徒は自分をしばる専制支配から逃れるために策をこらすのではなく、自分の置かれた環境を自分の現実的な幸せのために利用することに心をくだくようになる。するとまた、生徒は、手が届くものをすべて自分のものにするための工夫、ひとの意見にたよらずにものごとをほんとうに楽しむための工夫において、あなたが驚くほどの鋭さを発揮するようになる。

こうして、生徒に完全な自主性を許しても、それはけっして生徒のわがままを助長することにはならない。生徒がしたいことだけやらせても、生徒はやがて自分がなすべきことしかしなくなる。そして、生徒の体はのべつ動いていても、かれの関心がいまじっさいに感じられることにあるかぎり、生徒の理性はたんに理論的な勉強をしているときよりも、はるかに伸び伸びと成長し、はるかに本人にふさわしい形で身につくであろう。

こうして生徒は、あなたが何かとかれの邪魔をしたがる者ではないとわかると、あなたを警戒する必要はなく、あなたに隠すことは何もないので、もうあなたをだましたり、ウソをついたりすることもない。何の恐れももたず、ありのままの自分をあなたに見せる。あなたは思いのままに生徒を研究できるし、そして、あなたが生徒にあたえたい授業を、生徒に少しもそれが授業だとは気づかれずに、生徒の身のまわりで展開することができる。

しかも生徒は、あなたのふだんのおこないを嫉妬と好奇の目で見張ったりしないし、あなたのまちがいを見つけてこっそり楽しんだりもしない。われわれはこういうとても困った問題を避けることができる。

子どもがとても熱心にすることのひとつは、前にも述べたように、自分を指導する人間の弱点を見つけることである。この傾向は邪悪な心につながるものだが、邪悪な心から生まれるものではない。わずらわしい権威から逃れたいという欲求から生まれるのである。生徒たちは、押しつけられた束縛があまりにも苦しいので、それを払いのけたくてたまらない。生徒が見つけた先生の欠点は、そのための手段として使える。ところが、そうするうちに、ひとをただ欠点によって観察し、ひとの欠点を見つけて喜ぶという習慣が身についてしまう。

エミールにおいては、明らかに、ここでも悪徳の心のわきあがりを防ぐことができる。つまり、エミールは私の欠点を見つけることにまったく関心がないので、それを私のなかに探そうともしないし、ほかの人間にたいしても、その欠点を探す気にはほとんどならないのである。

こうした教育法はひとが思いつかないことなので、その実践はすべてむずかしいことのように見える。しかし、じっさいには少しもむずかしいことではないはずだ。あなたは自分が選んだしごとを実行するのに必要な知識をそなえている。これは当然だろう。そして、あなたは人間の心の自然な成長についても知っている。あなたは人間一般についても個人についても研究することができる。あなたは、生徒がその年齢ゆえに心を引かれるものを生徒の目の前にさしだせば、生徒の意志をどこまでためることができるか、すでに知っている。これも当然そのはずである。

つまり、あなたは道具をもち、その使いかたも十分に心得ているわけだ。とすると、あなたは自分のしごとを難なくこなせるのではないのか。

あなたは、子どもというのはわがままなものだ、と反論するだろう。しかし、それはまちがっている。子どものわがままは、けっして自然の産物ではない。それは悪いしつけの産物なのである。つまり、子どもをただ服従させるか、いばらせるか、どちらかだったからだ。私が何度も言ったように、それはどちらもさせてはいけないことであった。

したがって、あなたの生徒がわがままだとしたら、それはあなたがさずけたものにほかならない。あなたが自分のあやまちゆえに罰を受けるのは正当なことである。

では、わがままを直すにはどうすればいいのか、とあなたは言うだろう。このばあいにも、やはり、もっと上手な指導とたくさんの忍耐が必要なのかもしれない。

私はかつて、ある子どもの世話を数週間ひきうけたことがある。その子は、いつでも好き勝手にふるまい、まわりを自分にしたがわせることに慣れていて、したがって、ものすごくわがままな子であった。

最初の日、かれは私がどれくらいお人好しなのかを試すため、真夜中なのにもう起きようとした。私がぐっすり眠っているときに、かれはベッドから飛びおり、部屋着を着て、そして私を起こす。私が起き上がって、ろうそくに火をともすと、かれはもうそれ以上のことを求めなかった。十五分もたつと、かれは眠たくなり、自分がおこなったテストに満足してベッドにもどる。

二日後、かれはまた同じテストをし、また同じく成功する。私のほうも、けっしてイライラしたようすは見せない。ただし、かれがふたたびベッドに入って私にキスをするときに、私は静かにかれの耳もとでこう言った。

「あのね。うまくいきましたね。でも、もうやっちゃいけません」

かれはこのことばに好奇心を刺激され、私がどれくらい不服従な人間なのか知りたくて、翌日もやはり真夜中に起き、私を起こさずにはいられなかった。

どうしたんですか、と私が尋ねると、眠れないんだ、と言う。私はただ「それは、それは」と答えただけで、あとは何も言わなかった。かれは私に、ろうそくをつけて、と言う。私は「どうして」と尋ね、あとは黙っていた。私のぶっきらぼうな口調にかれは困惑しはじめる。

かれは手探りで火打ち石を探しに行った。どうやら自分で石をたたいているようである。ところが自分の指をたたいたのが聞いてわかり、私はおかしくてたまらなかった。けっきょく、かれは自分では火をつけられないとあきらめ、火打ち石を私のベッドまでもってきた。私は「私は暗いままでいい」と言って、むこうを向いた。

するとこの子は叫んだり、歌ったり、とにかく大騒ぎしながら、むやみに部屋のなかを走りまわりはじめた。テーブルにぶつかり、イスにぶつかったりするが、ぶつかってもあまり痛くないよう本人はしっかり用心している。ぶつかって激しく泣くのは、私に不安な思いをさせたいからだ。そんな手はまったく通用しない。子どもは私が怒ったり説教したりするものと思っており、私の冷静さにすっかり面くらっているようであった。

それでもかれは、しつこくがんばって私の忍耐心をくじけさせようと決意する。こうしてひたすらに騒ぎつづける。おかげで私も、ついにはかれが狙ったとおりに、熱くなってしまったが、ここでやみくもに逆上したのでは何もかもが台なしになるとわかっていた。そこで私は裏技をつかうことにしたのである。

私は黙って起き上がり、火打ち金《がね》を取りに行ったが見つからず、子どもに持ってくるように頼んだ。子どもは、とうとう自分が勝負に勝ったと思い、喜び勇んで火打ち金を持ってきた。

私は火打ち金を叩いて、ろうそくに火をつけた。それから私は子どもの手をとり、かれを静かに寝室の隣の小部屋に連れていった。その小部屋は窓のよろい戸がしっかり閉まっており、部屋のなかには壊れるものはひとつもなかった。私は明かりがまったくないその小部屋に子どもを置き去りにする。そして、ドアにカギをかけ、子どもを閉じこめる。子どもには一言も声をかけず、そのままベッドに戻って寝る。

もちろん子どもは、最初は大騒ぎだ。それは予想されたことであり、私はまったく動じなかった。最後には騒音も聞こえなくなる。聞き耳をたてると、子どもは落ち着いたようだとわかり、私も安心した。

翌朝、明るくなってからその小部屋に入ってみると、あの騒ぎ屋は長いすで寝ていた。いかにもぐっすりと眠り込んでいる。あれほど騒いだので疲れはて、ぐっすり眠る必要があったのだ。

事件はそれで終わりではなかった。

母親は、子どもが夜の三分の二をベッドの外ですごしたことを知ったのだ。たちまち、すべてがムダになった。まるで子どもがそれで死んだかのような騒ぎになった。子どもは私に仕返しをするチャンスと見て、病気になったふりをする。そんなことをしても何にもならないのに、子どもにはそれがわからないのである。

医者が呼ばれた。母親にとっては不幸なことに、この医者はふざけるのが好きな変な男だった。かれは母親が心配しているのをおもしろがり、その心配をさらにつのらせるようなことばかり言う。そして、私には耳もとでこうささやいた。「まかせてください。私が治療すると、この子は病気のままでいたい気持ちをじきになくしてしまいます」。じっさい、子どもは食事を制限され、部屋に寝かされ、そして薬を飲まされた。

私は、母親がかわいそうにこうして子どもからも医者からもだまされているのを見て、ため息をついた。とにかく、彼女のまわりにいる人間で彼女をだましていないのは、私だけであった。そして、まさしく私だけが彼女をだまさない人間であったがゆえに、私は彼女から憎まれたのである。

母親は、私をかなり厳しく非難したあと、こんなことを言う。すなわち、息子は体が弱い。この家の唯一の相続人である。どんな犠牲をはらってでも息子を守らねばならない。そして、息子は伸び伸び育てたい、と彼女は言う。彼女のこの望みについては私もまったく賛成だ。ところが母親の理解によれば、伸び伸び育てるというのはすべてにわたって子どもに服従することを意味した。私はこの母親にたいしても、その息子にたいしたときと同じ調子で応じる必要があると感じた。

私はかなり冷ややかな口調でこう答えた。「奥様。あいにくながら私は、相続人の育てかたについては、まったく知りません。また、そういうものを学びたいとも思いません。その点を踏まえたうえでどうするか、お考えください」

それでも私はしばらくは必要とされた。父親がすべてを丸くおさめた。母親は元の家庭教師に、早く戻ってくるよう手紙で催促した。そして子どもは、私の睡眠を邪魔しても病気のふりをしても何の得にもならないことがわかったので、けっきょくは自分もちゃんと眠るようになり、体が弱いふりもしなくなった。

この小さな暴君があいうわがままをどれほど重ね、家庭教師を自分の意のままにしたがわせてきたか、ひとは想像もできまい。なにしろ、教育はあの母親の監視のもとでおこなわれた。母親は、たとえどんなことであろうと教師がその家の相続人である子どもの意にしたがわないのは許せなかった。

子どもが外に出たいと思ったら、いつ何時であろうと教師は子どもを連れていけるように、というか、子どもについていけるようにしていなければならなかった。そして、子どもは教師がいちばん忙しそうにしているときをうかがい、わざとそのときを選ぶことに心をくだいてきたのである。

子どもは私にたいしても同じようなやりかたで支配をしたがった。夜には私に手出しできないので、かれは昼間にその仕返しをしようとした。私のほうはどんなことにも喜んで応じた。最初のうちは、かれに喜んでもらえることを私も喜んでやっているのだと、子どもの目にはっきりそう見えるようにふるまった。それから、子どものわがままを治すのが課題になったときに、私は態度を一変させた。

まずは、子どもがあやまちをおかさせるよう、仕組まねばならなかった。これはむずかしくなかった。子どもというのはいま現在のことしか考えないものだとわかっていたので、私は先のことまで考えることによって、難なく子どもよりも優位な立場に立ったのである。私は、その子がとってもおもしろがる遊びを知っており、それをかれが家のなかでできるよう工面した。そして私は、かれがそれに夢中になっている瞬間を見計らって、外へ散歩に出ようと声をかけに行った。かれは私を追い払おうとする。私はくいさがる。かれは耳をかさない。私は降伏せざるをえなかった。かれはまさしくこれを隷従のしるしとして心に刻んだ。

翌日は私の番であった。私が仕組んだとおり、子どもは退屈していた。私は逆に、自分のしごとで忙しそうにしてみせた。かれのやる気を引きおこすにはそれで十分であった。案のじょう、かれは私に、さっさとしごとをやめて散歩に連れていけ、と言いに来た。私が断ると、かれはなおもせがむ。

私はかれに言った。「いやです。あなたは自分のしたいようにしたので、私もそれにならって自分のしたいようにします。私は外に出たくありません」。すると、子どもは大声で「じゃあ、いいよ、ひとりで行くから」と言う。私は「どうぞ、お好きなように」と答えて、また自分のしごとにとりかかった。

子どもは服を着がえる。私が何も手伝わず、服を着がえたりもしないのを見て、かれはやや落ち着かないようすである。外出のしたくができると、私に挨拶をしに来た。私も挨拶を返す。かれはこれからたいへんな旅に出かけるみたいなことを言って、私を心配させようとした。その話しぶりは、まるで世界のはてにまで行くかのようである。しかし、私は少しも動じず、ただ「行ってらっしゃい」と返事した。かれはますます困惑する。

それでも子どもは平静をよそおい、外に出かけようとして、下男に「ついてこい」と言う。下男は、私に言いふくめられていたので、いまはヒマがありませんと答えた。下男は私が命じたしごとで忙しく、子どもよりも私の命令にしたがわねばならないから、と返事したのである。

これに子どもはショックを受ける。もう、わけがわからなくなる。自分はまわりの誰にとっても大事な存在のはずであり、天も地も自分をやさしく包んでくれていると思っていたのに、いまは、たったひとりで外に出されようとしている。これをどう考えたらいいのか。

このとき、かれは自分の弱さを感じ始める。かれのことを何も知らないひとびとのなかへ、たったひとりで入っていくのだとわかってくる。これから出会うさまざまの危険が早くも目に浮かぶ。もう意地だけがかれを支える。しぶしぶ階段をゆっくり降りる。ついに通りに出る。もし悪いことが起きれば、それは家庭教師の責任にされるだろうという期待でわずかに慰められながら、外に出た。

まさしくそれを私は待っていたのだ。準備はすべて整っていた。これは一種の芝居の公演のようなもので、あらかじめ父親の承諾をえていた。子どもは何歩も歩かぬうちに、右からも左からも、自分のことをあれこれしゃべる声を耳にする。

「あら、かわいいお坊ちゃま。たったひとりでどこへ行くのかしら。迷子になっちゃうわ。うちにおいで、と言ってあげたい」

「あなた、それはおよしなさい。見てわからないのかい。あれはひとりで勝手なことをする子どもだ。ちゃんとしたことは何もできないので、親の家から追い出されたのさ。ああいう素行不良《リベルタン》は家に引きこんではいけない。それこそ、どこへでも勝手に行かせればいい」

「あら、まあ、それならあの子の無事を神に祈るしかないわね。あの子が不幸な目にあわなければいいんだけど」

もう少し先へ進むと、子どもは自分とほぼ同じ年ごろのわんぱくな連中と出会う。連中から脅され、からかわれる。子どもは先へ進めば進むほど弱ってしまう。ひとりぼっちで、守ってくれるひともなく、誰からももてあそばれる。かれがたいへん驚き、そして痛感させられたことは、肩につけた飾り結びも金モールもけっして尊敬にはつながらないということである。

このとき、私は子どもに顔の知られていない私の友人に、子どもを見張ってくれるよう頼んでおいた。友人は子どもに気づかれぬよう尾行し、頃合いをみて子どもに声ガをかけた。この役は『モリエールの喜劇』『プルソニャク氏』に出てくる策士スブリガニのように機転の利く人間を必要とするが、私の友人はみごとにその役割をはたした。いたずらに恐怖をあおって子どもを心配症の臆病者にするのではなく、子どもが気ままに遠出することの軽率さをちゃんと実感させた。それで三十分後には、子どもはおとなしく、恥ずかしくて顔も上げられないといったようすで、私のもとへ連れもどされた。

子どもの冒険の挫折に、さらに仕上げの一撃が加わる。ちょうど子どもが家にもどったとき、父親が家を出ようと階段を降りてきて、そこで息子と出会った。子どもは、どこへ行っていたのか、どうして先生がついていないのか、を話さないわけにはいかなくなった。[*34] その子はしょげて、地面の奥底にもぐっていきたがった。父親は、けっして長々と説教をたれて自己満足する人間ではなく、私が期待していた以上にそっけなく、子どもにこう言った。

「ひとりで外出したいときには、勝手にそうしてよい。ただ、私はならず者を自分の家には置きたくない。だから、そうしたくなったら、もうこの家にはもどらないつもりでそうしなさい」

私はというと、子どもをしかったりせず、からかったりもしなかったが、ちょっといかめしい顔で子どもをむかえた。そして、あれは全部お芝居だったのかと子どもに疑念をもたれぬよう、私はその日は子どもを散歩に連れていかないことにした。翌日、子どもは前の日にひとりで歩いたとき自分をからかったひとびとのまえを、私といっしょだと胸を張って歩く。私はそれを見てとてもうれしかった。もう私を連れず、ひとりで外出するなどと言って私を脅すことはないと確信できた。

こうしたやりかた、またこれと似たようなやりかたによって、私はこの子とすごした短い期間に、私が望んだとおりのことをかれにさせることができた。私は、子どもに何ひとつ命令せず、禁止もせず、説教も奨励もせず、ムダな教訓を並べて退屈させもせずに、それができたのである。

だから、私が何かをしゃべっているときは、かれは満足し、私が黙ると、不安なようであった。そのばあいは何かまずいことがあったのだ、とわかるからだ。そして、教訓はつねに事物そのものからあたえられたのである。

さて、本題にもどろう。

＊34 こういうばあいは、子どもに真実を語るよう要求するのは何ら悪くない。なぜなら、こういうとき真実は隠しようがないこと、たとえウソをついてもそ

れはすぐにウソだとわかってしまうことを、子ども自身がよく知っているからである。

前にも述べたように、たえずこうした自然のみを指針とする訓練がなされると、肉体は鍛えられるし、精神が動物化することもない。いや、それどころか、幼い子どもがもちうる唯一の種類の理性、そしてあらゆる年代の人間にもっとも必要な種類の理性が、この訓練によってわれわれの内面で形づくられていくのである。この訓練によってわれわれは、自分の力の使いかたを学び、自分の体と周囲の物体とのかかわりかたを知り、自分の手のとどくところにあって自分の感覚器官に適した自然の道具の用いかたも学ぶことができる。

いつも部屋のなかで母親に見守られながら育った子どもは、重さとか抵抗がどんなものかわからないので、大木を引き抜きたがったり、巨石を持ち上げたがったりする。こういう子どもの愚かさほど愚かなものがあるだろうか。

じつは私も、はじめてジュネーヴの市外に出たとき、駆けていく馬のあとを追おうとしたり、二里［約八キロ］も離れたサレーヴの山にむかって石を投げたりした。私は村の子どもたち全員の笑いものになった。かれらにとって私はほんとうの愚かものであった。

われわれは十八歳になって哲学で「てこ」がどういうものかを学ぶが、農民の子は十二歳でも、アカデミーの最良の機械技師より上手に「てこ」が使えない子はひとりもいない。小学生が校庭で友だちどうしで教えあうことは、教室で先生に教わるすべてをあわせたより、百倍も有益である。

猫が部屋にはじめて入ったときのようすを見るとこうだ。あちこちうろつき、見まわし、においをかぎ、一瞬たりともじっとしていない。あらゆるものを調べ、すべての正体がわかるまで、何も信用しない。

歩きはじめの子ども、いわば世界という空間にはじめて入ったときの子どもも、同じようなことをする。違いといえば、ものを観察するために視覚（これは両者に共通）に加えて、子どもは自然から授かった手の触覚を使い、猫はこれも自然から授かった繊細な嗅覚を使うことぐらいである。自然から授かったこの資質がちゃんと伸ばされたかどうかで、子どもは器用にもなり不器用にもなり、鈍にもなり機敏にもなり、軽率にもなり慎重にもなる。

こうして、人間の最初の自然な衝動は、自分のまわりにあるものすべてと自分を比べてみることであり、目にとまったものひとつひとつにおいて、これは自分と何かしら関係がありそうだと思える感覚的な性質をすべて見出すことである。したがって、人間がおこなう最初の学問は、自己保存にかかわる一種の実験物理学なのである。ところが人間は、この世界における自分の位置をきちんと認識するまえに、頭のなかだけの学問によって最初の学問から遠ざけられる。

はじめのうち、人間の身体は繊細で柔軟で、働きかける物体にちゃんと対応できる。感覚もまだ純粋で、錯覚を免れている。まさにそのあいだに、身体も感覚も、それぞれの本来の機能を鍛えるべきである。そして、まさにそのあいだに、事物とわれわれとの感覚的な関係を認識することを学ばねばならない。

人間の精神のなかに入ってくるものはすべて、感覚を通して入ってくる。ゆえに、人間の最初の理性は感覚的な理性である。この感覚的な理性が、知的な理性の基礎となる。自分の足、自分の手、自分の目が、われわれの最初の哲学教師なのである。そうしたものによってではなく、書物ですべてを教えようとするのは、われわれに自分で考える力を育ませることにはならない。それは、われわれに他人の考えを用いることを教えるだけだ。つまり、もっぱら信じることを教え、そして、何も知らないままでいいと教えるようなものである。

何であれ、技術を鍛えるためには、まずその道具を手に入れなければならない。そして、その道具は、ちゃんと使えるものであるためには、使用に耐えられるぐらい丈夫に作られていなければならない。

同じく、考えることを学ぶためには、まずわれわれの知性の道具である自分の手足、自分の感覚、自分の器官を鍛えねばならない。そして、その道具を最大限に活用するためには、それらの大本である身体がたくましくて健康でなければならない。

したがって、人間のほんとうの理性はけっして肉体とは無関係に形成されるものではなく、まさに健全な肉体こそが精神の働きを容易にし、正確なものにするのである。

ひとは子ども時代の長いヒマな時間を何のために用いるべきか。私はこれからそれを示しながら、細かな話に入っていく。それはバカげた話と思われるかもしれない。そして、こうも言われるだろう。「それが教育だとは、おこがましい。それはあなた自身が批判しているものではないのか。あなたが教えるのは、少しも学ぶ必要のないことばかりではないか。教えなくてもかならずひとりでに覚えてしまうこと、苦もなく簡単に覚えられるようなことのために、どうしてわざわざ教育の時間をつぶさなければならないのか。あなたが生徒に教えたいと思っていることは、生徒がすでにほかの教師たちから教わったことでもあり、十二歳の子どもならそんなことぐらい、とっくに知っているのではないのか」

いやいや、みなさん、思いちがいをしておられる。私が自分の生徒に教えるのは、習得するのにとても時間と忍耐を要する技術である。あなたがたの生徒にはけっして身につけられないような技術である。すなわち、私が教えるのは無知になる技術である。なぜなら、自分の知っていることだけが自分の知識だと思うような人間になったら、その知識はきわめて狭いものになってしまうからだ。

あなたがたは学問を教える。けっこうなことだ。いっぽう私は、学問を身につけるために必要な道具のほうに、もっぱら気をつかう。昔の逸話だが、ヴェニス人がスペインの大使に、サン・マルコ寺院の宝物を盛大に積みあげて見せたとき、スペインの大使はそのテーブルの下をのぞいて、お世辞のつもりで「根っこはないんですね」と言ったそうだ。私も、教師が自分の生徒の物知りぶりをひけらかすのを見るたびに、同じことを言いたくなる。

古代人の生きかたについて思いをめぐらしたひとはみんな、古代人が現代人よりもあきらかにすぐれて肉体的にも精神的にもたくましいのは、体育の鍛錬のおかげだと考える。

とくにモンテーニュはこの考えを支持する。その語り口はかれがどれくらいそれにのめりこんでいたかを示す。かれはくりかえしくりかえし、表現をさまざまに変えながら、そこにもどる。かれは子どもの教育について語りながら、こう述べるのである。「精神を強くするためには、筋肉を強くしなければならない。子どもを労働に慣れさせれば、苦痛にも慣れさせられる。脱臼や腹痛、その他あらゆるつらいことに耐えられるようにするために、子どもを体育の鍛錬でつらいことに慣れさせておく必要がある」

賢人ジョン・ロック、善人シャルル・ロラン［一六六一～一七四一、教育学者］、博学者クロード・フルーリ［一六四〇～一七二三、教会史家］、衒学者《げんがくしゃ》ド・クルーザ［一六六三～一七五〇、スイスの哲学者］などは、ほかの点では意見がことごとく異なっていても、子どもの体をおおいに鍛えるべきであるという一点においては、みんな意見が一致する。この意見はかれらが授けたさまざまの教えのなかで、いちばんまっとうなものでありながら、それはいま、そしてこれからもずっと、いちばん軽んじられるものなのである。

体育の重要性については、すでに十分に語ってきた。体育にみごとな理由づけをし、誰もがなっとくできるかずかずの規則をあたえることにおいては、ロックの本を超えられる者はいない。だから、私もかれの本を推薦することで満足したい。ただ、そのまえに、ほんのいくつか私なりの考察を、勝手ながらつけ加えさせていただく。

成長している子どもの手足は、衣服を着ても楽に動けるようにしなければならない。衣服は、体の動きや体の成長を妨げるものであってはならない。ぴったりしすぎたり、体にくっついたり、体をしばるものであってはならない。

フランス風の衣服は、大人が着ても窮屈だし健康に悪い。子どもにとってはなおさら有害だ。体液は循環を妨げられて、そのまま動かずによどむ。そのうえ、家にひきこもって体を動かさずにいると、よどみはさらに増す。体液は腐敗し、壊血病をひきおこす。この病気はわれわれのあいだではますますありふれた病気になっているが、古代人のあいだではほとんど知られていなかった。古代人の衣服の着かたと生活のしかたが、この病気を予防したのである。

軽騎兵のような服装はこうした問題点をなくすどころか、さらに悪化させる。子どもの体を何カ所か紐でしばりつけることはしないかわりに、体の全体をしめつけるものだからである。子どもにとっていちばん良いのは、できるだけ長いあいだ赤ちゃん服のままでいさせ、そのつぎには、とてもゆったりとした服を着せること。そしてまた、子どもの体つきを目立たせる服を着せて自慢気にしないことである。そんな服はただ子どもの体を不格好にするだけだ。

子どもの体の問題と心の問題は、ほとんどすべて同じ原因から生じる。それは、大人たちがしかるべき時期よりも早く子どもを大人にしたがることから生まれる。

服の色には、明るい色としずんだ色がある。子どもは明るい色のほうが好きだし、また、そのほうが似合う。このごく自然な組みあわせをどうしてひとびとは考慮しないのか。私には理由がわからない。しかし、子どもが生地の豪華さで服を選ぶようになったら、子どもはすでに奢侈《しゃし》に心を奪われ、とにかく軽薄な世間の流行に左右されるようになっている。こうした好みが子ども自身のうちから生じてきたものではないことはたしかだ。

服の選びかたとその服を選ぶ動機が、教育にどれほど大きな影響をおよぼすか。それはとてもはかりしれない。

分別のない母親は子どもにご褒美《ほうび》として身を飾る品をあたえ、分別のない教師は自分の生徒に罰として、粗末でかっこうの悪い服を着せるぞと脅かす。つまり、もっとよく勉強しないと、あるいは、もっときちんとした服装をしていないと、農民の子みたいな服を着せるぞ、と言う。これは子どもにむかってこう言うにひとしい。「覚えておきなさい。人間は服装で決まる。服装の値打ちが、そのままあなたの値打ちになるのだ」

若者がこういうじつに賢明な教えのおかげで、ひとをただ装身具で評価し、ひとの価値を外見だけで判断するようになっているのは、驚くべきことだろうか。

そういうふうになってしまった子どもの頭をもとにもどさねばならないとしたら、私はわざとこうしようと思う。子どもの着るいちばん豪華な服はいちばん着心地が悪いものにする。つまり、着ればかならず窮屈で苦しく、どうしても絶対に不愉快になるような服にする。豪華な服を着た子どもからは、自由で陽気な気分も失《う》せるようにする。また、そんな服を着た子は、質素な服を着たほかの子どもたちの遊びに加わりたいと思っても、そこに近づいたとたん、みんな遊びをやめて、どこかへ行ってしまうだろう。こうして、私はこの子を退屈へ追いこむ。自分の豪華な服にあきあきさせる。自分は金ピカな服の奴隷だったとわからせる。けっきょく、豪華な服は自分の生活にとって災いなのだとわからせる。子どもは、そんな装飾品で身支度させられるよりも、まっくらな牢獄のほうがよほど恐怖は少ないと思うまでになるだろう。

子どもが大人の偏見にむりやり従わせられることがなければ、やはり気楽で自由に生きるのが、子どものいちばんの望みなのである。もっとも簡素で、もっとも着心地のよい服、体へのしめつけがもっとも少ない服、やはりそういう服が子どもにとっていちばん良い服なのである。

人間の体質にも、動き回るのに適した体質と静かに暮らすのに適した体質がある。後者のばあい、どの体液も一様にきちんと循環しているので、外気の変化から体を保護しなければならない。前者のばあい、体はたえず動きから休息へ、暑さから寒さへ移させられるので、体のほうをこの変化に慣れさせなければならない。

そこで、あまり外に出ずもっぱら家のなかですごすひとは、体の温度をほとんどつねに一定に保つために、夏でも冬でも、また昼でも夜でも、いつも厚着をしなければならないことになる。反対に、風や日光や雨にさらされながらあちこちに行き来し、さかんに活動して、一日の大半を屋外ですごすひとは、どんな空気にも、どんな気温にも慣れて平気でいられるようになるために、いつも薄着でなければならないことになる。

私は、どちらのひとにも、季節によって服を変えないようにすすめたい。私のエミールには、いつも同じような服を着せる。もちろん、それは屋敷にこもるひとのように、夏でも冬の服という意味ではない。重労働をするひとのように、冬でも夏の服を着せたい。まさしくこの習慣を一生涯つづけたのが、サー・アイザック・ニュートンである。そして、かれは八十歳まで生きた。

帽子は、どの季節にもほとんど、あるいはまったく必要ない。古代エジプト人は頭に何もかぶらなかった。ペルシャ人は大きなフェルト帽をかぶったうえに、大きなターバンまで巻いていた。ジャン・シャルダン［一六四三〜一七一三、冒険商人］の旅行記によれば、あの国の気候がそれを必要とさせるのだそうだ。私がべつの本でも紹介したことだが、*35 ヘロドトス［古代ギリシアの歴史家］の戦場での観察によれば、ペルシャ人とエジプト人では頭蓋骨のできがちがっていた。脳を衝撃から守り、風邪や炎症やあらゆる外気の影響からも守るには、頭の骨をより堅固にし、より頑丈にするのが肝要であるから、あなたの子どもには夏も冬も、昼も夜も、いつだろうと帽子をかぶらないでいることに慣れさせなさい。もし、あなたが子どもの髪を清潔に保ち、また髪の毛がくしゃくしゃにならないようにしたくて、夜は帽子をかぶせたいのであれば、バスク人が頭髪を包むのに使う網みたいな、薄い透かし編みの縁なし帽にしなさい。

たしかに、たいていの母親は、私の理屈よりシャルダンの観察のほうに強く心を打たれて、どこでも気候はペルシャと同じだと思いたがるだろう。しかし私は、自分のヨーロッパ人の生徒をわざわざアジア人に変身させたいとは思わないのである。

＊35　『演劇について——ダランベールへの手紙』、初版［一七五八年］一八九頁［今野一雄訳、岩波文庫、一九七九年、原注五四、二六七〜二六八頁］

一般に、子どもは厚着をさせられる。とりわけ赤ちゃんのころはそうだ。しかし、子どもは暑さよりむしろ寒さに耐えられるようにしなければなるまい。小さいころから寒さに慣らしておけば、厳しい寒さでも大丈夫になる。いっぽう、子どもの皮膚はまだ柔らかく、ぷよぷよしており、汗もかきやすいので、ひどい暑さのなかでは子どもはどうしても疲労してしまう。だから、じっさいにも知られるとおり、八月はほかのどの月よりも子どもの死者の数が多いのである。さらにまた、北方の民族と南方の民族との比較によってたしかめられるように、ひとは極度の暑さに耐えることよりも極度の寒さに耐えることで、いっそう丈夫になるようだ。しかし、子どもは体が大きくなり、筋肉も強くなるにつれて、少しずつ太陽の光線に耐えられるようにしていきなさい。それを少しずつ進めていけば、あなたは危険をおかすことなく、子どもを熱帯の暑さにも耐えられる体にすることができよう。

ジョン・ロックは、われわれに力強くて理にかなう教えをたくさんあたえてくれるが、あれほどきちんとした理論家でありながら、思いもよらぬところでいくつかの矛盾におちいっている。

このひとは、子どもに夏は冷水浴をさせたいとしながら、同時に、暑いときに冷たいものを飲むのはよくないと言い、また、湿った草地に寝そべるのもよくないと言う。[*36]しかし、かれは子どもの靴はいつでも水で濡れているほうがいいとも言うのだから、まして子どもが暑がっているときに靴は濡れていないほうがいいことになるのだろうか。また、かれは手について言えることは足についても言えると言い、顔について言えることは体についても言えるとしているのだから、足について言えることは体についても言えるのではないのか。私はロックに言いたい。あなたは「体の全体が顔だと考えなさい」と書いている。ならば、私が「体の全体が足だと考えたい」と言っても、どうして私を非難できよう〔ロック『教育に関する考察』第五〜七節参照〕。

＊36 それではたして、農民の子どもはよく乾いた地面を選んで座ったり寝そべったりするのだろうか。地面の湿り気のせいで病気になった子がひとりでもいると、そういう風聞があったのだろうか。医者からそんな話を聞いたら、ひとびとは、未開人はリューマチで体がまったく動かなくなっていると信じてしまうだろう。

ロックは、暑いときに子どもが水を飲むのをやめさせるために、子どもには水を飲むまえにまずパンを一切れ食べるのを習慣づけるべきだと言う。しかし、子どもの喉が渇いたときに、ものを食べさせねばならないとは、じつに妙な話だ。私は、子どもが空腹のときには水を飲ませることのほうが、よほどまともだと思う。

はたしてわれわれの基本的な欲求である食欲は、それを満たすときはいつも命がなくなりそうなときだというような、不規則なものなのか。そんな説に私はまったく納得できない。かりにその説が正しいとしたら、人類は生き残るすべを学ぶまえに、百回も滅んでしまっているだろう。

私は、エミールには、喉が渇いたらすぐに飲み物をあたえたい。私があたえたいのは、何も手を加えない純粋の水だ。かれがどんなに汗びっしょりになっていようと、また冬のまっただ中であろうと、水を温めたりもせずに、そのままあたえる。

このとき、ただ一点だけ気をつけてほしいのは、水の区別である。もしそれが川の水なら、川から汲《く》みたての水をすぐに飲ませなさい。もしそれが泉の水なら、飲ませるのは、汲んでしばらく放置しておいたものでなければならない。

暑い季節には、川の水は温かいが、泉の水はそうではない。空気に触れなかったからだ。だから、大気と同じ温度になるにはしばらく待たねばならない。冬は反対に、泉の水のほうが川の水より危険は少ない。とはいえ、冬に汗をかくのは自然なことではなく、そうたびたびあることではない。とくに戸外ではめったにない。なぜなら、冷たい空気が肌にあたると汗をひっこませるし、気孔が開くのをさまたげて汗を出にくくさせるからである。

しかし、私はエミールに、冬は暖炉のそばで運動をさせようとは思わない。運動は冬でも戸外、しかも凍りついた野原のまんなかでさせたい。雪を丸めたり、その玉を投げているだけで体が温まり、それで喉が渇いたら、水を飲ませよう。水を飲んだら、また運動を続けさせるが、それによって困ったことは何も起きない。

ほかのどんな運動であれ、子どもが汗をかいて、喉が渇いたのなら、たとえ季節は冬でも、冷たい水を飲ませよう。ただし冬のばあい、ひとつだけ気を使いたいことは、水をちょっと離れたところに置き、少し歩いて飲みに行かねばならないようにすることである。もちろん空気は冷たいので、歩いて水を飲みに行くあいだに体も冷えて、冷たい水を飲んでも何の危険もない体になっているだろう。ここでとくに大事なことだが、こうした心づかいはけっして子どもに気づかせてはならない。私は、子どもがしょっちゅう自分の健康を気にしているよりも、むしろときどき病気になったほうがいいと思ったりする。


睡眠をたっぷりとるのも、子どもには必要である。とてもよく運動をするからだ。睡眠は運動のため、運動は睡眠のためのものである。だから、どちらも必要なものだと言える。

休息の時間は夜であり、それは自然が示すとおりだ。太陽が地平線のかなたに沈んでいるあいだのほうが眠りは安らかで心地よいこと、また、空気が太陽の光で暖かいあいだはわれわれの感覚はそれほど深く安らがないこと、これは確かなことである。

したがって、太陽とともに起き、太陽とともに眠るのが、もっとも健康的な習慣であるのも確かだ。だから、われわれの風土にあっては、人間も動物もみんなそろって、冬は夏よりも長く眠る必要があるのである。

ところが、市民の生活は、単純なものでも自然なものでもない。革命やら事件がつきものなのである。それゆえ、人間を先に述べたような単調さに慣れさせるべきではない。単調さを自分にとって必要なこととさせてしまってはいけない。

もちろん、規則というものにはしたがわねばならない。しかし、規則のなかでいちばん大事なのは、どんな規則でも必要とあれば破ってもかまわないという規則だ。

したがって、あなたの生徒を一度も起こさずに、いつまでもダラダラと眠りつづけさせて、生徒をヤワな人間にしてしまうバカなまねをしてはいけない。はじめのうちは、いっさい束縛などせず、生徒を自然の法則にゆだねてよいが、つぎのことは忘れてはいけない。すなわち、われわれのあいだでは、生徒は自然の法則を超えなければならない。つまり、遅く寝て、早く起き、とつぜん目を覚まさせられ、幾晩も徹夜をさせられることもありうる。それでいて病気にならずにいること。

すでにすっかり成長した大人がこんなことをされると、体をこわしてしまうが、まだ小さい子どもにゆっくりと段階を踏んでおこなうと、それに適応できる体質がつくられていく。

まず、寝ごこちの悪いところで寝るのに慣れさせる。これが重要である。この方法によって、子どもはどんなベッドでも眠れるようになる。

一般に、つらい生活であっても、いったん慣れてしまえば、楽だと感じられる瞬間がだんだん増えてくる。逆に、だらけた生活は、そのひとが不愉快だと感じる瞬間を無限に用意する。

大事に大事に育てられた人間は、羽毛のうえでしか眠れなくなってしまうが、板のうえで寝るのに慣れた人間は、どこでだって眠ることができる。横になればすぐに眠ってしまう人間にとって、硬くて眠れないベッドなど存在しない。

羽毛や綿毛でひとの体を包む、ふんわりと柔らかなベッドは、言ってみれば、ひとの体を溶解して消してしまう。あまりにも暖かく包まれると、腰は熱をおびてしまう。その結果、しばしば結石その他の病気になる。そしてまた必然的に、あらゆる病気をおびきよせる虚弱な体質になってしまう。

最良のベッドとは、最良の睡眠をもたらしてくれるベッドである。まさしくそれを、われわれ、エミールと私は昼のあいだに準備する。こういうベッドをつくるのに、ペルシャから奴隷をつれてこさせる必要などない。われわれは土地を耕しながら、自分でマットレスを敷いているのだ。

そもそも、子どもが健康であれば、その子を寝かせるのも起こすのも、われわれはほとんど意のままにできる。それを私は経験によって知っている。

子どもがベッドに入ってからもおしゃべりをやめずにいると、子守りの女はうんざりして、子どもに「お眠りなさい」と言うが、そのことばは無意味だ。それはちょうど、子どもが病気のときに「元気でいなさい」と言うようなものである。子どもを眠らせるほんとうの方法は、退屈させること。子どもが黙っているしかないぐらい、あなたがしゃべりまくれば、子どもはじきに眠ってしまうだろう。お説教というのはいつも何かしらの役にたつものなのである。子どもにお説教をするのは、ゆりかごをゆらすのと同じくらいの効果がある。しかし、こういう眠り薬は、夜になってから用いるのはいいが、昼間は用いないようにしたい。

私はときどきエミールを、眠っているとちゅうに起こす。それは、長時間だらだらと眠る習慣がかれの身につくと困るからというよりも、とつぜん起こされることを含めて、どんな事態にもかれを慣れさせたいからである。さらに言えば、もし私が、エミールを自分ひとりで起きられるようにできなかったり、また、エミールを言わば私の意のままに起きるようにはできなかったなら、私には教師というしごとの才能があまりなかったことになるだろう。

エミールが十分に眠らないばあい、私はかれに、翌日は朝がつらいことをたとえばんやりとでも実感させる。そのとき、少しでも眠れる時間ができたら、本人はその分だけ儲かったと思うだろう。エミールが寝すぎるばあい、私はかれが目を覚ましたときに、かれの好む楽しみをぶらさげて見せる。ある時刻に起こしたいときには、私はかれにこう言う。「明日は釣りのために六時に出発だ」、あるいは「どこそこへ散歩に出かけるぞ。いっしょに行きたいか」。かれは行きたいと言い、自分を起こしてくれと私に頼む。私はばあいに応じて、約束をしたり、しなかったりする。とにかく、かれは起きるのが遅かったら、すでに私が出発したあとだとわかる。だから、すぐにでも自分で起きることを学ばなければ、困ったことになるのである。

また、こういう子どもはめったにいないのだが、動くのも嫌いで何もせずにダラダラとしていたがる子どもがいたら、けっしてその性質をそのまま放っておいてはいけない。そのままにしておくと、子どもの体はすっかり麻痺してしまう。だから、その子に何らかの刺激をあたえて、目を覚ましてやらねばならない。もちろん、それは力ずくで子どもを動かすという話ではない。子どもの欲望をかきたてて、本人をその気にさせるのだ。そして、その欲望は、われわれがちゃんと自然の秩序にそって選んだものならば、われわれのどちらにも良い結果をもたらす。

私が思うに、どんなことについても、少し巧妙におこなうならば、子どもに意欲を、あるいは情熱さえももたせることができる。しかも、虚栄心や競争心や嫉妬心はおこさせない。条件としては、子どもに元気のよさと模倣の精神があれば十分である。とくに、子どもの天然の快活さ、これは確実に手に入る道具でありながら、教師がぜんぜん活用しようと思いつかなかったものである。

どんな遊びにおいても、子どもがこれは遊びだと思っているならば、子どもは不平もこぼさず苦しみに耐える。むしろ笑っていたりする。ほかのことなら大泣きするほど苦しいことでも、がまんする。長いあいだの空腹、打撃による負傷、やけど、そしてあらゆる種類の疲れは、この若い野蛮人たちの楽しみなのである。これが、痛みでさえ、そのつらさを忘れさせるような味つけができるという証拠なのだが、しかし、こんな煮込み料理にそういう味つけをするのは、すべての教師にできることではない。また、すべての生徒がこの料理を、顔をしかめずに味わうわけでもなかろう。

おっと、私はここでも気をつけないと、話がまた例外のほうへ逸《そ》れていってしまう。

しかし、いっさい例外がないのは、人間が苦というものを味わわずにはいられないこと、あらゆる病気や事故、命の危険、そして最後には死を迎えずにはいられないことである。われわれがこうした考えになじんでいけばいくほど、われわれは感受性のわずらわしさから癒される。感受性が強いと、痛みばかりでなく、それをがまんできないイライラがつのるものだ。人間は、自分に襲いかかる苦悩に慣れていけばいくほど、モンテーニュが言ったように［『エセー』第一巻第二〇章］、自分にささった異物のトゲを取り除いていけるし、精神は強固になって、なにものにも傷つけられないようになる。また、肉体は鎧《よろい》となって、生身に撃ち込まれる矢をすべてくいとめるようになるだろう。

こういうひとは、死が近づいても、それはまだ死そのものではないのだから、これが死だとはほとんど感じないだろう。言ってみれば、こういうひとは死なない。かれは生きているか、死んでいるか、そのどちらかにすぎない。これもまたモンテーニュが、あるモロッコの王について語ったことばだが［『エセー』第二巻第二一章］、「かれほど死んでもしっかり生きた人間はいない」のである。

一途《いちず》さと堅固さは、ほかのいろいろな美徳と同様、子どものときに学びとらせねばならない。しかし、けっしてそれは、子どもにことばとして覚えさせることではない。子どもがそれは何だか知らないうちに、それをじっさいに子どもに味わわせることによって学びとらせるのである。

ところで、死ぬといえば、われわれは天然痘の危険にかんして、自分の生徒にどのような態度をとるべきだろうか。幼いうちに種痘をほどこすべきだろうか、それとも、自然に感染するのを待つべきだろうか。

ひとつめの態度は、われわれの慣行としてなじんでいる。それは生命の貴重さがやや低い年齢のとき、あえて危険をおかして、生命の貴重さがもっとも高い年齢にたいへんなことが起きるのを防ぐものである。ただし、きちんと管理された種痘を危険と言えるのか、という問題はある。

二つめの態度のほうが、われわれの一般原則には、よりいっそうかなう。すなわち、すべてを自然のなすがままにまかせるのである。自然は人間の手出しを好まず、人間が手を出そうとするとすぐに人間の世話をやめてしまう。自然な人間はどんなことになろうとも準備ができている。人間への種痘も、この自然という先生におまかせしよう。この先生は、種痘の時期についてもわれわれより適切に選んでくれるだろう。

この発言から、私を種痘反対論者だと決めつけないでもらいたい。なぜなら、たしかに私は自分の生徒に種痘をさせないが、しかし、その根拠はあなたがたの生徒にはあてはまらないからだ。あなたがたの教育は、生徒が天然痘にかかりそうな時期にはかならず天然痘にかかってしまうような、そういう準備をしている。つまり、あなたがたのばあい、生徒を偶然にゆだねれば、おそらく生徒は死んでしまうのである。さまざまの国で、種痘が必要とされるようになればなるほど、種痘にたいする反対が大きくなるのを私は知っている。そして、それがそうなる理由も簡単に察しがつく。

だから私は、エミールのためであれば、わざわざこの問題を論じようとは思わない。エミールは、時期に応じて、場所に応じて、状況に応じて、種痘を受けることもあるし、受けないこともある。種痘を受けるか受けないかは、エミールにとってはほとんどどちらでもかまわないことなのだ。もし、かれが種痘を受ければ、われわれはかれが病気にかかることをあらかじめ知るわけだし、また、それがどういう病気なのかもわかるという利点がある。もちろん、これは良いことである。しかし、かれが自然に天然痘にかかるのであれば、われわれはかれを医者の手から守ることになる。これはさらに良いことなのである。

さて、上流階級むけの教育は、それを受けるひとびとを大衆と区別するためだけのものになりがちである。だから、それはきわめて普通のことよりも、また普通であるがゆえにきわめて有益なことよりも、きわめてお金のかかることを教えたがるのがつねだ。じっさい、手をかけて育てられた若者たちはみんな乗馬を習っている。なぜなら、それはとても費用がかかるものだからである。ところが、この若者たちはほとんど誰も、泳ぎは習わない。なぜなら、それはまったく費用がかからないものだからであり、職人でさえ誰よりも上手に泳げたりするからである。しかし、乗馬の教習を受けたことがなくても、旅行者は馬に乗るし、馬から落ちないようにしていられるし、また必要に応じて十分に乗りこなせる。だが、水のなかでは泳げなければ溺れて死ぬのに、泳ぎは習っていなければ、泳げるものではない。要するに、乗馬は、それができなければ命にかかわるほどのものではない。いっぽう、水に溺れるのはごく普通の危険であり、誰もそれを避けることができない。

エミールは水のなかでも火のなかでも土のうえと同じように自由に動けるだろう。できることなら空のうえでも火のなかでも自由に生きられたらいいのだが。もし空を飛ぶことが学んでできるようになるなら、私はかれを鷲《わし》にさせる。火に耐えることができるようになるのであれば、私はかれをサラマンダー［火のなかに住むトカゲ］にさせる。

とかく、ひとは心配する。泳ぎを習っているさいちゅうに子どもは溺れて死なないか、と心配する。泳ぎを習わせたから溺れて死んだ、習わせなかったから溺れて死んだ、どちらのばあいもあなたの責任である。

われわれを危険へ駆りたてるものは、たんなる虚栄心だ。誰も見ていなかったら、ひとは危険なことなどしない。しかし、エミールは世界中のひとから見られていても、危険なことはしないだろう。

練習は危険をともなわねばならないものではないので、かれは父親の庭にひかれた用水路でヘレスポント海峡［ダーダネルス海峡の旧名］を泳ぎ渡ることを学ぶだろう。が、危険に遭遇したときにあたふたしないよう、やはり危険にも慣れておく必要がある。そして、まさにそれが、私が上で述べた訓練の本質的な部分なのである。しかも、私は、訓練のさいの危険をエミールの体力に見合うよう気をつけるし、また自分もかならずエミールといっしょにその危険を味わうようにする。だから、私はエミールの身の安全を、私自身のことのように気づかうので、うかつなあやまちが生じる心配もほとんどないだろう。

子どもは、大人より体も小さいし、体力もないし、理性も乏しい。しかし、視力や聴力では大人に勝り、あるいはほぼ同列だ。味覚については、繊細さはともかく鋭さは同等であり、嗅覚についても、味わう力はともかく敏感さでは負けない。

われわれのうちで最初に形成され、最初に完成するのは、感覚機能である。したがって、われわれはまず感覚機能を最初に訓練しなければならない。ところが、ひとびとはそれだけを忘れる。あるいは、何よりもそれをおろそかにする。

感覚機能を鍛えるには、たんに感覚を使うだけでは十分ではない。感覚を使って、ちゃんと判断することを学ばねばならない。言わば、感じることを学ばねばならない。なぜなら、われわれは感じることを学んでおいたからこそ、自分はものを触っているとか、ものを見ているとか、音を聞いているとわかるのである。

たしかに、訓練のなかには、判断力には何のかかわりもなく、たんに身体を丈夫にするだけの、純粋に自然で機械的な訓練もある。すなわち、泳ぐ、走る、跳ぶ、コマを回す、石を投げるなどがそれだ。もちろん、どれもけっこうなことである。しかし、われわれには腕と脚しかないのだろうか。われわれには目も耳もあるのではないか。そして、この感覚器官は、腕や脚を用いるときに余計なものなのだろうか。

だから、体力だけを鍛えるのはよくない。体力の使いかたを指図する感覚器官もすべて鍛えたい。どの感覚器官もできるかぎり利用させ、ひとつの感覚器官からえられた印象はべつの器官からの印象によって確かめさせる。大きさを測り、数を数え、重さを調べ、比較をさせる。抵抗のていどを見計らってからでなければ力を使ってはいけない。手段を用いるまえに、かならず結果を見積もらせる。

子どもには、けっして努力が不十分だったり、あるいは余分だったりしないよう心がけさせたい。そんなふうにして、子どもが自分の動きの結果をすべて予測し、経験によって自分のあやまちを正すよう習慣づけるならば、子どもは行動をすればするほど、ますます正しい判断力を身につけるようになるのは明らかではないか。

大きなものを動かすばあいを考えよう。使うテコが長すぎたら、子どもでも力が余る。テコが短すぎたら、子どもは力が足りない。経験によって、子どもは自分にちょうどよい長さの棒を選ぶことを学ぶ。こうした知恵は、したがって、子どもの年齢をこえたものではない。

重たい荷物を運ぶばあいを考えよう。そのさい、子どもは自分で運べるぐらいのものをもちたいが、それを試しにもちあげてみたくはないならば、その重さは目で見て推定するしかないのではなかろうか。

子どもは、同じ物質で大きさが異なるものどうしを比較することはできるだろうが、こんどは大きさは同じで物質が異なるもののなかから荷物を選ばねばならない。つまり、それぞれの比重を比較することができるようにならなければならない。

私は、とても育ちのよいひとりの若者のことを思い出す。かれは、樫《かし》の木の削りくずをいっぱいに詰めた桶《おけ》は、水をいっぱいに満たした同じ大きさの桶よりも軽いということを、実験してみせるまで信じようとしなかった。

われわれは、みんな平等に自分の感覚器官が使えるようになるわけではない。たとえば、感覚のひとつに触覚がある。触覚は、体が目を覚ましているあいだはけっして働きをやめない。体を傷つけそうなあらゆるものについて、われわれに警告を発してくれる休み知らずの見張り番として、触覚はわれわれの体の表面全体にひろがった。

また、触覚は、われわれが望もうと望むまいとこうした休みのない訓練をつうじて、われわれがいちばん最初に経験を獲得するものであり、したがって、それを身につけるためにとくべつに育てる必要はないものとされる。

ところが、触覚は、われわれも知るとおり、目の見えないひとのほうがわれわれよりも鋭敏で繊細である。なぜなら、視覚にたよることができないひとは、われわれが視覚にたよっておこなう判断をまさに触覚のみから引きだすことを学ばざるをえないからだ。

では、どうしてわれわれも、かれらのように暗闇のなかを歩けるように、手ざわりだけでものが何かわかるように、見えなくてもまわりのものが識別できるように、訓練をしないのであろうか。一言でいえば、かれらが昼間に目を使わずにおこなっていることをすべて、われわれは夜間に明かりを使わずにおこなえるように、どうして訓練しないのか。

太陽が出ているあいだは、われわれのほうがかれらより有利でも、暗闇のなかだと、かれらのほうがわれわれの案内役になる。われわれは人生の半分は盲人なのだ。ただ、ほんとうの盲人とちがう点は、かれらはいつでもひとりで歩けるのに、われわれは真夜中だと一歩も踏み出せない。明かりというものがある、とひとは言うだろう。ああ、なさけない。いつでも道具が必要だ。道具は必要ならいつでもあなたの手元にある、と誰が保証してくれるのか。私が思うに、エミールの目はロウソク屋で買えるものであるより、かれの指先にあったほうがよい。

もし、あなたが真夜中にどこかの建物に閉じこめられたなら、手を叩いてみなさい。音の反響で、そこの空間が広いか狭いか、自分はその空間のまん中にいるのか隅のほうにいるのかがわかる。壁から半歩ほどのところに来れば、空気の流れがあまりなく、空気はすぐはね返ってくるので、あなたは顔の表面で、ほかとはちがった感じを受ける。あなたは場所を変えずに、体の向きだけ変えてみて、もし、空気がかすかに流れてきたら、どこかの扉が開いているとわかるだろう。

あなたが舟に乗っていたら、顔にあたる風のぐあいによって、あなたは舟の進む方向ばかりでなく、舟を運ぶ川の流れが速いか遅いかまでわかるだろう。こうした観察は、あるいは他の多くの似たような観察もそうだが、やはり夜でなければうまくいかない。まっ昼間だと、われわれがどんなに注意して観察したくても、視覚がかってに援助し、あるいは邪魔をするのでうまくいかないのである。しかし、ともかく、ここではまだ手も棒も使っていない。われわれは視覚によってえられるのと同じ知識を、触覚によって、しかもまったく何にも触らなくても、獲得できるのである。

夜遊びもたっぷりさせること。この助言は見かけ以上に重要なものである。

夜は、自然なことながら、人間をおびえさせる。ときには動物たちをもおびえさせる。[*37]理性や知識や機知や勇気のおかげで、この重荷からまぬがれられるようなひとはきわめて少ない。理論家や無信仰者や哲学者や、日中は勇敢な軍人が、夜は女のように、木の葉のさやぐ音にも震えるのを私は見たことがある。

ひとがそんなふうにおびえるのは、乳母に聞かされた怖い話のせいにされたりするが、それはまちがいだ。そこには自然の原因がある。

自然の原因とは何か。それは耳の聞こえないひとを疑《うたぐ》り深くし、下層の民衆を迷信深くするのと同じ原因、すなわち、無知である。自分のまわりにどういうものがあり、自分のまわりで何が起きているかについての無知である。[*38]

遠くからものに気づき、それがどんなものだか、あらかじめ予想するのを習慣にしている私は、夜、自分のまわりに何も見えなくなってしまうと、このあたりには私に危害をくわえそうな存在や動きが無数にあるのではないか、また、そういうものから自分の身を守ることはできないのではないか、と想像せずにはいられない。たとえ、ここにいれば安全だと知っていてもダメなのだ。じっさいに自分の目で見ないと、けっしてそこがほんとうに安全だと知ることはできない。そういうわけで、まっ昼間にはもつことのない恐怖の種を、私はつねにもつことになる。

なるほど、怪しい物体が私の体に働きかけるときには、だいたい何らかの音を出して予告をするものだと私は知っている。だから、私は暗闇にいるときは、どれほど耳をずっと頼りにしていることか。えたいの知れない物音がかすかにでも聞こえたら、自己保存の本能ゆえに私の頭にまず浮かぶのは、私に防御の態勢をもっとも必要とさせるもの、したがって、私をもっとも怖がらせるようなものすべてである。

＊37　動物たちのおびえは、皆既日食のときにははっきりとあらわれる。

＊38　ある哲学者［ビュフォン］は、またべつの原因をきわめて上手に説明している。かれの書物は私も本書でしばしば引用しているが、このひとの視野の広さは私にさらに多くのことを教えてくれる。かれは［視覚について］こう

語る。

「特殊な条件のもとで、われわれが距離を正確につかめず、ものを、ただ角度によってしか、というか、目のなかでのイメージによってしか判断できないとき、ものの大きさについてわれわれが思いちがいをするのはどうしても避けられない。だれにも経験があるように、夜間に旅をしていると、近くの藪《やぶ》を遠くの大きな木だと思ったり、遠くの大木を近くの藪だと思ったりする。同じように、ものが形としてはわからず、先の方法では距離がつかめないときも、やはりどうしてもまちがう。一匹のハエがわれわれのすぐ目のまえを、さっと通りすぎたら、われわれにはそれがかなり遠くの一羽の鳥のように見えたりする。一頭の馬が、野原のまんなかにじっと立っていて、たとえば羊のようなしぐさをしていたら、われわれはそれが馬とは知らないかぎり、それは大きな羊だとしか思えないだろう。しかし、それが馬だと知った瞬間から、それは馬の大きさに見えるようになり、われわれはすぐさま最初の思いちがいを修正するだろう」

「ひとが夜、自分の知らない場所にいて、あたりが暗いせいで距離がつかめず、ものの形も認識できないとき、ひとは目のまえにあらわれてくるものについて判断を誤る危険性はつねにある。夜の闇がほとんどすべてのひとに恐怖やら何かしら内面的な不安のようなものを感じさせるのは、まさにそこから来る。そして、多くのひとびとが見たという幽霊や巨大な怪物の出現もまさしくこれにもとづく。常識的には、そういうものは想像の産物とされる。しかし、ひとびとがじっさいにそれを見たというのは大いにありうることなのだ。なぜなら、ものの大きさを見かけの角度でしか判断できないなら、未知の物体は近づくにつれて必然的にふくれあがり、大きさを増すものだからである。また、見たひとには最初それが何なのかもわからず、それとどれだけ離れているかもわからないとしよう。二、三十歩ほど離れて見れば高さ数ピエ［一ピエ＝約三十センチ］のものが、数ピエの近さだと数トワーズ［一トワーズ＝約二メートル］の高さに見えるとしよう。見たひとがそれに触ったり、あるいはその正体を知るまで、かれはじっさいそれに驚かされ、恐怖させられるにちがいない。ただ、正体を知ったとたん、最初は巨大に見えたその物体はたちまち小さくなり、もはやほんとうの大きさのものにしか見えなくなるだろう。しかし、もしひとが逃げたり、それに近づこうとしないならば、それは最初に目に入った姿のほかに考えられないのはたしかだ。つまり、ひとびとは巨大な怪物、大きさも形もものすごいものをじっさいに目撃したことになるだろう。したがって、幽霊についての偏見は、自然のなかに根拠がある。幽霊の出現は、けっして哲学者たちが考えるような、たんなる想像の産物ではないのである」(『博物誌』第六巻、二二頁、十二折版)[『一般と個別の博物誌』第三巻「人間の自然誌(続き)」中の「視覚について」]

以上の引用文で私はむしろ、幽霊はかならず部分的には想像の産物であることを示そうと努めた。そして、この引用文で説明されている原因について言えば、夜の散歩を習慣にすると、形は似ているが遠さは異なるものを暗がりのなかで見ても、それらをちゃんと区別できるようになるはずだということがわかる。ものの輪郭がわかるぐらいにまだあたりが明るいときには、距離がとても遠くなると自分とものとのあいだに、空気がそれだけたくさんあるので、ものが遠ければ遠いほど、かならずその輪郭ははっきりしなくなる。そこで、夜の散歩を習慣化するならば、われわれはビュフォン氏が説明している視覚の誤りからしっかり免れることができるはずだ。したがって、あなたがどういう説明を好もうとも、私の方法はつねに有効であり、また、それは経験によって完全に確認済みなのである。

だが、私はまったく何も聞こえなくても、不安を感じる。なぜなら、音がしなくても、やっぱり襲いかかられることはありうるからだ。自分を安心させるために、私は、あたりの事物はこれまでもそこにあったし、いまでも変わらずそこにあるはずだと想像しなければならない。つまり、私はいまそこに見えないものを見なければならない。こうして私は、想像力を働かせることを無理強いされて、やがては私が自分の想像に支配されるようになる。私が自分を安心させるためにすることは、かえって私をいっそうびくつかせることにしか役立たないのである。

物音が聞こえたら泥棒《どろぼう》かと思う。まったく音がしなければ幽霊が見える。自己保存の本能によってかきたてられた警戒心は、さらなる恐怖の種をあたえるだけだ。私を安心させてくれるものはすべて理性のうちにしかないのに、本能は理性よりも大声で、理性とはまったくちがうことを私に語りかける。こういうばあい、どうすることもできないのだから、何も恐れることはないと思っても、それが何の役に立とう。

病気でも、その原因がわかれば、治療策も見えてくる。なにごとにおいても、習慣が想像力の働きを止めさせる。新奇なものだけが想像力を再起動させる。ひとが毎日のように見ているものについては、もはや想像力は働かない。そこで働くのは記憶力である。「習慣から情熱は生まれない」という格言も根拠はこれだ。情熱が燃えあがるときにも、やはりかならず想像力によって火がつけられる。

したがって、あなたが子どもを、暗闇をこわがることから解放してあげたいのであれば、理屈でどうにかしようとしてはならない。ただ、子どもをたびたび暗闇につれていきなさい。そして、どんな学問的な説得よりこうした習慣のほうがよほど効果があることをたしかめなさい。屋根屋の職人は、高い屋根に登っても目が回ったりしない。同じように、暗闇にいることに慣れたら、もう誰も暗闇をこわがったりしないものなのである。

こういうわけで、夜遊びにはそもそもの利点のほかに、べつの利点もあるとわかる。しかし、こうした夜遊びをさせるうえで大事なのは、それをできるだけ陽気におこなうことである。この点は、どれほど強調しても強調しすぎることはないと思う。

そもそも暗闇ほど陰気なものはない。だから、子どもを牢獄に閉じこめたりしてはならない。子どもが暗闇に入るときには、笑いながら入るようにしてあげなさい。暗闇から出るまえにも、ふたたび笑い声があがるようにしてあげなさい。暗闇にいるあいだは、子どもに楽しいことを考えさせる。つまり、そこに来るまえにしてきた遊び、そこを出たらふたたび始めるつもりの遊び、そういったものを考えさせて、子どもの心をとらえかねない奇怪な想像から子どもを守りなさい。

さて、人生にはひとつの境目《さかいめ》がある。それを越えると、われわれはまえへ進みながら、うしろへ向かう。私は自分がこの境目をすでに越えたと感じる。いわば、私は自分が歩んできた人生をふたたび歩みはじめているのである。

熟年のむなしさを私もこのごろ感じるようになり、そのせいで私は楽しかった少年時代に心がもどってしまう。年をとるにつれて、私は子どもに返っていく。そして、私は三十歳のころにしたことよりも十歳のころにしたことのほうを、好んで思い出す。

読者よ。だから私は、ときおり自分自身を実例にあげたりするのだが、どうかそれを許してほしい。この本をりっぱに書きあげるためには、私も楽しみながら書いていく必要があるからである。

かつて私は［十歳から二年間］田舎で、ランベルシエ氏という牧師の家にあずけられていた。私の従兄《いとこ》もいっしょだった。従兄は私よりも裕福で、しかも一家の相続人としてあつかわれたが、私は自分の父親から遠く離れたあわれなみなしごにすぎなかった。

従兄のベルナール氏は私より年上なのに、おかしいぐらい臆病で、夜はとくにそうだった。私はかれのこわがりかたをさんざんからかった。その私の自慢気な態度をランベルシエ氏は不快に思い、私の勇気をためそうとした。

ある秋の夜、それはとても暗い夜だったが、氏は私に教会堂の鍵をわたし、説教壇のところに聖書を忘れたので取りに行ってほしいと言う。さらにかれは、私の名誉心を刺激することばをいくつか付けたし、私をどうしても断ることができないようにさせた。

私は明かりをもたずに出かけた。明かりをもっていたら、おそらくもっとぐあいのわるいことになっていただろう。教会堂へは墓地をとおって行かねばならないが、私はまったく平気であった。屋外であれば、私は夜がこわいと思ったことは一度もないからである。

教会堂の扉を開けると、円天井のあたりで何か響く音が聞こえた。ひとの声に似ていたので、私のローマ人的な剛毅な精神も揺らぎはじめた。開いた扉から中に入ろうとしたが、何歩か足を進めただけで私は立ち止まった。

この巨大な空間を深い闇が支配していると感じると、私は髪の毛が逆立つような恐怖にとらわれた。私はあとずさりして外へ出る。ブルブルふるえながら逃げ出す。中庭でシュルタンという名の子犬と出会った。その犬がじゃれてくるので、私もおちついてきた。自分がひどくおびえたことが恥ずかしくなり、来た道をひきかえした。シュルタンもいっしょに連れていこうとしたのだが、犬はついてこようとはしなかった。

私は急いで戸口をまたぎ、教会のなかに入る。入ったとたん、ふたたび恐怖が私を襲った。しかも、それはあまりにも強烈なものだったから、私はすっかり頭がおかしくなった。説教壇が右手にあることはしっかり承知していたにもかかわらず、私は気がつかないうちに方角をまちがえ、ずっと左手ばかり探していた。それからベンチのあいだに迷いこみ、自分がどこにいるのかもわからなくなった。説教壇も出口も見つけられず、何とも表現できないほどの混乱状態におちいった。

出口がついに見つかり、やっとの思いで教会をぬけだすことができた。そして、日中でなければ絶対に二度とひとりではここには来ないぞ、と固く決意しながら、さきほどと同じように、あわててそこを走り去る。

家のまえまでもどる。なかに入ろうとしたとき、聞こえたのがベルナール氏の大笑いする声だ。私のことを笑っているのだと私は早合点し、そこへ顔を出すのも恥ずかしく、ドアを開けるのをためらう。私がグズグズしていると、ランベルシエ氏の妹さんが私のことを心配して、女中にランプをもってくるよう命じているのが聞こえた。そして、ランベルシエ氏みずからが、あの勇敢な私の従兄を護衛にして、私を探しに出る用意をしているのが聞こえた。このままでは、このたびの遠征の栄誉はすべて従兄のものになってしまう。

そう思った瞬間、私の恐怖心はすっかり消える。ただ自分が逃げてきたのを見つけられることだけがこわくなる。私は駆け出す。飛ぶように走る。教会堂のなかでは迷いもしない。手探りもせずに説教壇にたどりつく。よじ登って、聖書をつかみ、飛びおりる。大股三歩で教会の外に出た。扉を閉めるのは忘れてしまった。息を切らして部屋に入る。聖書を机のうえに投げ出す。うろたえたのもたしかだが、しかし私は、自分にさしむけられるはずだった救援をなしですませたうれしさで、胸がドキドキしていた。

はたして私はこの話を、ひとが見習うべき模範として紹介したのか。また、この種の訓練には陽気さが必要だという自説の例証としてもちだしたのか。いや、そうではない。私はただ、夜の闇を恐れる者を安心させるには、となりの部屋から笑い声やおだやかな話し声が聞こえるのがいちばんだという証拠をしめしたかった。

思うに、教師は肝試しのような遊びを自分の生徒ひとりだけにやらせるのではなく、ほがらかな子どもたちを夜、おおぜい集めてやらせると良い。最初はひとりずつ外に行かせるのではなく、いくつかの集団に分けて行かせる。そして、ひどくこわがりの子はいないことをあらかじめ確認したうえでなければ、けっして子どもをまったくひとりきりで行かせたりしてはならない。

こういう遊びは、教師がほんの少々でも工夫を加える気になれば、これ以上におもしろくてタメになる遊びはないだろうと私は思う。私なら、大きな部屋のなかにテーブルやイスや衝立《ついたて》で迷路のようなものをつくる。出口もわからぬその曲がりくねった迷路のあちこちに、私は箱を置いておく。お菓子をつめこんだ箱を一個用意し、そのほかにも似たような箱を八～十個、おとりとして配置する。私はその宝箱が見つかる正確な場所を、簡潔明瞭なことばで教える。子どもよりも注意深く、話をきちんと聞くことができる者なら、それだけでも正しい箱を見分けるのに十分なはずだ。*39 それから私は、小さな競争者たちにくじを引かせ、かれらを順々に送り出し、宝箱を見つけさせる。私がこの遊びで気づかう点は、子どもたちの能力にあわせて遊びの難度を高めることである。

*39　子どもの注意力を鍛えるためには、子どもたちがたしかにいま、はっきりと理解したがっていることがら以外のことは語らないようにしたい。ムダに長い話はとくによくない。余分なことばを一言たりとも言ってはいけない。そしてまた、あなたの説明に、あいまいではっきりしない部分を残してはならない。

想像していただきたい。小さいヘラクレスは、宝の箱を手にしてもどってくるとき、どれほど自分の遠征を誇らしく思っていることか。箱はテーブルのうえに置かれ、おごそかに開かれる。中身が、期待されていたお菓子ではなく、コガネ虫、かたつむり、木炭、どんぐり、蕪《かぶ》といったたぐいのものが、苔《こけ》や綿のうえにきちんと並べられているだけだったりすると、たちまち大爆笑が起こり、陽気なヤジが飛びかうのが、いまでも聞こえるようだ。

またべつの夜には、壁を白く塗ったばかりの部屋の、その壁ぎわに何かオモチャとか小さな家具をぶらさげておいて、それを取りに行かせよう。ただし、そのさい壁には触れてはいけないことにする。目当てのものを手にしてもどってきた子どもが、ほんの少しでも条件にそむいていたら、かれの帽子の縁や、靴のつま先や、服のすそや袖《そで》に白いものがついているので、その子が不器用だったとわかるわけだ。

こうした遊びの大事な部分をわかってもらうには、これで十分だろう。いや、十分すぎるかもしれない。もしもあなたが、何から何まで語らねばわかってもらえないひとならば、どうか私の本は読まないでいただきたい。

とにかく、こういう遊びで育った人間は、そうでない人間よりも、夜、どれほど有利なことか。足は、暗闇のなかでもしっかりと歩くことに慣れている。手は、まわりのどんなものにも軽やかに対応できるよう訓練されている。おかげで、かれはどんなに深い闇のなかでも苦もなく前進することができる。

かれの想像力は、小さいころ楽しんだ夜の遊びを自分にたっぷりと思い出させる。

だから、自分をこわがらせるものが心に浮かんでくることはあまりない。笑い声が聞こえたとかれが思うばあい、かれが想像するのはいたずら好きな妖精の笑い声ではなく、昔の遊び仲間の笑い声である。何かの集いを心に描くとき、浮かんでくるのは魔女の宴会ではなく、家庭教師の部屋である。夜はかれに楽しいことばかり思い出させる。夜はかれにとって少しも恐ろしくない。かれは夜をこわがるどころか、むしろ大好きになるだろう。

軍隊に入って、遠征をすることになっても、かれはそれがひとりだけの遠征であろうと、集団での遠征であろうと、いつでも準備はできている。かれは［ダビデのように］サウルの陣営に忍びこみ、迷うことなく進み、誰の目も覚まさせずに王のテントにたどり着き、誰にも気づかれずにもどってくるだろう［旧約聖書『サムエル記 上』第二六章］。また、オデュッセウスのように敵将レーソスの寝こみを襲って馬を奪うといった必要があるときにも、かれに頼めば心配はいらない。夜の遊びをして育った人間以外から、オデュッセウスのような人物を見つけるのは困難であろう［ホメーロス『イーリアス』第一〇巻］。

あるひとびとは、しばしば暗がりで子どもを驚かせ、子どもをそれに慣れさせて、夜でも全然こわがらないようにさせようとする。私はそういうひとを何人も知っている。しかし、そのやりかたはきわめて良くない。狙いとはまったく逆の結果をもたらす。子どもをますます臆病にするだけである。

どれほどの危険なのか、どういう種類の危険なのか不明でも、とにかくいま危険な気がするのをしずめるために、また、しばしば試される驚かしにも平気でいられるためには、理性も習慣も役には立たない。では、どうすればあなたは、自分の生徒をこうした事故から確実に守ることができるのだろうか。私が思うに、そういうことへの備えとしては、つぎのようなことばをあたえるのがいちばんだろう。私なら、エミールにこう言って聞かせる。

「暗がりで不意打ちにあったら、それはあなたにとって正当防衛の問題になる。なぜなら、攻撃をした側は、あなたに害をあたえようとしているのか、それとも恐怖をあたえようとしているのか、あなたに判定を許さないし、そもそも相手のほうが立場は有利なので、あなたは逃げようとしても逃げられないからである。だから、夜、あなたに襲いかかるものがあったら、もう相手が人間だろうと獣だろうとかまわず、大胆につかみかかりなさい。力いっぱい、そいつをつかまえ、とりおさえなさい。じたばたするなら、ぶんなぐりなさい。なぐるときに少しも容赦《ようしゃ》してはいけない。そいつが何を言おうと、あるいは何をしようと、そいつの正体がはっきりするまで、けっして放してはいけない。事情が明らかになれば、たぶん、それほど心配するほどのものではないこともわかってくるだろう。ともかく、そういうふざけたマネをする者は、こんなあつかいかたをされると、自然とそういうことを二度とする気にならないはずだ」

人間の五感のうち、触覚は、たしかにもっともひんぱんに働かされる感覚でありながら、すでに述べたように、触覚による判断はほかのどの感覚よりも不完全で粗雑なままにとどまる。なぜなら、われわれは触覚を用いるさい、たいてい視覚もあわせて用いるし、また、目は手よりもはやく物体にとどくので、精神はほとんどいつも手を使わずに判断をおこなうものだからである。

そのかわり、触覚による判断は、まさしくきわめて限定されたものであるからこそ、もっとも確かな判断となる。触覚による判断はわれわれの手の届く範囲に限られるが、ほかの感覚がおかす軽率な誤りを正す。ほかの感覚はどうにか知覚できる範囲を超えたものまで知覚するが、触覚は知覚できる範囲のものをすべてきちんと知覚するのである。

しかも、そのうえ、われわれは自分の意志で筋肉の力と神経の働きを連動させ、そして、同時にその感覚によって、ものの温度・大きさ・形の判断と、ものの重さ・硬さの判断を結びあわせる。こうして触覚は、外的な物体が人間の体にあたえうる印象を、人間の五感のうちでもっともよくわれわれに教えてくれるものであるからこそ、われわれがいちばんよく使う感覚なのである。また、自分の生命維持のために必要な情報をもっとも直接的にあたえてくれる感覚なのである。

触覚は、鍛えると視覚の代わりさえ務まるのと同じように、あるていどまでなら聴覚の代わりも務まるのではないだろうか。なぜなら、音は、それを発する物体に手で触れれば感じられる振動を引きおこすものだからである。楽器のチェロの胴に手を置けば、目や耳の助けをかりなくても、木の振動のしかただけで音が高いか低いかがわかる。その音が高音弦から出ているのか、低音弦から出ているのかが区別できる。こういうちがいがわかるように感覚を鍛えるならば、やがてはきっと曲全体を手の指で聴くことができるようにもなるはずだ。

だとすれば、耳の聞こえないひとにも、われわれは難なく音楽で語りかけることができるようになるにちがいない。なぜなら、音の高低やテンポは、声の出しかたや切りかたと同じように規則的な組みあわせとして受けとめることができ、したがって、発話の要素をなすと考えることもできるからである。

触覚を鍛えるといっても、感覚をわざと鈍くさせる鍛えかたもある。もちろん、それとは逆に感覚をますます鋭くし、ますます繊細にする鍛えかたもある。

前者は、硬い物体との持続的な接触にさらにたくさんの動きと力を加えることによって、皮膚にたこができるぐらい皮膚を硬くし、自然の感覚を失わせる。後者は、物体とときおり軽く触れあうことによって、この感覚に変化をあたえ、そうして精神はたえずくりかえされるこうした刺激に注意深くなり、そのあらゆる変化の幅をみきわめる力を獲得させる。

両者のちがいは、楽器の練習のときに、はっきりとあらわれる。チェロやコントラバス、あるいはヴァイオリンで、痛いほどしっかり弦をおさえる練習をかさねると、指は自在に動くようになるが、指先にはまめができて硬くなる。クラブサンのすべすべで滑らかな鍵盤で練習をかさねると、指は自在にうごくようになるし、しかもますます敏感になる。したがって、この点ではクラブサンのほうが好ましいわけだ。

皮膚を大気のさまざまの変化にさらすことで頑丈にし、大気のどんな変化にも耐えられるようにするのは大事なことである。皮膚は、皮膚の下にある体全体を守るものだからだ。私は、それを認めたうえで、手にかんしてはこう言いたい。手がいつも同じ作業ばかりさせられたせいで硬くなるのは望ましくない。手の皮膚がほとんど骨みたいに硬くなって、繊細な感受性を失うのは望ましくない。手の感受性は、何を触っているかを識別させるものであり、感触の種類によって、われわれを闇のなかでときにはひどく身震いさせたりするものだからである。

どうして私の生徒はかならず足の裏を牛の革で保護するよう強制されねばならないのだろうか。自分自身の足の皮が、必要とあらば靴底の役割をはたすことになっても、それでどんな不都合があるのだろうか。明らかなこととしては、足の裏にかんして、皮膚の感受性の繊細さはまったく何の役にも立たない。それどころか、繊細だとしばしばとても有害だったりする。

かつて［一六〇二年］の真冬の真夜中、町に攻め入った敵［隣国サヴォワの軍］によって叩き起こされたジュネーヴのひとびとは、靴よりも先に銃をとった。もしジュネーヴのひとびとが、誰も裸足では歩けなかったら、ジュネーヴは占領されずにすんだかどうか、わかったものではない。

ひとには、予期せぬ事故にたいしてつねにあらかじめ武装させたい。エミールには、どんな季節にも毎朝、裸足で走らせよう。部屋でも階段でも庭でも、素足で走らせる。私はそれを叱るどころか、自分もそれをまねるのだ。ただ、ガラスのかけらだけは注意して取り除くようにする。

手を使うしごとや手でする遊びについては、もう少しあとで話そう。とにかく、かれは身のこなしを上達させられるよう、あらゆる動きを学ばねばならない。どんな姿勢をとらされても、楽々と落ち着いていられるコツを学ばねばならない。大きく跳び、高く跳び、木に登り、壁をのりこえることを学ばねばならない。いつでも体のバランスがとれるようにしなければならない。わざわざ学問で力学的平衡というものを教わるよりもずっと以前から、かれのあらゆる動き、あらゆる姿勢は平衡の法則にしたがって調節される。

自分の足はどんなふうに地面につき、自分の体はどんなふうに両脚のうえに乗っているかによって、体が安定しているのかどうかを感じなければならない。しっかりとした安定というのはいつでも美しいものであり、もっとも落ち着いた態度というのは同時にもっとも優雅なものなのである。

もし私がダンスの教師だったら、マルセル*40のような滑稽《こっけい》なやりかたは絶対にしない。マルセルの教えかたはかれの国では受けても、私はあんなふうに、生徒にいつまでも跳躍ばかりやらせたりはしない。私なら、生徒を岩山のふもとに連れていく。私はそこで生徒に、そそりたつ岩山のごつごつとしたけわしい坂道を軽やかに登っていくためには、また、登るにせよ降りるにせよ、岩から岩へ飛び移るためには、どのような姿勢をとるべきか、体と頭をどのように支えるべきか、どのような動きをするべきか、足をどこに置いてから手をどこに置くべきか、などを教える。私は生徒をオペラ座のダンサーにするよりも、山の小鹿の好敵手にしたてたい。

＊40　パリの有名なダンス教師［フランソワ＝ロベール・マルセル、一六八三～一七五九］。かれは世間というものがよくわかっていたので、わざと奇抜《きばつ》なことをして、ひとびとに自分の芸をたいしたものだと思わせた。ひとびとは、それをバカげたものだと口では言っても、内心ではその奇抜さにすっかり感服していたのである。これに劣らずくだらないほかの芸においても、やはり今日、芸人が頭のいかれた大人物を演じたりして、同じように成功をおさめている。

フランスでは、こういうのがいつでも確実に成功する方法なのである。そんないかさまではなく、もっと単純な、ほんとうの才能は、フランスではけっして出世できない。この国では、つつましさは愚か者の美徳なのだ。

触覚の働きはそのひとの身体の周辺にとどまるのにたいし、視覚の働きは身体から遠く離れたところにまで拡がる。視覚があてにならないのはまさにそのためである。なにしろ人間は一目で地平線の半分をとらえてしまう。このとき一目で同時にたくさんのものが感じとられ、そして、かずかずの判断がひきおこされる。その感覚や判断がどれひとつ、まちがっていないとどうして言えよう。

視覚は、われわれの感覚のうちでもっともまちがいやすいものなのである。なぜなら、視覚は働きがもっとも遠くまで拡がり、また、ほかの感覚よりも働きがはるかに先行し、あまりにも敏速で、あまりにも広大なので、ほかの感覚によって訂正されることができないからである。

しかし、大事なのはここからだ。われわれが空間の拡がりを認識し、空間のなかの一部分とべつの部分をたがいに比較できるようになるには、まさしく遠近による錯覚が必要なのである。ちがって見えなければ、遠くのものはけっして遠くにあるように見えない。大きさや明るさが距離におうじて変化しなければ、われわれはそれがどれくらいの距離にあるのか、つかめない。というより、われわれにとって距離というものがなくなってしまう。

二本の木があって、一本はわれわれから百歩のところ、もう一本は十歩のところにあるとする。もし、この二本がわれわれの目には同じくらい大きく、同じようにくっきりと見えたならば、われわれはこの二本の木は並んで立っていると思うだろう。もし、われわれが物体の大きさをすべてほんとうの寸法のまま知覚するとしたら、われわれには空間というものがまったくわからないだろうし、あらゆるものがわれわれのすぐ目のまえにあるように思われるだろう。

目の感覚が、物体の大きさや距離を判断するための唯一のよりどころは、その物体が目のなかに入ってくる角度の幅である。しかし、この角度の幅は、複合的な原因のひとつの単純な結果にすぎず、それによって判断をすると、個々の原因についてはやはりはっきりわからないままであり、われわれは必然的にあざむかれやすくなる。なぜなら、ただ見ただけで、あるものがほかのものより小さいと角度によって判断するとしても、はたしてそれはほんとうに小さいものなのか、それともそれはただ遠くにあるものなのか、区別できないからである。

したがって、視覚による判断は、先に述べた触覚による判断とは方法を逆にせざるをえない。すなわち、その感覚に一本化するのではなく、かならずべつの感覚と並行させ、べつの感覚によって検証する。つまり、視覚の器官を触覚の器官に従属させる。いわば、視覚の性急さを、触覚の鈍重だが規則正しい歩みによって抑制するのである。

われわれはこういう方法にしたがわねばならない。たんなる目測はきわめて不正確だ。ものの高さや長さ、深さ、距離を一目で正確に判断することはできない。目測が不正確なのは目の感覚のせいではなく、その使いかたが下手だからである。その証拠に、技師や測量士や建築家や石工《いしく》や画家は、ものを一目見ただけで、一般にわれわれよりもはるかにしっかりと、そして正確に大きさや距離を推定する。かれらはその職業のおかげで、われわれにはできないほどの経験をえており、目に入ってくる角度の解釈のあいまいさを自分が重ねた経験によって取り除けるからである。自分の目にとって、この角度をあたえる二つの原因［大きさと遠さ］の割合を、もっと正確に決定づける見えかたをかれらは知っているのだ。

強制などせずに、子どもに体を動かすのを受けいれてもらうのは、どんなことであれ、むずかしいことではない。距離を測ったり、確かめたり、目測したりすることに興味をもたせる方法は無数にある。

ほら、あそこにとても高い桜の木がある。さくらんぼうをとるにはどうしたらいいだろう。納屋にあるはしごで、まにあうかな。

おや、あの小川はとても幅が広い。どうやって渡ろうか。中庭にある板きれは両岸にまたがるかな。

この窓から糸を垂らして、城の堀の魚を釣りたいね。では、糸の長さはどれくらい必要だろうか。

この二本の木のあいだにブランコを作りたいのだが、綱の長さは二トワーズ［約四メートル］で足りるだろうか。

あたらしい家では、私たちの部屋の広さは二十五平方ピエ［約二平方メートル］だそうだ。その広さでいいのだろうか。それはこの部屋よりも広いのかな。

ああ、とてもお腹が空いたね。あそこに村が二つ見える。早くお昼を食べるにはどちらに行ったほうがいいだろうか、といったぐあいだ。

体を動かすのも面倒くさがる無精な子どもに、駆け足の訓練をさせねばならないことがあった。この子は将来、軍人になることになっているのに、自分では駆け足の訓練も、とにかく何の訓練もしようとしなかった。どうしてだかわからないが、かれは、自分のような身分の人間は何もする必要がなく、何も知る必要がないと思いこんでいた。貴族という身分が、脚の力、腕の力、その他あらゆる種類の能力のかわりになるはずだと信じこんでいた。

こういう騎士殿を、ギリシア神話のアキレウスのような俊足にするには、ケイロン［半人半馬の賢者。アキレウスの教育係］の巧みな指導をもってしても十分ではなかっただろう。

しかも私は、けっして子どもに指図などしないと決めていたので、困難はさらに大きかった。私は励ますこと、約束をあたえること、脅すこと、競わせること、栄光を求めさせること、そういうことで子どもを指導する権利など、自分にはいっさいないのだと思っていた。では、いっさい何も言わないで、子どもに走りたいという欲求をいだかせるにはどうすればよいのか。

私自身が走ってみせても、それで子どもがその気になるとはとても言えないし、かえって不都合が生じる。しかも、駆け足の訓練そのものに、子どもを教育する何らかの目的があるという点も大事であった。つまり、それは身体の働きと精神の働きがつねに協調しておこなわれることに慣れさせるためのものなのである。

そこで、私のやりかたを紹介しよう。私は、すなわち、以下の話を実例として語るのである。

私は、午後この子と散歩に行くときには[*41]、ときどきポケットに、かれの大好きなお菓子を二つ入れて出かけた。そして、散歩をしながらおたがいにひとつずつ食べ、とても気分よく屋敷にもどった。

ある日、かれは私がお菓子を三個もっていることに気づいた。かれにとってこのお菓子は六個でも平気で食べられるほど大好物だ。そこでかれは急いで自分のお菓子を食べ、三つめをくれと言う。私はこう言って断った。

「いや、これは私ひとりで食べてもいいし、あるいは、二人で分ける手もあるけど、しかし、私はあそこにいる二人の男の子に駆けっこをさせて、勝ったほうにこのお菓子をあげようと思う」

私はその子らに声をかけた。そして、お菓子を見せて、駆けっこに勝ったほうがそれを食べてよいと言った。かれらには願ってもない話だった。大きな石のうえにお菓子をのせ、この石を競走のゴールとし、走るコースも決めた。私と生徒は腰をおろして見物する。二人の男の子は合図とともに駆けだした。勝ったほうがお菓子をつかむ。そして、観客と敗者の目のまえで、これ見よがしにそのお菓子をむしゃむしゃ食べてしまった。

この遊びは、お菓子よりももっと価値のあるものとなった。もちろん、すぐにそうなったわけではない。はじめのうちは何の効果も生みださなかった。しかし、私はしょげたり、あせったりしなかった。子どもを教育するしごとでは、時間を節約するために時間をムダに使うのも常識だからである。

＊41 このあとすぐにわかるように、これは田舎道での散歩。都会の公園などでの散歩は、男の子にも女の子にも有害である。都会の子どもが見栄坊になり、ひとから見られるのを望むようになるのは、まさにそこから始まる。パリの上流の青年男女の、きざで生意気な態度は見るからにこっけいであり、おかげでかれらはヨーロッパ中であざけられ、嫌われているのだが、かれらにそうした態度を身につけさせるのが、まさしくリュクサンブールやチュイルリー、とりわけパレ・ロワイヤルでの散歩なのである。

私たちはこうした散歩を続けた。持参するお菓子はときには三個、ときには四個になり、駆けっこをする者のために一個、ときには二個もあてがわれた。ご褒美がたいしたものでないならば、それを争う者もたいして熱心にはならない。そこで、勝利した者は大いにほめそやされた。華々しく祝われた。

この駆けっこに変化を加え、さらに一段とおもしろそうなものにするために、私は子どもが走る距離をもっと長くし、参加者が増えるのも認めた。競走者が出発点にならぶと、通りがかりのひとびとも足をとめて見物しはじめる。ひとびとの歓声や激励や拍手が子どもらを元気づける。駆けっこで誰かが誰かに追いつきそうになったり、あるいは追い抜きそうになると、私の生徒は身ぶるいしたり、叫んだり、立ち上がったりした。私はそれをときどきチラチラと眺める。かれにとって、この競走はまさしくオリンピック競技なのであった。

しかし、この駆けっこに参加する子どもらはときどきズルをした。たがいに相手をさえぎったり、転ばしたり、相手の進路に石を蹴りこんだりする。こういうことがあったので、私は走者をたがいに引き離し、ゴールまでの距離は等しいが出発点は異なるようにしたりした。私がこのような予防をする理由はもう少しあとで説明しよう。これは重要なことがらなので、くわしく述べる必要があるからである。

騎士殿は、自分も食べたくてたまらないお菓子をいつもほかの子が食べてしまうのを見せつけられて、がまんできなくなった。ついには、速く走るのは何かしら良いことかもしれない、と思うようになる。そして、自分にだって二本の足がある、と悟り、ひそかに走る練習を始めた。私はそれにまったく気づかぬふりをした。しかし、私のたくらみはまんまと成功したのだとわかった。

やがて、かれは自分にも脚の力がついたと思い（そして、私はかれの考えを先読みしていたのだが）、あるとき、私にむかって、残ったお菓子を自分にくれと、わざとしつこくせがんできた。もちろん、私は断る。かれはなおもせがむ。そして、ついにかれはいかにも腹立たしげに、私にこう言った。

「じゃあ、お菓子はあの石のうえにのせて、駆けっこをさせてよ。それならいいでしょ」

「いいでしょう」と私は笑いながら言った。「しかし、騎士殿は自分の足で走れますか。お腹はすくでしょうが、お腹を満たすものは手に入らないでしょう」

かれは私にからかわれて、むっとする。それで奮起し、駆けっこで一番になった。それは私がかれのコースを短くしてやり、また、足の速い子を除外してあげたおかげでもある。

こうして第一歩が踏みだされたら、かれに根気を保たせるのがどれほど容易であったか、それは言うまでもないだろう。私の生徒はすぐにこうした形での練習に夢中になった。そして、走るのがどんなに長いコースであっても、また、私がとくにひいきをしなくても、かれは私が集めた悪童たちと競走して、ほとんど確実に勝つようになった。

これはひとつの成果だが、この成果から、予想外のもうひとつべつの成果がえられた。

私の生徒がたまにしかごほうびを獲得しなかったときには、かれはほとんどつねに、ほかの競走者たちと同様に、お菓子を自分ひとりで食べた。ところが、勝利することに慣れてくると、だんだん気前がよくなり、しばしば敗者にも分けあたえるようになる。

このことは私自身にとっても道徳を見つめなおす好機となった。寛大さというものの真の原理を、私はまさにこのことから学んだのである。

さて、競走のスタートは同時でも、スタートの場所はそれぞれに異なるというやりかたを、私は私の生徒が駆けっこに加わるようになってからもつづけた。走る距離を平等にしなかったのであるが、かれはそのことに気づかなかった。距離が不平等なら、同じゴールに達するまで余計に走らねばならない者は、明らかに不利である。ところが、私は私の生徒にスタート地点の選択をまかせたにもかかわらず、かれは自分の有利さを用いる術を知らなかった。

かれは距離のことは気にせず、いつもいちばんきれいな道を選んだ。だから、かれがどの道を選ぶか、容易に予想できるので、彼がお菓子を獲得することも、あるいは取りそこなうことも、私はほとんど自分の意のままにできたのである。そして、こうした手口はべつの目的にも用いられた。

しかし、私の狙いは、コースごとの距離のちがいを生徒自身に気づかせることにあったので、私はかれにそれを感づかせるよう、いろいろ試みた。ところが私の生徒は、静かにしているときはあいかわらず無精だったのに、遊びにはすっかり熱中し、私を疑いもしなかった。だから、私がごまかしを加えていることをかれに感づかせるまでには、それはもうたいへんな苦労をさせられたのである。

鈍感な生徒にも、私はついに気づかせることができた。すると、かれは私のやったことを非難するではないか。そこで私はかれにこう言ってやった。

「何で文句を言うのですか。ごほうびをあげたいというのは私が自分で勝手に考えたことですから、ごほうびをあげる条件も私が勝手に決めてよいのではありませんか。誰があなたに走ってくれと頼みましたか。私はあなたに、走る距離を平等にすると約束しましたか。走るコースを選ぶのはあなたでしょ。距離がいちばん短いのを選びなさい。誰もそれを邪魔しません。そもそも私はあなたに有利になるよう心くばりをしてきました。どうして、それがおわかりにならないのですか。走る距離が平等でないことに文句をつけておられるが、距離の不平等は、あなたがそれをあらかじめ知っていたなら、むしろあなたの得になることではありませんか」

明快な理屈なので、かれも理解した。そこで、コースを選ぶにあたって、かれはもっと注意して調べなければならないことになった。はじめは、距離を歩数で測ろうとした。しかし、子どもの歩測は時間がかかるし、まちがいやすい。しかも、私は一日に何回も駆けっこをやらせたいと考えていたし、また、子どもにとっても競走は一種の情熱となっていた。だから、歩測に時間をかけるのは、駆けっこの時間を減らすことになるから困るのだ。

こうした手間のかかるやりかたは、子どもがそなえる活発さにそぐわない。そこで目の力を鍛えるほうへ向かう。目測で距離をもっと正確につかまえる練習がなされた。ここまでくると、目の力を鍛えたいという気持ちを育てること、強めることにほとんど苦労はいらなかった。

ついには、数ヵ月の練習と試行錯誤のはてに、かれは目測によって距離を正しく判断する力を身につけた。そして、私が何か遠くにある物体を指さして、あそこにお菓子を置こうかなと言ったら、かれは、測量技師が使う測鎖《そくさ》とほとんど変わらないぐらいの正確さで、その距離を一目で言い当てるようになったのである。

視覚は、あらゆる感覚のうちでもっとも精神の判断から切り離しがたいものであるから、われわれがほんとうに見ることを学ぶにはたくさんの時間が必要である。視覚と触覚をじっくりと長いあいだ比較したことがなければ、この二つの感覚のうちの前者によって、ものの形と距離の関係を正しくつかまえることはなかなかできるものではない。ものに触ったことがなく、少しずつ前進したこともなければ、世界でいちばん鋭い目であっても、われわれに空間の観念など、あたえることはできないだろう。牡蠣《かき》にとっては、宇宙の全体もたんなるひとつの点でしかあるまい。たとえ人間の魂がこの牡蠣に宿ったとしても、牡蠣にとって宇宙はそれ以上のものには見えないだろう。

われわれは足で歩き、手で触り、数を数え、寸法を測ったりすることによって、ようやくものの大きさを推定することを学ぶのである。ただし、いつでも寸法を測っていると、われわれは道具に頼るようになり、感覚による判断は少しも正確でないものになる。

また、子どもは、寸法の測定からそのまま大きさの推定に移ってはいけない。最初は、ほかと比較しようのないものは、その諸部分と全体の比較をつづけていく。そして、その比の正確な値のかわりに、見積もりによる値を出していく。つまり、いつも手で物差しをつかうのではなく、目で物差しをつかうことに慣れていかねばならない。ただ、私としては、子どものこうした最初の推測を、やはりほんものの物差しによって確かめるようにさせたい。それは子どもに自分のまちがいを訂正させるためだ。また、子どもの感覚のなかにまちがった印象が残っているばあいには、それをもっと正しい判断によって修正することを学ばせるためである。

人間は、あらゆるところでほぼ同一の、自然の尺度をもっている。人間の歩幅、腕の長さ、背の高さがそれである。子どもが家の高さを推定するときには、家庭教師を尺度として用いることができる。教会の塔の高さを見積もるときには、家を尺度に用いればよい。道の長さを知りたければ、歩く時間を計ればよい。ここで大事なのは、そうしたことすべてを子どもに代わってやってあげてはならない、つまり、すべてを子ども自身にやらせることが大事なのである。

物体の空間的ひろがりや大きさを正しく判断できるようになるのは、その物体の姿形を知り、さらにそれを模倣することもできるようにならないかぎり、不可能であろう。なぜなら、そもそも模倣というのは遠近法に絶対的に依存するものであり、そして、われわれにいささかも遠近法の知識がないならば、物体の大きさをその外観にもとづいて推定することもできないからである。

子どもは模倣が大好きで、あらゆるものを絵で模写しようとする。私は私の生徒にもその技術が伸びてほしいと思う。しかし、それは絵の技術そのもののためではなく、正確な目と柔軟な手をもつようになってほしいからだ。一般的にも、生徒があれこれの練習に習熟するのは重要なことではない。重要なのは、練習をとおしてかれが感覚の鋭敏さと肉体のよい習慣を獲得することなのだ。

だから私は、かれに絵の先生をつけるようなことはしない。絵の先生は、生徒に模倣を模倣させるだけだし、絵を下敷きに絵を描かせるだけだからである。生徒には、自然だけを先生とし、現物だけを絵のモデルとしてもらう。絵を描こうとするかれの目のまえにあるのは、その現物であって、それを描いた紙ではない。家を見て家を、木を見て木を、ひとを見てひとを描いてもらいたい。物体とその外観をよく観察することに慣れてほしいからである。ありきたりのまちがった模写を正しい模写ととりちがえないでほしいからである。

生徒がものを何度もよく観察して、その正確な形をしっかり頭に刻みこむまでは、私は、かれがものを見ずに記憶だけで絵を描くことはさせない。ものの真実の形ではなく、空想にもとづく奇妙な姿を描いていると、均整についての意識も、また自然の美にたいする趣味も失われていく恐れがあるからである。

なるほど、そんなやりかたでは、子どもはいつまでも、わけのわからない絵ばかりかきなぐりつづけるかもしれない。イラストレーターが描くような輪郭の優雅さや筆致のかろやかさなど、なかなか獲得できないだろう。ひょっとすると、絵画的な効果を識別する力や、デッサンにたいする良い趣味は、まったく身につかないかもしれない。

しかし、そのかわりに、もっと正確にものを見る目、もっとしっかりとした手、動物や植物や自然の物体のあいだにある大きさと形の正しい関係についての知識、さらには遠近法の効果についてのよりいっそう速やかな理解、これをかれは確実に身につけるだろう。

そして、私の望んだことはまさしくそれなのである。私の意図は、生徒にものをきちんと認識させることであって、ものを模写させることではない。私は、生徒がアカンサスの葉の文様［装飾用の図案］を描いてみせるよりも、アカンサスの実物を私に示してくれるほうが、よほどうれしい。

さらに言えば、私はほかの何の訓練でもそうだが、この訓練も私の生徒にひとりでやらせるつもりはない。私はつねに生徒と訓練の楽しみを分かちあって、それをもっと楽しいものにしてあげたい。私以外に競争相手はいないようにするが、私自身がたえずそばにいて競争相手となる。しかも、何の危険もない競争相手となる。そうすれば、かれには競争がおもしろくなるし、しかも、私たちのあいだに嫉妬が生じることもない。

私もかれにならって鉛筆を手にとることにしよう。最初は私もかれと同じくらい鉛筆は不器用につかう。たとえ私が古代ギリシアのアペレスのような画家であっても、へたな絵を描くようにする。

私はまず人間の絵を、召使いたちが壁に描く男の姿と同じように描くことから始めよう。つまり、左右の腕をそれぞれ一本の線で、左右の脚もそれぞれ一本の線で描き、そして指は腕よりも太い線で描く。ずっとあとになってから、この絵は変だと私たちのどちらかが気づくようになる。そもそも脚はもっと太いし、その太さも元から先まですっと同じではない。腕の長さもあるていど身長に比例する、といったことに気づく。

こうした進歩を、私と生徒はほとんどともにする。あるいは、私のほうが先に進むことがあっても、その差はごくわずかだから、生徒はいつも簡単に私に追いついてしまうし、しばしば私を追いこしてしまう。

私たちはやがて絵の具と絵筆をつかうようになる。私たちは対象の形ばかりでなく、その色彩も、そして目に見えるその姿全体も模写しようと努力する。私たちは絵の具を探し、絵筆につけ、塗りたてる。しかし、塗りたてているさいちゅうでも、私たちは自然をじっくり見ることをやめない。この自然という先生が監視しているもとでなければ、けっして何も描かないだろう。

私たちの部屋を何で飾ろうかと悩んでいたが、それはここですっかり解決する。自分たちの絵を額縁に入れればいいのだ。絵は透明なガラスで覆って、手で触れないようにする。絵を描いた本人も、それがきちんと保存されているのを見ると、自分の作品を粗末にあつかわないようになる。

私は絵を部屋のまわりに順序よくならべる。どの絵も二十回、三十回、くりかえし描かれており、そのひとつひとつを見れば作者の進歩がわかる。たとえば、家は最初はたんなる四角で描かれ、家の形をなさない。それが、家の正面や側面、家の均整や陰影がしだいに正確に描かれ、真に迫っていく。

こういう順序で絵をならべると、それは、自分たちにとっておもしろいし、ほかのひとたちの好奇心をそそるし、そして、かならず自分たちの競争心をさらにかきたてるにちがいない。

私はこれらの絵のうち、いちばん初期のもの、いちばんできの悪いものを、キラキラ金ピカのよく目立つ額縁に入れる。しかし、模写がますます正確になり、デッサンがほんとうに上手になった絵には、もうきわめて質素な黒い額縁しかあたえない。そんな絵は、もはやその絵そのもの以外に装飾を必要としないし、もしも額縁のせいで、その絵に向けられるべき注意が分散してしまったら残念だからだ。

だから、私たちは、飾り気のない額縁に絵がおさまるのを栄誉とする。そして、おたがいに相手の絵をけなしたいときには、それを金ピカの額縁に入れてみせる。おそらく、いつの日か、私たちのあいだでは「金ピカの額縁」の一言だけで話が通じるようになるだろう。そして、金ピカの額縁に自分の絵がおさまるのを栄誉とする人間が世間にいかにたくさんいるか、私たちはたまげてしまうだろう。

さて、私はまえに、幾何学は子どもの手におえるものではないと述べたが、しかし、それがそうなっているのはわれわれのせいなのだ。われわれは、子どもの方法が自分たちの方法とまったくちがうことがわかっていない。われわれにとって大事なのは理屈を組み立てる技術であるのにたいし、子どもにとって大事なのはものを見る技術である。

幾何学でも、子どもにわれわれの方法を授けるより、われわれが子どもの方法を採用するほうが、よほど良いだろう。なぜなら、われわれが幾何学を学ぶとき、理屈も大事だが、想像力も同じくらい大事だからである。命題が提示されたら、その証明を思いつかなければならない。すなわち、その命題が、すでに知られているどの命題から結果として導き出されるのかを発見しなければならない。また、すでに知られているその命題からはさまざまな結果が導き出されうるが、そのすべてのうちから、まさしく求められているのはこれだと選んでみせなければならない。

いかにきっちりとした理屈を組み立てるひとであっても、発明の才がなければ、このやりかたにおいては行きづまるしかない。すると、どういうことになるか。幾何学はわれわれに証明を発見させるものではなくなる。そのかわりに、われわれは言われたことを書き写すだけになる。先生はわれわれに、推論をすることを教えず、推論は先生がかわりにおこない、われわれにはただ記憶力だけを訓練する。

図形を正確に描き、図形と図形を組みあわせ、重ねあわせて、それらの関係を調べなさい。観察に観察を重ねていけば、それで初等の幾何学はすっかりつかまえられるだろう。そのとき、定義とか例題など必要ないし、証明をするにはたんに図形を重ねあわせてみるだけでよく、それ以外には何の形式も必要ない。

私がかかわるばあい、幾何学は私がエミールに教えるというふうにはしない。むしろエミールが私に教える形にする。図形の関係を私が探し求めて、エミールがそれを発見するのだ。私はかれにそれを発見させるよう工夫して探し求めるからである。

たとえば、円を、私はコンパスで描くのではなく、一本の糸の端に鉛筆をつけ、べつの端を軸にして回転させて描く。それから私が、その円のあちこちで半径を測って、それぞれの長さを比べようとすると、エミールは私をあざ笑うだろう。そして、ピンと張った同じ糸で描いたのだから半径の長さが場所によってちがうはずがないと、かれは私にわからせようとするだろう。

六〇度という角度を測りたいばあい、私はこの角の頂点を中心に、弧ではなく円を描く。子どもには、どんなことでも省略してはいけないからだ。私は、この角の二辺にはさまれる円の部分が、円全体の六分の一であることを発見する。つづいて、また同じ頂点から、もうひとつ、もっと大きな円を描く。そして、この第二の弧も、その円周の六分の一であることを発見する。さらに、三つ目の同心円を描いて、ここでも同じ結果になることを示す。こうして、つぎつぎに同心円を描いていくと、ついにエミールは私の愚かさにあきれて、「そんなふうにして描かれた弧は、大きいものだろうと小さいものだろうと、どれもかならず円周の六分の一になります」などと私に教えてくれるだろう。こうなったら、もうそろそろ分度器をつかってもよいことになる。

接角［直線のうえに直線を立ててできる二つの角］の和は二直角に等しいこと［ユー

クリッド原論一の命題一三〕を、〔直線の交点を中心に〕円を描いて証明するやりかたがある。しかし、私なら逆のやりかたをする。つまり、私はまず最初に円を描いて、円のなかで先の命題をエミールに確認させてから、かれに言う。「ここで円を消し、直線は消さずに残すと、角の大きさは変わってしまうだろうか……」

おおかたのひとは、図形の正確さをそれほど気にしない。描かれた図形は正確なものという想定にたって、証明に熱中する。

私と生徒のあいだでは、反対に、証明をすることは問題にもされない。もっとも重要なのは、直線をどれも同じように、きちんとまっすぐ正確に引くことである。正方形を完璧に描き、円をちゃんとまん丸に描くことである。

私達は、図形が正確かどうか確かめるために、感覚でとらえうるその図形の特性をことごとく検討する。また、その作業は私達に、その図形のあらたな特性を連日のように発見させることになるかもしれない。

たとえば、円を直径で折って、二つの半円をつくる。正方形を対角線で折って、正方形の半分を二つつくる。私達はこうしてつくった二つの図形を比べる。図形の縁がぴったり重なりあうのは、どちらがつくったものなのか、すなわち、作図が上手なのはどちらなのか。さらに私達は、平行四辺形や台形などでも、半分に折れば同じように重なりあうかどうか、議論する。じっさいに実験するまえに、こうやってときどき成果の予測を試みる。その根拠も明らかにするように努める、などなど。

私の生徒にとって幾何学とは、定規とコンパスが上手につかえるようになることにすぎない。幾何学を、定規もコンパスもつかわないお絵かきとけっして混同させてはならない。定規とコンパスは鍵をかけてしまっておき、たまにしか、また短時間しか使用を許さない。許せば、生徒はそれをつかって遊び、下手な絵を描くくせがついてしまう。そのかわり、私達はときどき自分たちが描いた幾何の図形をたずさえて散歩に出よう。そして、自分たちが何を描いたのか、あるいは何を描きたいと思ったのか、話しあったりしよう。

私はトリノで出会った青年をけっして忘れないだろう。かれは子どものころ、毎日、周辺の長さはどれも等しいさまざまの幾何学的な形のワッフルのなかから、どれかを選ばされた。それによって輪郭と面積の関係を学ばされたのである。食いしん坊の子どもだったかれは、いちばん食べごたえのあるワッフルを見つけるために、アルキメデスの技術をきわめた。

さて、子どもが羽根つきをして遊ぶとき、それは目と腕を正確なものにする訓練になっている。コマを鞭《むち》で打って回す遊びでは、子どもは力をつかうことによって自分の力を伸ばしている。しかし、子どもは何も学んだりしてはいない。

私はときどき、ひとに尋ねたことがある。どうして子どもには、大人のように技術を必要とする遊び、たとえばテニス、ペルメル［木槌をつかう球技］、ビリヤード、弓、フットボール、楽器の演奏をやらせないのでしょうか。すると、こんな答えが返ってきた。そういう遊びのいくつかは子どもの力にあまるものであり、またその他の遊びも、子どもは手足や器官が十分に発達していないのでムリだ、という。

私は、それは理屈になっていないと思う。子どもは大人より体が小さいので、服も子ども用にはなるが、やはり服は着るのである。ビリヤードでも、私は子どもに大人と同じキュー、同じ高さ三フィートの台で遊ばせたいわけではない。テニスでも、子どもの小さな手に大人用のラケットをもたせ、われわれと同じコートで玉を打たせるつもりはない。はじめは窓ガラスが割れる心配のない部屋でテニスをさせる。やわらかなボールしかつかわせない。ラケットの面も最初は木製、それから上達するにつれて羊の革、そして最後にガットを張ったものにしていく。

あなたがたは、子どもの遊びとしては羽根つきがいいと言う。羽根つきはあまり疲れないし、そして危険がないからだそうだ。しかし、その理由づけは二つともまちがっている。羽根つきは女の遊びだが、飛んでくる羽根を避けない女はいない。羽根にあたって彼女たちの白い肌にあざができてはいけないし、顔に傷がつくのもいけない。だが、私達人間は強健になるよう生まれついている。だが、何の苦労もなしに強健になれると私達は思っているのか。一度も攻撃を受けたことがなければ、いったいどのようにして自分の身を守ることができるようになるのだろうか。

身のこなしが下手でも何の危険もないような遊びでは、誰もけっして真剣にならない。たしかに、おちてくる羽根では誰もケガをしないが、しかし、頭を防御しなければならないとなると、腕の動きがすばやくならねばならず、眼を守らねばならないとなると、ものを正確にとらえる視力も鍛えねばならない。

テニスでは、部屋の端から端まで突進し、ボールがまだ空中にあるときにそのバウンドを判断し、それをしっかりと強く、正確に打ち返さねばならないが、これこそ大人向きの遊びというよりも、むしろ子どもを大人にするのに役立つものである。

子どもの筋肉は柔らかすぎる、と言われる。なるほど、ふにゃふにゃしているが、かえってその分だけしなやかだ。子どもの腕は弱いが、とにかく腕は腕である。腕でするようなしごとは機械にやらせるのではなく、できるかぎり腕にやらせよう。

子どもは手がまったく器用ではない。だから私は、子どもにはそれを身につけさせたいと思う。大人だって、訓練を受けていなければ、子どもよりも器用にはなれないだろう。われわれは自分の体をつかうことによって、初めて体のつかいかたを覚えるのである。

自分自身を上手に利用する方法を身につけさせるのは、長きにわたる経験以外にない。そして、この経験こそがほんとうの勉強なのである。その勉強はどれほど早く始めても早すぎることはない。

大人がすることはすべて、子どもにもできる。じっさい、すらりとして機敏な子どもが大人に負けないすばやい手足をそなえているのは、きわめてふつうの話である。子どもが曲芸をしたり、逆立ちしたり、綱のうえで跳んだり踊ったりするのは、ほとんどどこの定期市でも見られる光景だ。

イタリア喜劇が、長年たくさんの観客をひきよせてきたのも、子どもの集団舞踏が評判だからではないか。有名なニコリーニのパントマイム一座の評判を、ドイツやイタリアで聞いたことがないひとがいるだろうか。その一座の子どもたちのなかに、大人のダンサーよりも動きが未熟で、優雅さに欠け、音楽にうまく同調できず、踊りも軽快でない子どもが発見できただろうか。

子どもは指が短く太く不器用で、ぽってりとした手ではものがしっかりつかめない。それでも、ほとんどの子どもがまだ鉛筆もペンももてない年ごろなのに、なかには文字を書いたり、絵を描く子どもが何人もいる。十歳なのに鍵盤楽器クラブサンをものすごく上手に弾いたイギリスの少女のことは、パリ中のひとが覚えている。

私は、ある役人の家で、そこの息子、八歳の坊やがデザートのテーブルのうえに立たされ、皿のあいだに置かれたお人形のようなかっこうで、自分の背丈ほどの大きなヴァイオリンを弾くのを見たことがある。そして、その子の演奏は本職の音楽家たちを驚かせるほどのものであった。

以上の例や、その他の多数の実例がはっきり証明していると私には思われるのだが、大人のすることは子どもにはできないと考えるのは幻想にすぎない。子どもにできたためしがないものがいくつかあるとしても、それはただちゃんと訓練がされなかったからにすぎない。

知性にかんして、子どもへの早期教育はまちがっていると非難する私が、ここで肉体にかんして、同じまちがいに陥っている、と言われるかもしれない。しかし、この二つはまったく異なるものなのだ。知的な成長は見かけだけのものだが、肉体的な成長は現実のものなのである。

私がすでに証明したように、子どもがもっているように見える才能は、じつはほんものではない。これにたいし、子どもがおこなっているように見えることは、すべてじっさいにおこなわれている。

しかも、われわれがけっして忘れてはならないのは、子どもがすることはすべて遊びにすぎないこと、というか、すべてが遊びでなければならないことである。遊びとは、自然が子どもに求めるもので、動きを子どもがたやすく、意のままにコントロールできるものであり、また、楽しみのためにさまざまの変化をつけて、それをもっとおもしろくする技術である。そして、わずかにでも強制を加えて、それを労働に変えてはならないものである。要するに、どんな遊びであれ、私はそれを子どもの教育の材料にすることができる。たとえ教育の材料にはできなくても、とにかく子どもはちゃんと楽しんで時間をすごせるのであり、遊びによって子どもが成長するかどうかは、いまのところはどうでもよいのだ。ところが、どうしても子どもにあれこれ教えなければならないとなると、それはどんなふうにやっても、けっして強制なしに、また反発をまねかずに、そして退屈させることなしにはできないのである。

もっとも持続的に用いられ、もっとも重要性の高い二つの感覚について述べてきたが、以上の話はその他の感覚をどう鍛えるかの参考になるかもしれない。視覚と触覚は、静止している物体にも、運動している物体にも、同じように用いられるが、聴覚は、空気の振動があってはじめて働くものなので、運動する物体のみが音や響きをつくりだす。だから、あらゆるものが静止していたら、われわれにはけっして何の音も聞こえないだろう。したがって、夜、われわれは自分が動きたいときにしか動かないので、われわれが怖がるべきは、われわれと無関係に動くものがいるときだけである。そこで、われわれは敏感な耳をもつ必要がある。そして、刺激された耳の感覚の度合いによって、その原因となった物体が大きいか小さいか、遠いか近いか、またその振動が激しいか弱いかを判断できるようにならねばならない。

振動した空気はさらにはね返って反響し、こだまを生み、感覚への刺激をくりかえす。そして、音や響きを発生させた物体が、その場所ではなく、べつの場所にあるかのように耳には聞こえる。野原や谷間で、耳を地面につけて聞くと、立ったままで聞くよりも、ずっと遠くにいる人間の声や馬の足音が聞こえてくる。

まえに視覚を触覚と比較したが、こんどは視覚を聴覚と比較したい。そして、同じ物体から同時に発されるものを、目と耳のどちらの感覚が先に受けとるのか、それをしらべてみたい。

大砲から火が出たのを見たとき、その砲撃はまだ避ける時間がある。しかし、その音が聞こえたら、もう時間がない。砲弾はすぐそこに来ている。雷の距離も、雷の光と音の時間差によって判断することができる。

子どもには、こうしたことはすべて経験によって学ばせなさい。経験のおよぶ範囲のことは経験によって、それ以外のことは帰納によって発見させなさい。しかし、あなたが口で教えなければならないようなことなら、子どもはむしろそれを知らないほうが百倍も好ましいと私は思う。

われわれの体には、耳で聞く聴覚に対応するひとつの器官がある。それは声を出す器官である。ところが、目で見る視覚には対応する器官がない。われわれは音を出すことができるが、色を出すことはできない。われわれは、まさしく音を出すことができるからこそ、受動的な器官とこの能動的な器官をたがいに鍛えあわせて、聴覚をさらに養うもうひとつの方法がえられるのである。

人間は三種類の声が出せる。すなわち、話すために音節がはっきりした声、そして、歌うために旋律のついた声、三つめは、感情によって強く押し出される声である。この三つめの声は情念をあらわすことばづかいに用いられ、歌や話をいきいきとしたものにする。

子どもも大人と同じく、この三つの声をもつが、大人みたいにこの三つを組みあわせることはできない。子どもも大人と同じように笑うし、泣くし、嘆くし、叫ぶし、うめいたりするが、しかし、子どもはこうした声の抑揚をほかの二つの声と混ぜあわせることを知らない。

完全な音楽というのは、三種類の声をもっともたくみに結合させせたものである。子どもにはそういう音楽はムリだ。子どもの歌には心がこもらない。子どもは話す声のときにも、ことばの調子は平板だ。大声を出すことはあるが、ことばに抑揚がなく、話す声には力強さがない。

われわれの生徒は、もっと単調で、もっと平板な話しかたをするだろう。なぜなら、かれは情念が目覚めておらず、かれのことばづかいに情念が混じることはないからである。したがって、生徒に悲劇や喜劇のセリフを暗唱させようとしてはならない。また、詩を朗々と読み上げる、いわゆる朗唱を教えこもうとしてはならない。生徒もそれなりに分別はあるので、自分の理解できないものごとを調子をつけてしゃべったり、自分にとってまったく未知の感情を表現したりすることはできないのである。

話しかたについて子どもに教えるべきは、あっさりとさわやかに話すこと、音節をはっきりさせること、気取らず正確に発音すること、正しいアクセントと韻律《プロソディー》をきちんと身につけること、つねによく聞きとれる声を出すことである。ただし、必要以上に大きな声を出してはならない。必要以上に大きな声を出すのは、学校にかよう子どもによく見られる欠点。何ごとにおいてもやりすぎはよくない。

歌いかたについても同様で、教えるべきは正確でなめらかな、そして、しなやかでよく響く声を出すことである。耳は拍子とハーモニーに敏感になるようにするが、それ以上は必要ない。描写的で演劇的な音楽は、子どもにはふさわしくない。歌詞を歌うのも好ましくないと私は思う。それでもことばのついた歌を生徒が歌いたがったら、私は、その年ごろの子どもにとって歌詞がおもしろく、そして内容も子どもにふさわしい単純素朴な歌を、特別につくってあげよう。

文字の読み書きを教えるのを急がない私だ。音符の読み方を教えるのもやはり急ぎたくない。それはわかっていただけよう。子どもの頭脳をあまりにも苦しいことに集中させないようにしたい。たんなる符丁を覚えることに子どもの知性を早くからしばりつけたくないのである。

ただし、正直に言えば、それをしないでいることにも問題があると思う。なるほど、文字の読み書きができなくても話をすることはできるのと同様、音符が読めなくても歌を歌うことはできる、と最初はそう見える。しかし、そこにはつぎのようなちがいがある。話をするとき、われわれは自分の観念を表現するが、歌を歌うときは、ほとんど他人の観念を表現することになる。そこで、それを表現するためには音符が読めなければならない。

とはいえ、そもそも歌は、音符が読めなくても聴くことができる。そして、歌は目よりも耳で学ぶほうがよい。さらに、音楽というものを知るためには、歌を歌うだけでは十分ではなく、自分で歌をつくる必要がある。歌を歌うことと歌をつくることを同時に学ぶ必要がある。そうしなければ、けっして音楽をほんとうに知ることにはならない。

あなたの小さな音楽家には、まず、きわめて規則的でとてもリズミカルなフレーズをつくる練習をさせなさい。そして、そうしたいくつかのフレーズをごく単純な転調によって連結させる。それから、その組みあわせのさまざまな関わりあいを適切な休止によってきわだたせるようにさせる。これはどこで休み、どこで終わらせるかという正しい選択によってなされるものである。

子どもにはけっして変な歌を歌わせてはいけない。また、悲壮な歌、感傷的な歌もよくない。メロディーはかならず単純で歌いやすいものであること、かならず基本的なコードに沿うものであること、かならず低音［旋律］がはっきりしていて、苦もなく伴奏できるものであること。これが大事だ。なぜなら、声と耳をともに成長させるためには、絶対にクラブサンの伴奏で歌を歌う必要があるからである。

旋律をはっきりさせるため、歌うときは音のひとつひとつをきちんと出す。ドレミファ音階が何らかの符号とともに使用されるようになったのもそれゆえである。音の高さを区別するため、音階における相対的な位置をしめす名前と、音それぞれの絶対的な固有の名前をあたえねばならない。そこから、いわゆる階名［ドレミファソラシ］と、アルファベットでしめされる音名［日本ではハニホヘトイロ］がつけられた。こうした名前によって、クラブサンの鍵盤の鍵が指定され、音階の音が指定される。

CとかAは、一定して不変の音をさし、つねに同じ鍵によって出される。ドとかラは、それとは種類がちがう。ドは、長音階の主音、あるいは短音階の第三音をさし、ラは、短音階の主音、あるいは長音階の第六音をさすものなのである。

このように、アルファベットは、われわれの音楽で音がたがいに体系的に関係づけられているなかでの、それぞれの音の固定的な位置をさすのにたいし、ドレミファは、それと同じような関係がべつの音でもあらわされるとき、それぞれに相当する音をさす。アルファベットはクラブサンの鍵盤の鍵をさし、ドレミファは音階の各音をさす。

フランスの音楽家たちは、この区別を妙なふうに混乱させた。アルファベットの意味とドレミファの意味を混同してしまったのである。かれらは、鍵盤の鍵には二つの呼び名をあたえるという余計なことをしながら、和音《コード》には何の呼び名もあたえなかった。だから、かれらにとってドとCはつねに同じものである。しかし、ドとCは同じではないし、同じであってはならない。同じであれば、Cはいったい何の役にたつのか。

こんなふうだから、フランスの音名唱法はやたらにむずかしいばかりで、利点がまるでない。精神に明確な観念をまったくもたらさないものだからである。この唱法で、たとえばドとミの二音は、長三度、短三度、増三度、減三度の区別がつかず、そのいずれでもありうるからである。

フランスは世界でもっとも美しい楽典が書かれた国でありながら、いったい、どういう奇妙ないきさつによって、音楽を学ぶのが世界でいちばんむずかしい国になっているのであろうか。

われわれの生徒には、もっと単純明快な教えかたをしよう。音階は長調と短調の二つだけとする。そして、音の数はどちらも同じ、音の呼び名も同じである。歌を歌うにせよ、楽器を演奏するにせよ、十二の音のいずれかを主音として調［音階］を定めること。そして、調がDであっても、あるいはCとかGであっても、とにかく最後の音はかならず階名のラ、もしくはドであること。

この教えかたなら、生徒はかならず理解するだろう。正しく歌い、正しく演奏するために、かならず音階の本質的な関係が生徒の心にきざまれる。歌も演奏もますますしっかりとしてくるし、その上達の速度もますます速くなるだろう。

フランス人が自然な音名唱法［固定ド唱法］と呼ぶものほど奇妙なものはない。それは音の観念を実体から引き離し、それを実体と無縁の観念で置きかえて、ひとを迷わせるだけのものである。音階が移調されたときには、ドレミファも移調させるのがいちばん自然だ。

いや、音楽について、余計なことまで語りすぎた。音楽はみなさんのお好きなように教えてかまわない。ただ、音楽は楽しいものという一点だけは大事にしてほしい。

さて、いまやわれわれは外的な物体の様態が、自分にかかわるかぎりにおいてはよくわかるようになった。その重さ、形、色、硬さ、大きさ、距離、温度、静止しているか動いているかはわかるのである。どれには近づいてはいけないか、どれには近づいてもよいかを学んだ。むこうの抵抗をうちやぶるにはどうすればよいか、むこうの攻撃から自分を守るために自分はどのように抵抗したらよいのかを学んだ。しかし、それでは十分ではない。われわれ自身の身体は、たえず消耗していく。だから、われわれは自分の身体をたえずあたらしくしていかねばならない。

われわれは、外部から物体をとりいれて自分自身の身体に変化させる能力をもっている。だが、その摂取はけっして無差別になされるわけではない。あらゆるものが人間の食料にされるわけではない。人間の食料となりうる物質のうちにも、食べてよいものと食べないほうがいいものがある。その区別は、人種の体質、地方の風土、各人の気質、あるいは身分にふさわしいとされる生活のありかたによる。

もしも、食べてよいものがすぐにはわからず、経験によって知識をえて、選択ができるようになるまで待たねばならないとしたら、われわれは飢えて死ぬか、体に悪いものを食って死ぬことになる。しかし、至高の善［創造主］が、感覚的な存在に自己保存の手段として快の感覚をあたえてくれたおかげで、われわれは味覚で快を感じたら、この食べ物は自分の胃に適することがわかるのである。

本来、人間にとっては自分の食欲がいちばんたしかな医者なのだ。そして、原始状態での人間を考えると、そのときかれがいちばんおいしいと感じた食べ物が、かれの健康にもいちばんよい食べ物であったことは疑いない。

それだけではない。万物の創造者は、かれがわれわれに抱かせた必要ばかりでなく、われわれが勝手に抱いた欲求まで満たしてくれる。そして、創造主はこの必要と欲求がつりあうようにするために、われわれの好みが生活のしかたとともに変化・変質するようにしている。

われわれは、自然状態から遠ざかれば遠ざかるほど、自然な好みを失っていく。というより、むしろ習慣が第二の自然となる。それがすっかり第一の自然と取り替えられてしまうと、われわれのなかに、第一の自然を知るものはひとりもいなくなる。

そこで、こう言えよう。もっとも自然な好みは、もっとも単純なものであるはずだ。なぜなら、それはきわめてあっさり変わるものだからである。ところが、好みがとぎすまされ、自分の勝手な思いこみによってかきたてられると、好みはひとつの型にはまるようになり、なかなか変わらないものになる。どこの国にも属さない人間は、どこの国の習慣にもあっさりなじめるのに、ひとつの国に属する人間はもうほかの国の人間にはなれない。

これはわれわれのすべての感覚についても言えることだと思われる。とりわけ味覚には、ますますぴったりあてはまる。

われわれの最初の食べ物は乳である。強い味には少しずつ慣れていくしかない。強い味は最初は嫌われる。原始人にとっては、果物や野菜、そして、塩も何も味つけせずにただ焼いただけの肉、これがごちそうであった。*42

未開人は、酒をはじめて飲むと顔をしかめて吐き出してしまう。現代人でも、二十歳まで発酵酒を飲んだことがない者は、その後もけっして酒にはなじめない。だから、若いころに酒を飲まされなかったなら、われわれはみんな下戸《げこ》になる。

要するに、われわれの味の好みは、単純なものであればあるほど普遍的である。手のこんだ料理は一般の好みからもっとも遠ざかる。水やパンを嫌う人間がはたしていただろうか。これこそが自然の指図であり、したがってまた、人間の規則なのである。

子どもには、できるかぎり最初の好みを保持させよう。子どもの食べるものはありふれた素朴なものにする。あっさりした味だけに慣れさせる。そして、なるべく好き嫌いがないようにする。

＊42　パウサニアス［古代ギリシアの地誌学者］著の『アルカディア』［『ギリシア案内記』第八巻］参照。また、すぐあとに転載したプルタルコス［『モラリア』「肉食について」］の一節も参照されたい。

ここで私は、そういう生活のしかたのほうが健康によいのかどうかを検討したいわけではない。そんなことは少しも考えていない。ただ私は、そういう生活のしかたを選ぶためには、それが自然に合致すること、また、ほかのどんな条件にもすぐに順応しうることがわかればよいのである。

子どものうちから大人の食べ物に慣れさせるべきだと言うひとがいるが、それはまちがっていると思う。大人と子どもでは生活のしかたがまったくちがうのに、どうして食べ物は同じでなければならないのか。

労働に疲れはて、あれこれの悩みや苦しみをかかえた大人には、頭脳にあらたな活気をもたらすおいしい食べ物が必要だ。はしゃぎ回って帰ってくる伸び盛りの子どもには、乳糜《にゅうび》［脂肪分を含んだ体液］を体内でたくさんつくるために、とにかく多量の食べ物が必要である。

それにまた、大人はすでに身分・職業・住所が定まっているが、子どもにはどのような未来が運命によって予定されているか、それは誰にもわからない。だから、なにごとについても、子どもを型にはめないようにしよう。型にはめると、それを変える必要があってもなかなか変えられないからだ。

どこへ行くにもフランス人のコックをつれて行かないと飢えて死んでしまうとか、ちゃんとした食べかたを知っているのはフランス人だけだと自慢するようになるとか、そんな大人にはしないようにしよう。ついでに言えば、そんな自慢などお笑いだ。私なら、逆に、ちゃんとした食べかたを知らないのはフランス人だけだと言いたい。なぜなら、食べ物がフランス人に食べられる物となるには、特別な技術が必要だからである。

およそ、さまざまの感覚のうちで、味覚は自分にもっとも深刻にかかわるものである。だから、われわれは自分の体の外的環境にすぎない物質よりも、自分の体の一部となるべき物質については、正しい判断をすることにいっそう関心がある。触覚や聴覚や視覚にとっては、たいていのものがどうでもよいものであるが、味覚にとっては、どうでもよいものはほとんどない。

しかも、この感覚の活動はまったく肉体的で物質的である。味覚は、想像力には何も語らない唯一の感覚、あるいは少なくとも、想像力の介入する余地がもっとも小さい感覚である。味覚以外は、模倣と想像力がしばしば感覚のはたらきに精神的なものを混入させる。

したがって、一般に、情が深く快楽を好むひとびと、性格が情熱的でまことに感性的なひとびとは、ほかの感覚には動かされやすいが、味覚にはあまり動かされないのである。

まさしく、そうであるからこそ、すなわち味覚はほかの感覚よりも劣った感覚とされ、味を楽しむのは軽んじられているからこそ、私は逆にこう言いたい。子どもを思いどおりに導くには、かれらの食い意地を利用するのがもっとも適切な方法なのだ、と。

食い意地に動かされるのは、虚栄心に動かされるよりもずっと好ましい。なぜなら、食い意地は自然の欲求であり、感覚に直接つながっているのに対し、虚栄心は世間の風潮の産物であり、人間の気まぐれやありとあらゆる誤りに左右されるものだからである。

むやみに食べたがるのは子どもの情熱だ。この情熱は、ほかのどんな情熱よりも弱い。少しでも競いあうものがあらわれると、消え失せる。そう、それはほんとうだ。食べることへの関心など、子どもはすぐになくしてしまう。ほかのことに心がとらわれると、食事には心がまったく向かなくなる。子どもも成長すれば、無数の激しい感情によって食い意地はかき消され、ただ虚栄心だけがかきたてられるようになる。なぜなら、虚栄心だけがほかのすべての情熱を養分とし、ついには、ほかのすべてを飲みこんでしまうからである。

食事のおいしさを重要視するひとたちを、私は観察したことがある。かれらは、朝、目を覚ますと「今日は何を食べよう」と考える。かれらが自分の食事内容を表現するときの精密さは、ポリュビオス〔古代ギリシアの歴史家〕が戦闘を描写する精密さにもまさる。こうしたひとびとは、大人だと言われても、じつはみんな四十歳の子どもにすぎないことを私は発見した。かれらは力強さも堅実さも身につけず、ただ「地の実りを消費するために生まれた」〔ホラーティウス『書簡詩』第一巻第二歌二七行、高橋宏幸訳〕

食い意地は小物の精神的な悪癖である。食いしん坊の心は口のなかにしかない。かれはただ食うためにのみ成長した。愚かで何の能もなく、食卓だけがかれの居場所だ。かれにわかることといえば、料理のことのみである。ならば、そういうしごとは安心してかれにまかせよう。そのしごとはほかのどんなしごとよりも、かれに向いており、それをかれにまかせるのは当人にとってのみならずわれわれにとっても幸せなことなのだ。

何かの才能があるかもしれない子どもに、食い意地が根づいてしまわないか、と恐れるのはつまらない心配である。子どものころは食べるもののことしか考えなくても、青年になればもうそんなことに関心はなくなる。食べるものは何でもかまわない。ほかに大事なことがたくさんある。

たしかに、子どもの下等な熱意を大人が慎みもなく利用するのは私もよくないと思う。おいしいものをエサに善行をさせるのもよくない。しかし、子ども時代というのはすべてが遊びで、陽気に楽しむものであり、また、そうでなければならない。だから、純粋に肉体的な訓練において、どうして物質的な、手ごたえのあるごほうびを設けるのがよくないのか、私にはわからない。

マジョルカ島の子どもは、木のうえに置かれた籠《かご》を見かけて、それを投石器で落とせたら、中身をちょうだいして、おいしいものを食べることができ、自分が費やした力をそれによって回復するのだが[*43]、はたしてこれは正しくないことなのだろうか。スパルタの少年は、百回ムチで叩かれる危険をおかして台所に忍びこみ、生きた子狐を盗み、自分の服に隠して持ち去る。途中、狐にひっかかれ、かみつかれ、血だらけになるが、見つかって恥をかかないように、腹を切り裂かれても少年は顔色ひとつ変えず、叫び声ひとつ上げない。このばあい、少年がついにこの獲物を自分のものにし、自分に食いついた相手を逆に食ってしまうのは正しくないことなのだろうか。

なるほど、おいしい食事をごほうびにするのは絶対によくないが、手に入れるのにたいへん苦労した結果が、ごほうびになることがあるのは、どうしていけないのか。エミールは、私が石のうえに置いたお菓子を、自分がよく走ったことへのごほうびだとは少しも考えなかった。エミールはただ、ほかの子どもよりも先にそこへ到着するのがお菓子を手に入れる唯一の方法だと知っていたにすぎない。

＊43　マジョルカ島のこういう習慣はもう何世紀も前に失われた。これはマジョルカ島民が投石手として名高かった時代の話だ。

このことは、つい先ほど私がしめした「食事は簡素に」という方針と少しも矛盾するものではない。なぜなら、子どもの食欲をそそるごちそうとは、官能を刺激するものではなく、ただお腹を満たしてくれるだけのものだからである。であれば、大人が子どもの味覚を洗練するようなマネさえしなければ、ごくふつうのものでもごちそうになる。

子どものたえまない食欲は、体の成長の必要によってかきたてられるものだが、食欲は、ほかのたくさんの調味料にとってかわる絶好の調味料なのである。果物や乳製品、また、ふつうのパンよりやや上等なケーキを少々、そしてとりわけ、そうしたものをどれもなるべく小出しにするテクニック、これさえあればよい。これだけで、子どもの軍隊を世界のはてまでも引っぱっていける。しかも、それは子どもを濃い味好みにすることもなく、ふだんの味に飽き飽きさせたりもしない。

食物として肉を好むのは人間にとって自然ではない。その証拠に子どもは肉料理には関心がなく、かれらはそろって乳製品やお菓子や果物など、植物性の食物を好む。こうした人間本来の好みを変質させないこと、子どもをけっして肉食動物にはしないこと、これが何よりも大事である。子どもの健康のためにではないとしても、子どもの性格のために、それは大事だ。なぜなら、経験をどうごまかそうとしても一般的な事実としてたしかなことに、肉をたくさん食べる人間は、そうでない人間より残忍で狂暴なのである。この事実はあらゆる土地、あらゆる時代において観察される。

イギリス人の野蛮さはよく知られている。[*44] ガブル人［ペルシャのゾロアスター教徒］は反対に、世界でもっとも温和なひとびとである。[*45] 未開人は総じて残忍であるが、それはけっして習性がそうさせているのではない。かれらが残忍なのは食べ物のせいだ。かれらは狩猟に行くのと同じ調子で戦争に行く。そして、熊を始末するのと同じ調子で人間を始末する。

極悪人たちはあらかじめ血をすすることによって殺人を平気でできるように備える。ホメーロスは叙事詩『オデュッセイア』において、肉食のキュクロープス族を恐ろしい人間として描き、睡蓮を食うロトファゴイ族を愛すべきひとびととして描く。ロトファゴイ族と交易をはじめると、ひとはたちまち自分の国を忘れ、あちらの国で暮らしたくなるほどだ、とされる。

＊44　イギリス人が自らを「気さくなひとびと」と呼び、人情のある天性善良な国民だと誇っていることは、私も知っている。しかし、どれほど大声でそれを叫んでもむなしい。それに同調する者は皆無だからである。

＊45　ガブル人よりももっと厳しく肉食をいっさい禁ずるバニア［インドのヒンドゥー教徒の商人カースト］も、ガブル人とほとんど同じくらい温和である。しかし、バニアは道徳がさほど純粋でなく、礼拝もわりといいかげんなので、たいして善良なひとびとではない。

プルタルコスは肉食についてこう書いている。

「いったいどうしてピタゴラスは肉食をしなかったのか、と君は私に尋ねる。私は逆に君に尋ねたい。死んだ動物の肉にくちびるをつけた最初の人間は、いったいどうしてそんな勇気があったのか。息絶えた動物の骨を自分の歯でかみくだき、動物の死肉、遺体を自分の食卓に出させ、つい先ほどまでメーと鳴いたり、モーと鳴いたり、歩いたり、こちらを見ていた動物の手足を自分の胃袋に入れる、どうしてそんな勇気があったのか。どうしてかれの手は、感性をそなえた生きものの心臓に、剣をつきさすことができたのか。どうしてかれの目は、殺戮の光景に耐えられたのか。どうしてかれは、動物があわれにも無抵抗のまま血をしぼられ、皮をはがれ、手足を切り落とされるのを眺めていられたのか。どうしてかれは、死体がまだぴくぴく動くさまを平気で見ていられたのか。どうしてかれは、その死体の臭いをかいでも胸がむかついたりしなかったのか。どうしてかれは、その傷口の汚れをいじったり、そこに黒く固まった血をぬぐいとるとき、嫌悪感も不快感も恐怖も覚えなかったのか。

剝いだ皮が、地面を這い出し
串に刺した肉が、火にあぶられて呻き出す
人間はこれを身震いせずに食べることはできなかった
そして、お腹のなかで動物の叫び声を聞いた
[『オデュッセイア』第一二歌三九五〜三九六行、後半はルソーの改作]

最初のときは、こんなふうに人間は思ったはずであり、感じたはずである。こういうゾッとするような食事をするために、人間は自然を克服した。生きている動物に食欲を覚えた。まだ草をはんでいる動物を自分の食べ物にしたくなった。自分の手をなめていた羊を、どうやって殺し、解体し、料理しようかとつぶやくようになった。ほんとうに驚くべきは、こういう残酷な食事を最初におこなった

ひとびとがいたことであって、そういう食事をやめたひとびとがいることではない。最初に肉食を始めたひとびとには、その野蛮さを弁解する口実がいくらかありそうだが、われわれにはそれがない。それがないだけに、われわれは太古のひとびとより百倍も野蛮ということになる。

太古のひとびとは、われわれにこう語るであろう。

神々に愛された人間たちよ、あなたたちと私たちでは時代がちがいます。ほら、いまのあなたたちがいかに幸せで、かつての私たちがいかに悲惨だったか、ごらんなさい。つくられたばかりの大地と蒸気がたちこめる大気は、まだ季節の順序にはしたがわなかった。川の流れは定まらず、いたるところで岸をこわしていた。池や湖や深い沼が地表の四分の三を水にひたし、残りの四分の一は不毛の森林におおわれていた。大地は良い果実をまったく生まなかった。私たちは土地を耕す道具をもたなかった。道具があっても用いる技術を知らなかった。種をまかぬ者には収穫のときが来ることもなかった。

ですから、私たちはいつも飢えていました。冬は、苔や木の皮が私たちの日常食でした。雑草や低木の緑の根でさえ、私たちにはごちそうでした。あの時代のひとびとは、ブナの実、くるみ、あるいはどんぐりを見つけることができたら、もう大喜びで、大地を自分たちの母だとか乳母と呼び、何やら粗野な歌を歌って、カシワの木やブナの木のまわりで踊ったものです。それがかれらの唯一のお祭りでした。そのとき以外、人間の生活は苦しみと痛みと悲惨に満ちていました。

ついに、その大地がすべてをはぎとられ、丸裸になり、私たちに何ひとつあたえられなくなると、私たちは自己保存のために、いやおうなく自然を力ずくで侵さざるをえなくなる。私たちは不幸な仲間とともに滅びるよりも、むしろ仲間を食う、そうするしかなかったのです。

しかし、あなたたち、残酷な人間たちよ、あなたたちは何に強制されて血を流しているのですか。ごらんなさい、あなたたちのまわりにはどれほど豊かにものがあふれているか。土地はどれほどたくさんの果実をあなたたちのために生んでいるか。田畑やぶどう園はどれほど多くの富をあなたたちにあたえているか。どれほど動物たちはあなたたちを養うために乳を、あなたたちの身にまとわせるために毛を提供しているか。

あなたたちは動物たちに、これ以上何を求めるのですか。あなたたちには食べ物も財産もすでにありあまるほどあるのに、いったいどんな激怒にかられて殺戮をやたらにおこなうのですか。あなたたちはいったいどうして、大地には自分たちを養う力がないといった虚言で、母なる大地を責めるのか。どうしてあなたたちは、穀物栽培の大事な掟をさずけてくれた女神ケレスにさからい、情け深く人間を慰めてくれる酒の神バッカスにさからうような罪を犯すのか。かれらの気前のよい贈り物だけでは、人類の維持には不十分だとでもいうのか。いったいどうしてあなたたちは、食卓に甘美な果物といっしょに動物の骨をならべる気になるのか。また、動物の乳とともに、その乳をあなたたちにあたえてくれた動物の血まですする気になるのか。

あなたたちが猛獣と呼ぶ豹《ひょう》やライオンは、やむをえず自分たちの本能にしたがい、生きるためにほかの動物を殺している。ところが、あなたたちは、じつに猛獣より百倍も狂暴で、必要もないのに本能にさからい、自分たちの残忍な快楽にふけっている。あなたたちが食べる動物は、ほかの動物の肉を食べる動物ではない。あなたたちはそういう肉食動物は食べない。ただ肉を食べるところをまねる。しかも、あなたたちが食欲を覚える動物は、おとなしくて穏やかで、だれにも害をあたえない動物たち。人間になつき、人間の役に立つ動物たちだ。そうした奉仕にたいするお返しとして、あなたたちはその動物たちを食っている。

ああ、おまえは自然にそむく殺害者だ。自分の同類を食べること、つまり、おまえと同じように肉と骨をもち、感受性をそなえ、生きている存在を食べることは、自然が自分にやらせたことだと言い張るのであれば、この恐ろしい食事にも恐怖心は不要のはず。動物はおまえが自分で殺しなさい。剣もナイフも使わず、おまえのその手で殺しなさい。ライオンや熊がするように、自分の爪で切り裂きなさい。自分の歯で牛を食いちぎりなさい。その体に爪をつきさしなさい。この子羊は生のまま食べなさい。まだ温かいうちにその肉をむさぼり食いなさい。その血といっしょに魂も飲んでしまいなさい。

おまえは震えているね。生きている肉がおまえの歯のあいだでピクピク動くのを感じる勇気がないのか。なさけない人間だ。おまえは動物を殺し、そして、それを食うことによって、おまえは動物を二度殺す。それればかりではない。死んだ肉はまだ気持ちが悪く、胃袋が受けつけないので、火にかけて形を変え、煮たり焼いたりし、香辛料で味つけしてごまかすことが必要となる。おまえには肉を処理する人、肉を調理する人、肉を焼く人が必要だ。おまえが動物を殺す恐怖をまぬがれ、死体を料理する恐怖をまぬがれるためだ。味覚は、調理によってごまかされ、変なものでさえ吐き出すことがなくなり、目をそむけたくなるような死骸でさえ喜んで味わえるようになる。

［『モラリア』所収「肉食について」］

以上の引用文は、本編の主題と無関係である。とはいえ、私はどうしてもこれを書き写したいという気持ちにさからえなかった。しかし、そのために私は読者から文句を言われることはほとんどないだろうと思う。

ともかく、子どもにどのような食事をさせるにせよ、ふつうの単純な料理に慣れさせておけば、あとは子どもの好きなように食べさせ、走りまわらせ、遊ばせなさい。好きなようにさせても、子どもは食べすぎることもなく、胃もたれを起こすこともないはずだ。しかし、子どもをほとんどいつも空腹にさせ、そして子どもがあなたの目を盗む手口を覚えたならば、子どもはその手を全力で使い、お腹がいっぱいになるまで、お腹がはちきれるほど食うようになるだろう。

われわれの食欲が節度のないものになるのは、われわれが食欲にたいして自然の規則ではなく、べつの規則をあたえたがるからにほかならない。われわれは何かという と制限したり、命令したり、つけ加えたり、減らしたりする。すべて自分が手にする秤《はかり》でおこなうのだが、この秤はそのときの気分を尺度とし、自分の胃袋を尺度にするのではない。

これについても、やはり自分の知っている実例をあげよう。農家では、パンを入れる箱も果物を入れる箱も、開けっぱなしになっているのがふつうだ。それでいて、子どもも大人も、食いすぎて胃がもたれることなど知らない。

さて、私の方法でやればありえないことだと思うが、子どもがあまりにも大食いになったばあい、子どもの大好きな遊びでその子の食い気をそらすのはじつに簡単である。こうすれば、子どもに気づかれずに子どもを栄養失調に追いこむことさえ可能だ。じつに確実で、じつに容易なやりかたなのに、どうして教師たちはそろって見逃しているのか。

ヘロドトスによれば［『歴史』巻一の九四］、リュディア［現在のトルコ］人はかつてたいへんな飢饉に見舞われたとき、自分たちの飢えをまぎらわし、何日も食い物のことなど考えずにすごせるよう、いろいろな競技や娯楽を発明したのだという。*46 あなたがたの学識豊かな教師たちも、この一節をたぶん百回ぐらい読んだだろうし、リュディア人の手口は子どもにも応用できるのだが、教師たちにその考えはない。そのわけを聞けば、こう答える教師もいるだろう。子どもは授業を受けたくて自分から進んで食事をやめたりはしない、と。先生、それはおっしゃるとおり。私はそういう種類の娯楽を考えていたのではない。

＊46　古代の歴史家の著作には、事実ではないことが書かれていても、われわれが利用できる見解もたくさんある。であるのに、われわれは歴史を利用するということがまったくできない。学問的な批判が歴史のすべてになっている。そこから何か有益な教えがえられるかどうかより、記述が事実であるかどうかのほうが、はるかに重要であるみたいだ。ものの わかる人間であれば、歴史は、むしろ腑に落ちる教訓的な物語のつらなりと見なされるはずである。

匂いと味の関係は、見た目と手ざわりの関係にひとしい。嗅覚は味覚よりも先回りし、この匂いはこういう物質のせいにちがいない、といったふうに予告する。そして、われわれがあらかじめ受けとった印象にしたがって、この物質を求めるべきか、避けるべきかを決めさせる。

これは聞いた話だが、未開人は嗅覚がわれわれとまったく異なり、よい匂いと悪い匂いがわれわれとまったく逆なのだそうだ。私には十分に信じられる話である。
匂いそれ自体は微弱な感じにすぎず、匂いは感覚よりも想像力を刺激し、匂いはそれがじっさいに与えるものよりもむしろそれが期待させるものによって、ひとに影響をおよぼす。とすれば、そしてまた、味覚は民族ごとにそれぞれの生活のしかたに応じて大きく異なるものであるから、味の好みは民族によって正反対になるし、したがって、味を予告する匂いについても、良し悪しは正反対にならざるをえない。タタール人にとっては死んだ馬の肉の悪臭が良い匂いなのである。われわれの国でも、狩猟家は半分腐ったヤマウズラの匂いで喜んだりする。

花壇の花の香りを感じるような、余計な感覚は、散歩を楽しいと思えないほどたっぷり歩かされるひとや、休息を喜びとするほど働かされたりしないひとには感じられないものにちがいない。いつもお腹をすかしているひとは、香水の匂いをかいでもたいして喜ばない。食べ物が近くにあることを知らせるものではまったくないからだ。

匂いは想像力の感覚である。それは神経により強く働きかけるので、脳を大いに刺激せずにはおかない。そういうものだから、匂いは一瞬なら気分を高まらせても、長く続けば気分をしぼませる。

恋愛における匂いの効果はよく知られている。化粧室の甘い香りも、あんがい、罠としての効果が弱いわけではない。愛人の胸にさした花の香りに胸をときめかせることもない鈍感な賢者がいたら、私はそういう賢者を祝福すべきなのだろうか、それともあわれむべきなのだろうか。

いずれにせよ、嗅覚は幼年期においてはそれほど活発には働かない。幼年期においては、想像力はまだ情念によってつき動かされることもなく、感情に左右されることもほとんどない。また、子どもは、経験が十分にはないため、ある感覚が保証するものをべつの感覚で予知することができないのである。

じっさい、観察によってもこの帰結は完全に確認される。匂いの感覚は子どもの大半においてまだ鈍く、ほとんどぼんやりしているのはたしかなのだ。しかし、それはけっして子どもの感性が大人ほど繊細でないからではない。それはむしろ大人よりも勝るだろう。子どもが鈍いのは、匂いがほかのどんな観念とも結びつかないので、匂いをかいでも快や苦の感情をすぐには覚えないからである。われわれみたいに、匂いによって慰められたり、傷つけられたりはしないからである。

女は一般的に男よりも匂いには敏感であるが、私が思うに、その理由も以上の考えかたにしたがうならば、また男女の解剖学的な比較によるならば、簡単に見つけられるであろう。

カナダの未開人は、嗅覚を子どものころから敏感になるよう鍛えているので、犬をもっていても、狩りのときに犬を使わず、自分が犬の役もするのだそうだ。なるほど、犬が獲物をかぎつけるみたいに、子どもにも食事をかぎつけさせて大きくしたならば、人間の嗅覚も犬なみに鋭くなるかもしれないと私も思う。しかし、そのさい、匂いが味と関係することを学ばせておかなければ、ひとはたとえ嗅覚が敏感になっても、けっきょくそれをさほど有効に用いることはできないであろう。

自然は、われわれがどうしても匂いと味の関係を知らないではいられなくなるよう、配慮した。すなわち、嗅覚の器官と味覚の器官をすぐ近くに置き、この二つが直接連絡しあう通路を口のなかに設けた。その結果、われわれは匂いをかがずにものを味わうことはけっしてないのである。

ただ私は、たとえば大人が薬を子どもに飲ませるために薬を甘い香料で包んでごまかすなど、本来の自然の関係をねじまげないでほしい。そもそも、そのばあい二つの感覚はあまりにもズレが大きいので、ごまかしはきかない。より強く働く器官で感じたことのほうがもう一方の器官で感じたことを圧倒するので、甘い香料も薬の不快さを減らすことにはならない。それどころか、この不快さは子どもが薬を飲んだときのすべての感覚に拡がる。弱いほうの器官で感じたことは、想像力のおかげで、強いほうで感じた不快さを思い出させるものとなる。きわめて甘美な香りも、子どもにとってはもはや胸がむかつく嫌な匂いにすぎない。こうして、われわれの見当ちがいの配慮は、子どもが快く感じることを犠牲にして、不快さの総量を増やしてしまうのである。

さて私は、つぎの第三編からは、共通感覚《サンス・コマン》と呼ばれる六つ目の感覚を育てることについて語りたい。なぜかといえば、この感覚がすべての人間に共通のものだからというより、この感覚はほかのすべての感覚をきちんと用いることによってえられるものであり、ものごとの外的なあらわれをすべてつなぎあわせることによって、われわれにものごとの本質を教えてくれるものだからである。

共通感覚は、だから特別の器官などもたない。それは脳のなかにしか存在せず、その純粋に内的な感覚は、知覚あるいは観念と呼ばれる。この観念の数によって、われわれわれの知識の広さが測られる。この観念の明快さ、鮮明さによって、われわれの考えの正しさが納得される。さまざまの観念をたがいに比較しあう技術こそ、われわれが人間理性と呼ぶものなのである。

そこで、いくつかの感覚的な体験を結びあわせて単純な観念が形成されたばあい、私はそれを感性的な理性、あるいは子どもの理性と呼んできた。そして、単純な観念をいくつか結びあわせて複雑な観念が形成されれば、私はそれを知性的な理性、あるいは大人の理性と呼ぶのである。

したがって、私の方法が自然な方法であり、そして、私がその方法をまちがうことなく用いてきたと仮定するならば、われわれは感覚の国々をとおりぬけ、子どもの理性の国の果てまで、生徒を導いてきたことになる。その境界をこえてわれわれが踏みだす第一歩は、まさしく大人の一歩であるにちがいない。

しかし、この新しい道に入るまえに、われわれはわれわれがこれまでたどってきた道にもうしばらく目を向けよう。

人生のそれぞれの時期、それぞれの状態には、それにふさわしい完成があり、いずれにもそれなりの成熟がある。「できあがった大人」というのはしばしば耳にすることばだが、ここでは「できあがった子ども」というのを考えてみたい。子どもをそういうふうに眺めるのはわれわれにとってあたらしいことであろうが、おそらくそれほど不愉快なものではなかろう。

死すべき存在の存在のありようは、きわめて貧弱で、きわめて限られたものである。ゆえに、それをあるがままに眺めるとき、われわれの心はけっして動かない。空想こそが現実を美しく飾るのである。そして、われわれが一瞬快感を覚えても、想像力がそこに何ほどかの魅力を付加しなければ、われわれが覚えた快感は器官レベルの不毛な快感にとどまり、心はあいかわらず冷えたままだ。

秋の恵みが大地を飾り、豊かさを見せびらかすと、それはひとの目を驚嘆させる。しかし、この驚嘆はけっして心を打たれてのものではない。この驚嘆は頭のなかで生まれるものであり、心のなかで生まれるものではない。

春の野原はほとんど裸で、まだ何にも覆われず、森はまったく木陰をつくらず、緑の草はようやく芽が吹き出したばかりだ。それでも、ひとはその光景に心を打たれる。ひとは春に自然が再生するのを見て、自分も生気をとりもどしていると感じるのだ。喜びそのものの光景が思い出されてわれわれを包む。こうした歓喜に同伴するもの、すなわち、心地よい涙は甘美な感情にかならず連れ添おうと待ちかまえており、すでにわれわれの目のふちに浮かぶ。

しかし、秋のぶどうの収穫の光景は、どれほどにぎやかで活気にみちて楽しそうであっても、それを眺めるひとの目はいつも乾いている。


いったいどうして、こんなちがいがあるのか。

それは、春の光景には、想像力がそのつぎの季節の光景を結びつけるからである。目がやわらかな芽ばえを認めたら、想像力はそこに花や果実や緑の木陰をつけ加える。さらには、その木陰でこっそりおこなわれることまで想像されたりする。想像力は春につづいてやってくる季節を一点に集める。想像力はものごとをあるがままにではなく、そうであってほしい姿で眺める。見えるものを勝手に選択するのが想像力だからである。

ところが、秋には反対に、われわれはものごとをあるがままにしか眺めない。早く春に来てほしいと思っても、冬がわれわれのまえに立ちはだかる。想像力は凍りつき、雪や霧氷のうえで息絶える。

子どもの時代が、大人として成熟し完成する時代よりも美しく好ましく見えるとき、その魅力の源もやはりこれなのである。われわれがひとりの人間を眺めながら、ほんとうに楽しいと思えるのはどんなときなのか。それは、このひとの活動についての記憶がわれわれにこのひとの人生をさかのぼらせ、われわれの目にこのひとを、いわば若返らせたときである。もし、このひとをあるがままの姿で眺めざるをえなかったり、あるいは、このひとの年老いた姿を想像せざるをえなくなったら、自然の衰えという観念がわれわれの喜びをすっかり消し去ってしまう。ひとりの人間が墓場にむかって大股で歩んでいくのを見ても、少しも楽しくない。死のイメージはあらゆるものを醜くするのだ。

だが、十歳から十二歳ぐらいの健康で元気がよく、その年齢にしては大きく育った子どもを思い描くとき、私のなかで生まれる観念には、現在のものであれ未来のものであれ、不愉快なものはまったくない。

私が見る現在のかれは、血がたぎり、生き生きとして、元気があり、苦悩はなく、長い陰鬱な未来など先読みせず、現在の自分に集中し、さらに自分をこえて大きく拡がりたがるような自分の生をたっぷりと楽しんでいる。私は、大人になっていくかれの姿も予見する。かれが用いる感性・知性・体力は、かれの内部で日に日に成長していき、そして、それが用いられる一瞬一瞬に、必ずあたらしい兆しをあらわさずにはおかない。

子どものころのかれを眺めると、私はうれしくなる。大人になったかれを想像すると、もっとうれしくなってしまう。かれの熱い血が、私の血まで熱くしてくれるような気がする。かれの人生を私が生きている、と思えたりする。かれのはつらつとした元気のよさで私自身が若返る。

時を告げる鐘が鳴ると、ようすが一変する。たちまち、かれの目はくもる。陽気さも消える。楽しさよ、さらば。無邪気な遊びよ、さらば。

いかめしい怒ったような顔をした男があらわれる。かれの手をとって、重々しく「さあ、まいりましょう」と言い、かれを連れていく。連れていかれる部屋には、書物が並べられているのが見える。書物！　子どもの部屋の、何と悲しい飾りもの！

かわいそうに、この子どもはそのまま男に引っぱられていく。ただ心残りがあるような目つきであたりを眺め、黙って去っていく。目には涙がいっぱいたまっていても、それをこぼすまいとする。胸はため息でふくらんできても、それをもらすまいとする。

おお、おまえ、そんな話で少しも怖がることはないぞ。おまえの生活には、不快なときや退屈なときなどひとつもないのだ。おまえは何の不安もなく朝をむかえ、何のいらだちも覚えず夜をむかえる。そして、おまえの時間はいつも楽しいことばかりだ。さあ、来ておくれ。この幸せ者、私のかわいい生徒。おまえがここにちゃんといてくれることで、あの不幸な子どもに去られたわれわれの悲しみも慰められる。さあ、来ておくれ……。

かれはやってくる。かれが近づくと私もわくわくするが、彼もまた大いに喜んでいるのがわかる。かれが会おうとしているのは、自分の友だちだからだ。自分の仲間、自分の遊び相手だからだ。つまり、私を見ると、かれはすぐにも楽しいことが始まると確信するからである。われわれはどちらもしっかり自立していながら、それでもつねに仲がよい。そして、二人でいっしょのときのほうが、ほかの誰かといっしょのときよりも、はるかに楽しい。

かれの姿、態度、ようすは、自信と満足をしめす。かれの顔は健康そのもので輝く。しっかりとした足どりは力強さをあらわす。顔の色はまだくすんでおらず、繊細だが、めめしい軟弱さは少しもない。風と太陽がかれの肌に、男らしさの誇らしいしるしをすでに刻んでいる。筋肉はまだ丸みがあるが、かれの個性をしめす何らかの特徴をあらわしはじめている。かれの眼は、まだ感情の炎で燃えたつことがなく、少なくとも生来の[*47]穏やかさをそのまま保っている。悲しみが長くつづいて眼をくもらせたこともなく、涙がとめどなくほほをつたって流れたこともない。

かれの俊敏で、しかも確実な身のこなしをごらんなさい。そこにはあの年ごろならではの活発さ、自立心の旺盛さ、多様な訓練を経験してきたことが見てとれる。かれはあけっぴろげで率直だが、けっして尊大でうぬぼれたようすではない。かれは顔を書物にくっつけてこなかったので、姿勢が悪くなったりしなかった。だから、かれには「頭をあげなさい」と注意する必要がない。かれは恥じらいや恐れでうなだれることもまったくなかった。

＊47 私は「生来の」ということばを、イタリア語でいう「ナティア」の意味でつかっている。フランス語にはそれと同じ意味のことばがないからだ。私はまちがっているかもしれないが、何となくわかってもらえれば、それでいい。

みなさん、かれをみなさんのまんなかに座らせてみよう。そして、念入りにしらべなさい。いろいろズバズバ、質問しなさい。心配は無用。かれは騒いだり、ムダ口を叩いたり、無遠慮な質問をしたりすることはない。あなたにまとわりついたり、自分だけに奉仕するよう求めたり、かれを放ってはおけないようにしたりすることもないから、大丈夫。

お追従《ついしょう》など、かれには期待できない。私がかれに言わせようと教えこんだことばでも、かれが口に出してくれると期待しないように。かれの口に期待してよいのは、飾りも気取りも見栄もない素朴で単純な真実だけだ。

かれは自分がした悪いこと、あるいは自分が考えた悪いことを、善行とまったく同じようにためらいなく、あなたにしゃべるだろう。そして、自分のことばがあなたにどんな印象をあたえるか、少しも気にしない。最初に受けた教育のとおり、ことばはしごく単純に用いられるだろう。

ひとは子どもを見るときどうしても甘くなりがちである。だから、子どもが偶然に何かしら上等なことばを口にしたりすると、つい甘い期待をいだいたりするが、子どもはそのあとほとんどきまって愚劣なことばをつぎつぎに吐くので、そんな期待は裏切られる。期待すればかならず後悔することになる。

私の生徒はひとにそんな期待をめったにいだかせず、後悔させることもない。なぜなら、かれは無用なことばはまったく口にしないし、だれも聞いていないと知りながらひたすらしゃべるということもないからである。

かれの考えは狭いけれども明快である。暗記で覚えたことはまったくなくても、経験で覚えたことはたくさんある。この子はほかの子どもより、われわれの書物は読めなくても、自然という書物はよく読める。かれの知性は口先にではなく、頭のなかにある。記憶力よりも判断力がある。話せることばはひとつだけだが、自分が何を話しているかは理解している。また、ほかの子どもほど上手に話すことはできなくても、そのかわり、ほかの子どもよりもりっぱに実行することができる。

かれは慣例、慣習、ならわしといったものを知らない。かれが昨日したことは、かれが今日することに少しも影響しない。*48 かれは公式にしたがわない。権威にも屈せず、先例をなぞることもしない。自分が良いと思うことだけをおこない、口にする。

だから、教えたとおりのしゃべりかたや、勉強させたとおりの行儀作法をかれに期待してはならない。かれに期待してよいのは、内面を忠実に口に出して表現すること、自分の内的傾向にもとづいて行動すること、それらのみである。

＊48　習慣の魅力は、人間が本性的に怠惰であることから生じる。そして人間は、習慣の魅力に身をまかせるといっそう怠惰になるのである。すでにやったことなら、もっとかんたんにやれる。道が切り開かれると、そこを進むのはずっと楽になる。だから、習慣の力は老人や怠け者にたいしてはきわめて強く、青年や活動的な人間にたいしてはきわめて弱いことが認められる。習慣を生活の軸とするのは、ただ精神的に弱いひとにとってのみありがたく、しかも、かれらを日に日にいっそう弱くしてしまう。子どもにとって唯一有益な習慣は、ものごとの必然性に苦もなくしたがうようになることであり、大人にとって唯一有益な習慣は、合理性に苦もなくしたがうようになることである。それ以外の習慣はすべて悪習だ。

かれのなかに道徳的な観念は、現在の身分にかかわるものならわずかながら見あたるが、大人の身分にかかわるものはまったく見あたらない。そもそも子どもはまだ社会の能動的な成員ではないのだから、かれにとって道徳的な観念は、いったい何の役に立つのか。

かれに自由とか所有とか、あるいは約束とかについて話してみなさい。そういった話ならかれにもわかるだろう。どうして自分のものは自分のものなのか、自分のものでないものはどうして自分のものではないのか、それはかれにもわかる。しかし、それ以上のことはもうまったくわからない。

かれに義務とか服従について話してごらんなさい。かれにはあなたが何を言っているのかわからない。かれに何かしら命令をしてごらんなさい。かれはあなたの言うことなど聞かない。では、こういうふうに言ったらどうなるか。「もし私にこれこれのことをしてくれたら、私はあなたが求めるときにそのお返しをしよう」。すると、かれはすぐさまあなたの求めに応じるだろう。なぜなら、かれとしてもそれは自分が手出しできる範囲を拡げ、そして、不可侵だとかれも知っている権利というものをあなたにたいしてもてるようになる絶好の機会だからである。

なるほど、自分がある位置を占め、ものの数に入り、あるていど存在を認めてもらうと、そう悪い気がしないかもしれない。しかし、ものの数に入りたいという気持ちが生まれたら、まさにそのときかれは自然から離れたことになるのである。そして、虚栄の扉をあらかじめすべて閉じることはできなくなる。

もしも、かれのほうがひとの助けを必要とするばあい、かれは相手かまわず、最初に出会ったひとに助けを求めるだろう。相手が王様だろうと、下男だろうと、かれの態度は変わらない。かれの目には、ひとはみんな平等なのである。かれがひとに助けを求めるようすからうかがえるが、だれもかれに何の義務も負っていないことは、かれも承知している。求めるものはいわば恩恵なのだ。それもかれはわかっている。また、人間愛がそこへつながるのもわかっている。かれのことばは短くて簡潔だ。かれの声、まなざし、身ぶりは、かれがひとの親切にも拒絶にも、どちらにも慣れていることをあらわす。奴隷の卑屈な服従や、ご主人様の居丈高な命令とかとは、まったく縁がない。あらわされるのは、自分と同じ人間にたいする控えめな信頼である。自由であるが多感で弱い人間が、自由で強くて思いやりのある人間に助けを求めるとき、心を打つ気高いやさしさがあらわされる。かれは、あなたがかれの求めるものをあたえても、ありがとうとは言わない。しかし、借りができたとは思うだろう。あなたが求めを拒んでも、かれは文句など言わない。しつこくねだりつづけることもない。そんなことをしてもムダだと知っているのだ。かれは「断られた」とは考えない。「無理な話だったのだ」と考える。そして、これは前にも述べたことだが、われわれはだれからも必然と認められることには、ほとんどさからわないのである。

かれをひとりで自由にさせておきなさい。あなたはただ黙って見ていなさい。かれが何をしようとしているのか、また、どんなふうにそれをやりはじめるのか、じっと見ていなさい。

かれは自分が自由であることを確かめる必要もないので、ことさらに軽はずみなことをしたりなどしない。かれはただ、自分にできることを自分でするために行動する。かれは自分がつねに自分の主人であることを知らなかったりするだろうか。

かれはすばしっこく身が軽く元気いっぱいだ。どの動作も年齢にふさわしく生き生きとしている。しかも、目的のなさそうな動きはひとつもない。かれは、何をしたいと思うにせよ、けっして自分の力を越えるようなことは企てない。なぜなら、すでに自分の力をちゃんと試して、その力のほどを知っているからである。かれのとる手段はめざす目的につねに適合する。成功がおぼつかないのに行動することはめったにない。

かれの目は注意深く、正確であろう。自分の目で見たものについて、ほかのひとに「あれは何ですか」とバカみたいにたずねたりしない。まず自分で調べてみる。自分の知りたいことは、ひとに聞くまえに自分で発見しようと懸命に努力する。

予想外の困難におちいっても、かれはほかのひとほど、うろたえない。危険に直面しても、やはりそれほど恐れない。かれの想像力はまだ働きはじめていないし、また、その働きを求められることもまったくない。だから、かれはじっさいにそこにあるものしか見ない。危険についても、じっさいより大きく見積もったりしない。かれはつねに冷静さをたもつ。

必然の重みはしょっちゅう思い知らされるので、かれがそれに反抗することはまだない。生まれたときから必然の軛《くびき》を負い、その重さにはすっかり慣れてしまった。いまではどんなことにたいしても、つねに準備ができている。

かれがいましているのは、しごとなのか、遊びなのか。かれにとっては、どちらも同じである。かれには遊びがしごと。そこには何の区別もない。

あらゆる行為において、かれのあらわな好奇心はわれわれをほほえませ、かれの自由さはわれわれを楽しませる。そして、かれの心的な傾向とかれの知識の範囲も、そこから明らかになる。

ああいう年ごろの子どもの姿は、見るからに魅力的で気持ちがいい。生き生きと輝く瞳、晴れ晴れと満足げなようす、開放的ですてきな笑顔のかわいい子どもが、このうえなくまじめなことを遊びながらやったり、このうえなくくだらない遊びをひたすらまじめにやる。これほどすばらしい光景があるだろうか。


こんどは、ほかの子どもと比較してみよう。

かれをほかの子といっしょにして、そのまま放っておきなさい。すると、ほんとうにいちばん成長しているのはだれなのか、その年ごろの子どもとしての完成にいちばん近いのはだれなのか、すぐにわかるだろう。

都市の子どもたちのなかに入れてみなさい。かれより器用な子はひとりもおらず、そして、かれはどの子よりも強い。農村の子どもたちのなかに入れてみなさい。かれは体力では肩をならべ、器用さではまさる。

子どもにできるあらゆることがらにかんして、かれは都市の子や農村の子のどちらよりも、すぐれた判断をし、推理をし、予測をする。具体的な行動、つまり、走る、跳ぶ、ものを動かす、持ちあげる、距離をはかる、遊びを発明する、ごほうびを獲得する、こうしたことではどうか。まるでかれが自然を支配しているように見える。それほどたやすく、かれはすべてを自分の意にしたがわせることができる。

かれは自分の仲間を指導し、支配する者としてつくられた。才能・経験がかれにとっては権利・権威のかわりになる。あなたがたのお好きなように、衣服や称号をかれにあたえるがよい。そんなものはどうでもよいのだ。どのみち、かれはどこでも首位に立つ。どこでもほかの者の長となる。かれはつねに自分の優位を感じる。支配の意志をもたなくても、支配者になるだろう。そして、ひとびとは服従していると思わぬまま、服従するだろう。

かれは子どもとして成熟しきった。子どもとしての生《せい》を生ききった。そうした自己完成は、けっして自分の幸福を犠牲にしてなしとげられたのではない。逆である。自己完成と自分の幸福はたがいに支えあってきた。子どもがもちうる理性をすべて獲得することによって、かれは体の健康が許すかぎり、たっぷり幸福になり、自由になれたのである。

かりに運命の鎌《かま》がかれを襲って、われわれの希望の花を刈りとることになったとしても、われわれはかれが生きてきたことにも、かれが死んだことにも、涙する必要はないだろう。生きているときにかれに授けた苦しみをかれが死んだときに思い出して、われわれは自分の苦しみを倍にしなくてもよいのだ。われわれは心のなかで、こうつぶやきたい。「この子は少なくとも子ども時代を楽しんだ。われわれは自然がかれにあたえたものを、何ひとつ奪わなかった」

子どもにたいする教育の大きな難点は、目のある人間にしかこの教育の良し悪しがわからないことである。ちゃんとした教育を受けた子どもは、凡俗な大人の目にはたんなるいたずら小僧にしか見えない。

雇われた教師は自分の生徒のことよりも、まず自分の利益を考える。かれは、自分はけっして時間をムダにしていないこと、もらったお金の分だけちゃんとしごとをしていることを証明しようとやっきになる。かれは、見せびらかし用の博識、ひけらかしたいときに取りだせる知識を生徒にさずける。教えていることが生徒にとって有益かどうかは、教師にとってはどうでもよい。教育をしていることを、見た目でわかってもらえるのが重要なのである。

教師はやたらに見境もなく、たくさんのがらくたを生徒の頭につめこむ。子どもを試験するときには、子どもがかかえこんでいる商品をおもてに並べさせる。子どもがそれを並べてみせると、ひとびとは満足する。そこで子どもはふたたび荷物をしまって、去っていく。

私の生徒はそんなに物持ちではない。ひろげて見せる荷物をもたない。自分自身を見せる以外に、見せるべきものは何もない。

それにしても、大人はもちろん、子どもだって、ひと目見ただけではわからない。子どもの性格をしめすさまざまの特徴を、その子をちょっと見ただけでつかみとれる観察者がどこにいるだろうか。いることはいるが、ごくわずかだ。その数に入る父親は、十万人にひとりもいないだろう。

自分のことをやたらたくさん質問されると、だれでもうんざりするし、イヤになる。子どもなら、なおさらだ。かれらの注意力は数分ももたない。質問をしつこく重ねても、かれらはもう聞こうともせず、いいかげんな返事しかしない。

こんなやりかたでは、子どもを観察しようとしても成功しない。それはたんなる学問気取りのやりかただ。長いおしゃべりよりも、とつぜん飛びだした一言のほうが、その子の本心や本性をはっきりとあらわしてしまうことはよくある。しかし、その一言は、暗記させられていたものだったり、たんなる偶然のものだったりするので、用心が必要だ。子どもの判断力を評価するには、こちらの側にこそ、ゆたかな判断力が必要なのである。

これは故ハイド卿［イギリスの政治家ヘンリー・ハイド、一七一〇～五三、パリで死去］から聞いた話。

かれの友人のひとりが、イタリア滞在三年ののち、家に帰ってきた。九歳か十歳になった息子の成長ぶりをたしかめたいと思った。ある夕方、父親は息子とその家庭教師をともない、野原に散歩に出た。学校の生徒たちが凧《たこ》あげをして遊んでいる。父親は歩きながら息子にこう尋ねた。「あそこに凧の影が見えるが、凧はどこかな」息子は空を見上げもせず、即座に答えた。「街道の上です」

「じっさい、街道は太陽とわれわれのあいだにあったのです」と、ハイド卿は話をつづけた。

父親は息子の短い答えを聞くと、息子にキスをした。試験はこれで終わり。父親はもう何も言わずに立ち去った。その翌日、父親は家庭教師に、給料のほかに終身年金の証書を送った。

何とすばらしい父親だろう。そして、かれには何とすばらしい息子が約束されていたことか。父親の質問はまさしく息子の年齢にふさわしい質問だった。息子の返答はまったく簡潔であったが、しかし、この簡潔さこそが、子どもの判断力の明確さをきわだたせるものなのである。だれの手にもおえないと評判だった駿馬《しゅんめ》がアリストテレスの弟子［アレクサンドロス大王］には従順になったのも、やはりこの子の的確な判断力に服したことによる［プルタルコス『アレクサンドロス大王伝』六節］。

［原著全四巻の］第一巻　終わり

たしかに人間は、生まれてから青年期に達するまで、ずっと通して弱い。それでも、子ども時代のあいだに、力の伸びが欲求の伸びを上回り、絶対的にはまだ弱くても伸び盛りの動物として相対的に強くなるときが来る。

かれの欲求はまだ全面的に発達していないので、その段階において、かれの力はかれの欲求を満たしてもなお余裕がある。つまり、人間としてはとても弱い存在であるが、子どもとしてはとても強くなっている。

そもそも人間の弱さの大本は何か。それは力と欲望の不均等である。われわれの情念がわれわれを弱くするといえる。なぜなら、情念を満たそうとすると、自然がわれわれにあたえた力では足りないからだ。ならば、欲望を減らせばよい。それは力を増やすのと同じことになる。自分が欲する以上のことができる者は、余分の力をもつことなる。つまり、かれは確実にとても強い存在になる。まさしく、これが子ども時代の第三期なのである。私はこれからそれについて語らねばならない。この時期をあらわすのにぴったりのことばがないので、私はあいかわらずそれを子ども時代と呼ぶことにする。青年期に近づいてきたが、思春期と呼ぶにはまだ早いからである。

十二、三歳になると、子どもの力は欲望よりもはるかに急速に成長する。激しい欲望、もっとも恐ろしい欲望はまだかれには感じられていない。その器官自体がまだ未完成の状態にあり、そして、その状態から脱するために本人の意志によって脱出が強制されるのを待っているかのようだ。風雨や冬のきびしさにさらされても、たいしてつらいと感じないので、かれは苦もなくそれをしのぐ。体を熱くすると衣服のかわりになる。旺盛な食欲が調味料のかわりになる。栄養になるものは、子どもにとってはどれもおいしい。眠たくなったら大地に横たわって眠る。どこにいても自分に必要なものはすべて自分の身のまわりにあるとわかっている。自分が必要と思うものが手に入らなくて苦しむことはない。ひとの意見に左右されることもまったくない。かれの欲望は自分の手の届かないところには向かわない。かれは自分のことは自分でできるばかりではない。自分が必要とする以上の力をもつ。かれがこうした状態にいられるのは、人生のなかでこの時期のみである。

もちろん、これには反論もあろう。その反論は、子どもの欲望は私の想像以上だというものではなく、子どもの力は強いとした私の考えを否定するものだ。しかし、忘れてもらっては困る。私は私の生徒の話をしているのである。けっして、部屋から部屋へ動きまわるだけの、箱庭を耕すだけの、書類の束をもちはこぶだけの、自動人形たちの話をしているのではない。

反論者は私にこう言うだろう。男らしい力強さは大人の男になってはじめてあらわれるものだ。いわゆる精気はそれ固有の血管のなかでつくられて、体全体にひろがる。この精気のみが筋肉に硬さとしなやかさ、張りと弾力性をあたえる。ほんとうの力はそこから出てくるのだ、と。

それは書斎の哲学である。しかし、私は経験をよりどころにしたい。

あなたがたの田舎でも、大きな男の子たちが父親と同じように畑を耕しているのを私は見る。子どもでも鍬《くわ》をふるい、鋤《すき》をつかって土を掘る。ワインを樽につめる。荷車をひっぱる。声を出せば子どもとわかるが、声を出さなければ大人とまちがえられそうだ。

私たちのいる都会でも、鍛冶屋《かじや》、刃物工、蹄鉄工《ていてつ》などに子どもの働き手がいる。子どもだが、体は親方とほとんど同じくらいたくましく、そして、適切な時期に訓練を始めていたならば、腕前も親方にそれほど劣らないようだ。ちがいがあるとしても、いや、ちがいがあることは私も認めるのだが、そのちがいは、まえにも言ったような、大人の激しい欲望と子どもの幼い欲望の差よりもはるかに小さい。しかも、これは肉体的な力にとどまらず、とくに、肉体的な力を補い、それを導く精神的な力と度量について言えることである。

人生において、ひとが自分の欲する以上のことをなしうるこの時期は、かれの力が絶対的に最大ではないにせよ、私が冒頭で述べたように、力が相対的に最大となる時期である。生涯でもっとも貴重な時期、一生に一度しか訪れない時期である。その期間はきわめて短い。あとで見るように、それは大事につかわないといけない時期であるだけに、なおのこと短い。

ならば、いまはあり余っていても将来には足りなくなる能力と体力、この余剰をかれはどうするのだろう。必要なときにちゃんとつかえるよう、いまはその手入れに努力するだろう。つまり、現在の余剰をいわば未来にむけて投じるわけだ。丈夫な子どもが弱々しい大人になる自分のために貯えをするのである。しかし、貯えをする場所は、盗みにあいかねない金庫のなかや、離れた納屋のなかではない。自分のえたものをほんとうに自分のものとするには、それを自分の腕に、自分の頭に、つまり自分自身の内にしまっておかねばならない。

だから、いまこそ労働、教育、研究のときなのである。注意していただきたいが、時期は私が勝手に選んだのではない。自然そのものがそう指定しているのである。

人間の知性には限界がある。人間はすべてを知ることができないどころか、ほかの人間が知っているわずかのことさえ、十分に知ることができない。まちがった命題があれば、そのひとつひとつについて、反対の命題はすべて真であるから、真理の数は誤謬《ごびゅう》の数にひとしく、無限である。したがって、ものごとを教えるのに適した時期と同様に、教えるべきことがらも選択しなければならない。

われわれが獲得しうる知識のなかにも、まちがった知識があるし、役に立たない知識もある。たんなる自慢のための知識もある。ほんとうにわれわれの幸せのために役立つ少数の知識のみが、賢明な人間が追求すべき知識であり、したがって賢明な人間になってほしいと望まれる子どもが追求すべき知識である。物知りになることは少しも大事なことではない。役に立つ知識をえることのみが大事なのだ。

この少数のもののなかから、さらにまたいくばくか除かなければならない。すなわち、成熟した大人でなければとても理解できないような真理は除かねばならない。たとえば、子どもにはわからない大人の人間関係についての知識を必要とするものは、それ自体としては真理であっても、未経験の子どもを、ほかのことがらにかんしてまちがった考えかたへ導きかねない。

となると、われわれはものごとの全体からすればごくごく小さな円のなかに閉じこもることになる。だが、この小さな円でも、子どもの知性を尺度にすれば、じつに巨大な円なのである。

人間の理解力のむこうに広がる暗闇よ。あなたのヴェールにあえて手をだすのは、たしかに危険すぎる。われわれが偉そうに科学と呼ぶものが、かわいそうに子どもの足もとに深い溝をつぎつぎに掘っているのだ。

ああ、この危険な小道へ子どもをつれていき、子どもの目のまえで自然の聖なるヴェールをもちあげようとする者よ、恐れおののくがいい。子どももおまえも、まずは気をたしかにもて。子ども、あるいはおまえ、あるいはたぶんどちらも、頭がグラグラしていないか。ウソには特別の魅力があり、自慢話にはひとを酔わせる毒気があるから気をつけろ。

しっかり覚えておけ。無知は少しも悪ではない。知ったつもりでまちがうこと、それこそが最悪だ。忘れるな。ひとが道に迷うのは道を知らないからではない。知っていると思うから道に迷うのである。

幾何学の成績向上は、なるほど子どもの知性の成長をしめす、たしかな尺度にされるかもしれない。しかし子どもが、役に立つものと立たないものの区別をするようになったとたん、子どもを純粋に理論的なことがらの勉強へ導くには、相当な配慮と工夫が必要になる。

たとえば、二つの線分の幾何平均を求めさせたいばあい、あたえられた長方形と同じ面積の正方形をつくらせるといったふうにする。線分を加えてさらに幾何平均を求めさせるなら、そこでできる直方体と同じ体積の立方体をべつにつくらせる、などの工夫がまずは必要だろう。

善と悪を区別する道徳的な観念に、われわれは段階的に近づいていく。そのありさまも見ていただきたい。これまでのところでは、われわれは必然の法則以外に法則を知らなかった。いまでは、役に立つかどうかも考慮に入れるようになった。やがては、適切かどうか、正しいかどうかという点にまでおよぶであろう。

人間のさまざまの能力は、同じひとつの本能によって突き動かされる。身体の活動は自分を成長させようとし、それにつづく精神の活動も自分を教え育てようとする。子どもは、最初はただ動き回るだけだが、やがて好奇心をいだく。そして、この好奇心こそ、正しく方向づけられれば、われわれがここで扱おうとしている年齢期の子どもの成長の原動力なのである。

とはいえ、内的な欲求でも、自然なものとまわりに影響されたものは区別しなければならない。知識欲でも、たんに物知りと思われたい欲望にもとづくものもあるし、遠近をとわず、おもしろそうなことのすべてに人間が自然に覚える好奇心から生じるものもある。

快適な暮らしへの欲望は生まれつきそなわるが、その欲望を十分に満たすことは不可能であるがゆえに、人間は快適な暮らしに役立つ新たな手段をたえず求める。まさにこれが好奇心の第一の原理である。この原理は人間の心にもともとそなわるものだが、その発達はわれわれの感性と知性の成長にのみ比例する。

哲学者がどこかの無人島へ流されたとしよう。道具や本はいくつかもっているが、かれはその島で残りの人生をたったひとりですごさねばならない。哲学者はもう宇宙の体系やら引力の法則やら微分の計算やらに心をわずらわせることはほとんどあるまい。おそらく生涯もう一冊も本は開かないだろう。それでもかれは、そこがどれほど大きな島だろうと、その島をすみずみまで見てまわることは絶対にやめない。

だからわれわれも、われわれの最初の研究から、人間が自然に志向するものではない知識は排除し、われわれが本能的に求める知識のみに限定しよう。

さて、人類にとって、島はこの地球だ。そして、われわれの目に、もっとも目立つものは太陽だ。われわれが自分の巣を離れるようになって、最初に観察する対象は地球であり、太陽である。だから、ほとんどの未開人の哲学は土地の幻想的な区別であり、太陽への信仰なのである。

これは飛躍もはなはだしい、という声もあがりそうだ。つい先ほどまで、われわれの関心は自分でさわれる範囲、自分のごく身近なところにとどまっていた。だがこのとおり、われわれはとつぜん地球をかけめぐり、宇宙のかなたへ飛びだす。

この飛躍こそ、われわれの力の伸びと心の傾きの結果なのである。体力も気力も不十分な状態のときには、自己保存だけが大事なので、われわれの関心はわれわれの内側に集中する。体力も気力も充実した状態のときには、自分の存在を拡大したいという欲望がわれわれを外側につれだし、われわれをできるかぎり遠くへ飛躍させる。しかし、知の世界はわれわれにとって未知のままなので、われわれの思考は自分の目で見える範囲を超えることがない。われわれの理解力は、われわれの視界の広がりにともなって拡大するものなのだ。

われわれの感覚を観念に転化しよう。だが、感覚の対象からいきなり知性の対象へ飛び移ることはすまい。われわれはまず感覚的なものを通って、それから知的なものへたどりつくべきだからである。

知性の最初の活動においては、感覚をつねに導き手としよう。世界だけを書物としよう。事実のみから学ぼう。本を読む子どもはものを考えない。ただ読んでいるだけだ。ことばは覚えるが、知恵は身につかない。

生徒には、自然現象に注意を向けさせよう。すると生徒はすぐに好奇心をもつようになるだろう。しかし、好奇心を育てるには、けっして好奇心を急いで満たしてあげてはならない。問題をあたえるばあいは、生徒に解ける範囲のものをあたえよう。そして、解決の手助けはしないようにしよう。

何ごとであれ、生徒がそれを知るのはけっしてあなたに教わったからではなく、生徒が自分で学んだからでなければならない。生徒は学問を教わるのではなく、学問を自分でつくりださねばならない。

もしあなたが生徒の頭のなかに、理性でなく権威をもちこんだら、生徒はもう自分の頭で考えなくなるだろう。かれはもはや他人の意見にもてあそばれるだけになる。

あなたは子どもに地理を教えたいとき、地球儀や天球儀［天体を球状であらわした器具］や地図をもって来させたりする。つまり、器具だ。どうしてこんな器具を使わねばならないのか。なぜ実物そのものを示すことから始めないのか。そうすれば少なくともあなたが何について話しているか、生徒にもわかるだろう。

よく晴れた日の夕方、いっしょに散歩に出よう。広々とした地平線に太陽が沈んでいくのがすっかり見渡せるところに行こう。そして、太陽が沈んだあたりの、目印になるものをしっかり覚えておく。

翌朝、新鮮な空気を吸うため、太陽が昇るまえに、昨日と同じところへまた行ってみよう。太陽は早くも火の矢を放って、日の出が近いことを予告する。朝焼けが広がる。東の空全体が炎に包まれたようだ。日の出はまだ先なのに、空の輝きを見ると、太陽が待ち遠しい。いまかいまかと待っていると、ついに太陽が姿を見せる。はじめは空の一点が稲妻のように輝き、そして、たちまち光があたり一面に満ちる。闇のとばりは切って落とされた。人間はここが自分の居場所だと思い、そして、大地の美しさに気づく。

緑の草木は、夜のうちにみずみずしい生気をとりもどした。昇ったばかりの太陽がそれを照らす。最初の光線がそれを金色に染める。朝露で濡れた野原は、キラキラ輝く網で覆われたように見え、ひとの目に光とさまざまの色を反射させてくる。鳥たちも集まって鳴きはじめ、声をあわせて生命の父を歓迎する。このとき黙っている鳥は一羽もいない。鳥たちのさえずりはまだ弱々しく、ほかの時刻のさえずりよりも、のどかでやさしい。平和な眠りからさめたばかりのものうさを感じさせる。

こうしたもののすべてがあわさって、魂にまでしみとおるような朝のすがすがしさを五感は覚える。短いひとときであれ、この時間はどんな人間もさからえない恍惚のときなのである。これほど壮大で、これほど美しく、これほど快い光景には、どんな人間も心を動かさずにはいられない。

教師は、胸いっぱいの感動を覚えると、それを子どもに伝えたくなる。自分の話をよく聞けと生徒に言って、自分が覚えたあの感動の感覚を語れば、生徒もきっと感動するだろうと教師は思いこむ。まったく愚かもいいところだ。自然の光景の生命は人間の心のなかにある。光景が目に見えるには、光景が感じられなければならない。子どもには、いろいろなものがそこにあることはわかっても、それらのものを結びつける関係はわからない。それらがいっしょになって奏でる美しいハーモニーは聞こえない。

全身の感覚から同時にもたらされる複雑な印象を感じとるためには、子どもがまだ獲得していない経験と、まだ味わったことのない感情が必要である。

もしも草ひとつない乾いた土地を長時間歩きまわったことがなければ、また、もしも熱い砂で足の裏を焼かれたことがなければ、また、もしも炎天下の岩山で息もつまるような照り返しにあえいだことがなければ、どうして美しい朝の空気のすがすがしさを味わうことができよう。どうして花々の香りが、草木の緑のすばらしさが、朝露のうるおいが、芝生のやわらかでやさしい踏み心地が、感覚を魅了することができよう。
もしも恋や快楽のことがまだ少しもわかっていなければ、どうして小鳥たちの歌声なんかでうっとりとした気分になれよう。もしも想像力でその日一日のあれこれの喜びを思い描くことがなければ、どうして一日の美しい始まりに感激を覚えたりしよう。また、そもそも、自然の美しさが何者の手によるものなのかを知らなければ、どうして自然の美しさに感動することができよう。

子どもが理解できないような話しかたも、絶対にしてはいけない。描写も雄弁も比喩も詩歌も無用の術である。いまはまだ感情や趣味は問題にならない。やはり明快さ、単純さ、冷静さを保ちつづけよう。ちがった話しかたをすべき時期は、どうせすぐにやってくる。

われわれの教育方針のもとで育ち、自分に必要な道具はすべて自分でつくり、どうしても自分では無理だと認めないかぎり他人に頼らないことに慣れている子どもは、見るのがはじめてのものに出会うと、かならず長時間ただ黙ってそれを調べる。この子どもは考え深くなり、すぐひとに尋ねる人間にはならない。

こういう子どもには、ものをしかるべきときに見せてあげるだけでよい。そして、かれの好奇心が十分かきたてられているように見えたら、子どもが自分で答えたくなる何かしら簡単な質問をしてあげるとよい。

いまのばあいでいえば、昇る太陽を生徒といっしょによーく観察しよう。そして、その方角の山々やそのあたりのものに注意を向けさせよう。何がどのように見えたか、など好き勝手におしゃべりをさせよう。あなたは、まるで眠っているかのように、しばらくのあいだ何も言わず、黙っていなさい。そして、こう言おう。「私が思うに、太陽は昨日の夕方あっちで沈んだが、今日の朝こっちで昇った。どうしてそんなふうになるのだろう」

それ以上のことはつけ加えないように。子どもが質問をしても、けっして答えてはいけない。何かほかのことを話しなさい。子どもにかまわなくてよい。大丈夫。子どもは自分で考えるだろう。

子どもの観察力を高め、感知しうる真理にはそれがどういうものであれ、しっかり反応できるようにするには、かれがその真理を発見するまでの数日間、ぜひモヤモヤした気持ちですごさせることが必要だ。

もし、そういうやりかたをしても十分にのみこめないようなら、かれにもっとはっきりとわからせる方法がある。それは、問題をひっくりかえすことである。子どもは、太陽が沈んでから昇ってくるまでどんなふうであるかはわからなくても、少なくとも太陽が昇ってから沈むまでどんなふうなのかはわかる。それは見ていればわかることだからだ。したがって、あとの問題によって最初の問題に光をあてたい。するとあなたの生徒がまるっきりのバカでなければ、二つの問題の類似に気づかないはずがない。そして、まさしくこれが宇宙のしくみについての最初のレッスンとなる。

われわれが感覚でつかんだ観念からまたべつの観念へ移るのは、かならずゆっくりとしかなされない。べつの観念への移行は、そのまえの観念に長いあいだ慣れ親しんだあとで、ようやくなされる。そして、生徒の観察力の向上は、けっして強制によってえられるものではない。したがって、この最初のレッスンから、太陽の軌道や地球の形状を知るにいたるまでには時間がかかる。しかし、天体の見かけの運動はすべて同一の原理にしたがうものだし、最初に観察したことは以後の観察のすべてに通じるものであるから、太陽の一日の公転から日食・月食の計算にいたるまでは、昼と夜をちゃんと理解できるようになるまでより、時間は多少かかっても、努力はずっと少なくてすむ。

太陽は地球のまわりを回っている。だから、円を描いている。そして、円なら、かならず円の中心があるはずだ。われわれはすでにそういうことは知っている。

その中心は地球のまんなかにある。だから円の中心は見ることができない。しかし、地球の表面に、それに対応して相対立する二点をしるすことはできる。円の中心とこの二点を通る一本の串を、天空まで延長したのが地球の軸であり、太陽の一日の運行の軸となる。

天空もこれを軸として、丸いコマのように回転している。回転するコマの両端が、天空の二つの極である。子どもは天空の極のひとつを見つけると、とても喜ぶだろう。私はその極が小熊座の尾のさきにあることを教えてやる。

こうして夜の楽しみができあがる。少しずつ星に親しむようになる。そして、惑星のことや星座を観察することへの興味がわいてくる。

私と生徒が日の出を見に行ったのは、夏至の前後だった。つぎはクリスマス前後の、晴れた冬の日の朝に、見に行こう。ご存じのとおり、私たちは朝寝坊ではないし、寒さに立ち向かうのも私たちには楽しい遊びだ。

私はこの二回目の観察を、一回目と同じ場所でおこなうようにする。そして、あらかじめいささか巧妙に目印などをつけておいたので、生徒か、もしくは私がきっとこんな声をあげるはずだ。

「あれれ、これはおかしい。太陽は同じところから昇らない。まえにつけた目印はここなのに、今度はあそこから昇った……。夏と冬では、太陽が昇る方角もちがうんだ……」

若い教師よ、これがあなたのたどるべき道だ。天体の動きをわかりやすく教えるには、地球によって地球の動きを、太陽によって太陽の動きを教えるのがよい。そのことが以上の実例によってあなたにも十分わかったはずである。

一般に、ものごとを記号で置きかえるのは、記号でしかあらわせないばあいを除き、絶対にしてはいけない。なぜなら、記号は子どもの注意を吸収してしまい、それが何をあらわしているか忘れさせてしまうからだ。

天球儀も私の目には仕立ても悪く、形も不格好な機械である。複雑に交叉する輪と全体の奇妙な姿は、魔法の呪文のように怪しく、子どもの心をおびえさせる。そこでの地球はあまりにも小さく、天の輪はどれも大きすぎるし、その数も多すぎる。なかには、天空の経線とか緯線をあらわす輪など、まったく無用なものもある。どの輪も、その帯の幅が地球より大きい。そのボール紙の厚さは、輪に立体感をあたえ、宇宙に環状の物体がじっさいに存在するかのように思わせてしまう。だから、あなたが子どもに、この輪はどれも架空のものだと言うと、子どもは自分が見ているものが何なのかわからず、もう何ひとつ理解できない。

われわれはけっして、ほんとうに子どもの立場に立つことはできない。子どもの考えには入りこまない。われわれは自分の考えを子どもに貸しあたえる。われわれはつねに自分自身の論理にしたがい、そして、真理の連鎖をたどりながらも、子どもの頭のなかにただ不条理と誤謬をつみあげていくにすぎない。

学問を研究する方法として、分析と総合のどちらを選ぶべきか、という論争がある。しかし、かならずしもどちらかを選ぶ必要はないのだ。じっさい、方法としての分解と構成を、同じ研究で両方用いることもありうる。また、子どもを、自分では分析をしていつもりにさせて、じつは教育的な方法で指導することも可能である。そこで、この二つの方法を同時に用いるならば、それぞれがたがいに相手の根拠として役立つことになるだろう。

道が同じところに通じるとは思わずに、最初、正反対の方向へ同時に出発して、最後に出会ったりすると、それはたいへんな驚きだろう。しかも、その驚きはたいへん愉快なものであるにちがいない。

私は、たとえば地理学を、この二つの出発点から始めてみたい。地球の公転の研究に、地球の各部分の研究が加わる。地球の部分としては、まず自分が住んでいるところを勉強する。子どもは天空の研究をして、いわば自分を天空に連れだすのだが、同時に地球の区分に連れもどされる。そして、まず自分が住んでいる部分がどこなのかを教わる。

子どもが地理の勉強をする出発点の二つは、かれの住む町と父親の田舎の別荘である。そしてそれから、この二つのあいだの土地、それから近くの河川、そして最後に太陽の見えかたと方角の定めかたで、これらが研究の合流点となる。

こうしたことのすべてから、地図を子ども自身につくらせなさい。ごく簡単な地図でいい。最初は二つの場所しか描かれていないが、しだいにほかのところの位置や距離がわかったり、推量できたりするにつれて、少しずつ描き加えられていく。生徒の目のなかに、方角のわかる羅針盤《らしんばん》をすでに入れておいたのが、この地図づくりでどれほど役に立つか、それはもはや言うまでもあるまい。

それでも、たしかに多少の指導は必要だろう。しかし、それはごくわずかでいい。指導しているようには見えないようにしたい。

生徒がまちがっても、そのままにしておこう。まちがいを直してあげたりしない。生徒がまちがいだと自分で知って、自分で直すまで、黙って待つ。あるいは、せいぜい、生徒にまちがいを感づかせるようなことを、タイミングをみはからって、ちょっとだけしてあげる。生徒がまちがうことがぜんぜんなかったならば、それは生徒がものごとをしっかり学んでいないということなのだ。

それにまた、生徒にとって大事なのは、この地方の地形を正確に知っていることではない。大事なのは、それを知る方法を知っていることである。地図が頭のなかに入っているかどうかはどうでもいい。地図が何をあらわしているかがわかり、地図をつくる技術について明確な観念をもっていれば、それでいいのだ。

あなたがたの生徒の知識、それにたいする私の生徒の無知、このちがいがどういうものか、もうおわかりだろう。あなたがたの生徒は地図を知識として学ぶ。私の生徒は地図をつくる。そうして、自分の部屋のあたらしい飾りにする。

けっして忘れないでいただきたい。私の教育のもっとも肝心な点は、子どもにたくさんのことを教えることではなく、子どもの頭に正確で明瞭な観念しか入らせないことである。

子どもはまったく無知のままであってもかまわない。まちがいを覚えなければ、それでいい。私がかれの頭のなかに真実を入れるのは、かれが真実のかわりにまちがいを学んでしまわないようにするためにすぎない。

理性や判断力はゆっくり歩いてくるが、偏見は群れをなして駆けてくる。まさにこの偏見から子どもを守らなければならない。しかし、学問そのものを目的としたならば、あなたは底知れぬ、果てしもない、暗礁《あんしょう》だらけの海に乗りだすことになる。そして、入れば二度と抜けだせないだろう。

知識への愛に燃え、その魅力にとりつかれて、とめどもなく、あれもこれも追い求めるひとは、浜辺で貝殻ひろいをしている子どもと同じに見えてしまう。子どもは、貝殻をすでにたくさん集めていても、つぎつぎにすてきな貝殻が見つかるので、いくつか捨てて、またひろいつづける。ついには、集めたものが多すぎて、もうどれを捨てていいのかわからなくなる。けっきょく、全部捨てて、手ぶらで帰る。

子どもが小さいころは時間は長かった。われわれはまちがった時間のつかいかたをするのが怖くて、時間をつぶすことに努めた。いまはまったく逆である。子どもの役に立ちそうなことをすべてやろうとすると、時間が足りない。

気をつけなさい。情欲の訪れはもうすぐだ。ひとたび情欲が扉をたたくと、あなたの生徒はもうすっかりそちらに気をとられる。

平穏な知性の時代はきわめて短く、たちまちのうちに過ぎ去る。やるべきことがほかにもたくさんある。だから、子どもを物知りにすることができればそれで十分と思うのは、愚かもいいところだ。

重要なのは、子どもに学問を教えることではない。学問をおもしろがる心を育て、そして、それが育ったときに学問を学ぶための方法を教えることなのである。まさにこれが、あらゆる良い教育の基本原理である、と言ってまちがいない。

この時期はまた、集中力を育てる時期である。ひとつのことにずっと集中しつづけられるよう、少しずつ訓練していく。しかし、それはけっして強制によるものではない。それが楽しいこと、あるいはどうしてもやりたいことであれば、かならず集中力も生まれてくるにちがいない。したがって、子どもがそれを嫌いにならないよう、また、それに飽き飽きしないよう、十分に配慮する必要がある。

だから、子どもからは目を離さないようにしたい。子どものばあい、どんなことになろうと、子どもが退屈そうにしたら、すぱっとやめる。したくないことはしないのが、たんに勉強をすることよりも、はるかに大事なことだからである。

子どものほうから質問をしてきても、返事は、子どもの好奇心を満足させるていどではなく、子どもの好奇心をさらに育てるていどにしなさい。とくに、子どもが何かを知りたくて質問しているのではなく、やたらにバカな質問を連発して、たんにあなたを困らせようとしているだけだとわかったら、返事をするのはすぐやめなさい。あきらかに、子どもはもう、ことがらには興味がなく、ただあなたを質問攻めにして降参させたいだけだ。

質問をしてくる子どもにたいしては、その子の発することばよりも、その質問の動機を考慮しなければならない。この注意は、これまであまり必要とされなかったものだが、子どもが理屈をこねるようになると、とたんに何よりも重要なものとなる。

さまざまの一般的な真理は、一本の鎖でつながっている。その鎖によって、すべての学問が共通の原理にむすびつき、そして、つぎつぎに発展していく。その鎖が哲学者たちの方法なのである。

しかし、ここで語りたいのはその鎖ではない。それとはまったくちがう鎖がある。この鎖によって、個別の具体的なものがべつの具体的なものを引きよせ、それがまたべつのものを引きよせる。こうした順序のつながりかたは、あらゆることに必要とされる集中力を、とぎれのない好奇心によって育てていく。この順序はたいていの人間がしたがうものではあるが、とりわけ子どもは、かならずこれにしたがわねばならない。

われわれが自分で地図をつくるとき、方角を知るために南北の線を引く必要があった。ある特定のものの朝の影、それと同じ長さになる夕方の影、この二つの影の「頂点から描いた円の」交点を通る直線が、十三歳の天文学者にもわかる正しい南北の線である。しかし、この線は消えてしまうし、線を引くのに時間がかかる。いつも同じ場所で作業をしなければならない。気をつけなければならないことも多いし、とてもめんどうだ。しまいには疲れはててしまうだろう。われわれはあらかじめそれがわかっていた。だから、どうすべきかも、あらかじめわかっている。

さて、私はここでまたしても、長々と詳細な説明をおこないたい。読者諸君の不平の声は、私にも聞こえるが、それは覚悟のうえだ。この編のもっとも重要な部分を、読者の辛抱《しんぼう》の足りなさのせいで割愛することは、ぜったいにしたくない。読者諸君も覚悟をきめて、私の長話につきあっていただきたい。私も、あなたがたがぶうぶう言うのを覚悟している。

私たち、つまり私と私の生徒は、琥珀《こはく》やガラスや蠟《ろう》など、いくつかの物体は摩擦すれば藁《わら》を引きつけるが、ほかの物体ではそれが起きないことに、かなりまえから気づいていた。しかし偶然に、私たちはもっと奇妙な力をもつ物体を発見する。その物体は摩擦とかをしなくても、やすり屑《くず》など小さな鉄の屑を、少し離れたところから引きよせるのである。

この物体のそういう性質は、それ以上のことは何もわからなくても、私たちをずいぶん長いあいだ楽しませてくれる。やがて私たちは、この性質は鉄そのものにも伝わり、鉄をある方向に磁化させることを知る。

ある日、私たちが市《いち》に行くと、奇術師が、たらいに浮かぶ蠟のアヒルを一切れのパンで引きよせている。私たちはとてもびっくりするが、それでも「これは魔法使いだ」などとは言わない。魔法使いがどんなものなのか知らないからだ。どうしてそうなるかわからない見せ物にびっくりさせられながら、私たちはひとつも急いで判断をくだそうとしない。そのうちわかることかもしれないので、私たちはのんびりと無知の状態にとどまる。

家に帰って、市で見たアヒルのことを話しているうちに、あれと同じものをつくってみたくなる。十分に磁化された針を白い蠟でくるみ、その蠟をせいいっぱいアヒルに似た形にする。針はアヒルの体をつらぬき、針の先がアヒルのくちばしになるようにする。

そのアヒルを水に浮かべ、手にした鍵をアヒルの口に近づけると、見事、市のアヒルがパンの動きにしたがったのとまったく同じように、私たちのアヒルも鍵の動きにしたがう。私たちの喜びのほどは、たやすくご理解いただけるだろう。

このアヒルを水に浮かべて、そっとしておくと、アヒルはどの方角を向くか。それはまたべつの機会に観察できるだろう。いまのところは、アヒルを鍵で動かすことに夢中なので、それ以上のことは望まない。

その日の夕方、私たちはふたたび市に行く。細工をしたパンをポケットにしのばせている。そして、奇術師が例の見せ物を始めるとすぐ、私の連れた豆博士は辛抱ができずに、奇術師にむかって「それは簡単な手品だ、ぼくにだってできる」と言う。「じゃあ、やってごらんなさい」。私の生徒はさっそくポケットから、鉄屑をしこんだパンを取りだす。心臓をドキドキさせながら台に近づく。少しふるえる手でパンをさしだすと、アヒルが寄ってきて、動きにしたがう。生徒は喜びのあまり声をあげ、身をふるわす。まわりから拍手喝采を浴びて、頭もボーッとなり、われを忘れる。

奇術師はいささかうろたえながらも、子どもに近寄り、抱擁して賞賛し、「明日もまた、ぜひ来てほしい」と言う。「あなたの腕前をたたえるために、明日はもっとひとを集めますから」と言うのだ。私のつれた小自然学者は鼻をふくらませて何かしゃべろうとするが、私はすぐにかれを黙らせる。そして、かれがひとびとの賞賛を浴びていてもかまわず、さっさとつれて帰る。

この子は、あくる日になるまで、こっけいなほどそわそわし、少しも落ちつかずに時間をすごす。出会うひとみんなを誘う。まるで人類全体を自分の栄光の証人にしたいかのようである。かれは時間が来るのが待ちきれず、早めに出て、約束の場所に飛んでいく。小屋はすでに満員だ。まだ青いかれは、なかに入るとき激しく胸が高鳴る。

ほかの奇術が先におこなわれる。奇術師は前日よりも上手で、驚くようなことをいろいろやってみせる。が、子どもはそんなこと、ひとつも目に入らない。ただそわそわし、汗をかき、やっと息をしている。ポケットに入れたパンを、いらいらしながらいじって時間をすごす。

ついに出番がくる。親方が仰々《ぎょうぎょう》しい口上で、かれを登場させる。子どもは少し照れながら進み出る。ポケットからパンを取りだすが……。やっぱり、この世はままならない。昨日は従順だったアヒルが、今日はまったく野生のアヒルになった。くちばしをさしだすどころか、お尻を見せて逃げていく。パンをいやがり、パンをさしだす手もいやがる。まえはあれほどなついていたのに、こんどは正反対だ。

子どもは何度もムダな試みをくりかえし、そのたびに客からヤジられ、とうとうこんな文句を言いだす。「だまされた。これはアヒルがちがう。すりかえられた」。そして、奇術師に「あなたがやってみなさいよ」と、くってかかる。

奇術師はそれに答えず、黙ってパンをとりだし、アヒルのまえにもっていく。たちまちアヒルはパンに寄ってくる。手を引くとそれにもついてくる。子どもがそのパンをもらって同じことをするが、ぜんぜんうまくいかない。それどころか、アヒルは子どもをバカにして、たらいのなかを勝手に泳ぎ回る。子どもはすっかり恥じ入り、引きさがる。もうヤジに身をさらす気力もない。

すると、奇術師は、子どもが持参したパンをとりあげて、自分のパンと同じくらいうまくやってみせる。それから、みんなのまえで、子どものパンから鉄の針を引き抜く。私たちはまたしても笑いものだ。さらに奇術師は、針を抜きとったパンでも、まえと同じようにアヒルを引き寄せる。

みんなの見ているまえで、べつのパンを客のひとりに切らせ、そのパンのかけらでも同じことをやってみせる。かれは手袋でも、素手の指先でも、同じことをする。最後に、かれは小屋のまんなかに進み出て、ああいうひとたち独特のもったいぶった口調で、「さて、このアヒル、私の指先だけでなく私の声ひとつで動きます」と言う。じっさい、かれが声をかけるとアヒルは言うとおりに動く。右に行けと言えば右に行き、戻ってこいと言えば戻ってくる。回れと言えば回る。やつぎばやの命令にもすばやくしたがう。観客の拍手も倍増するが、私たちの恥ずかしさも倍増する。私たちはひとに気づかれないように逃げ帰る。家のみんなに手柄話を聞かせるつもりだったのに、そんなことはできず、自分たちの部屋に閉じこもる。

つぎの日の朝、戸を叩く者がいる。私が開けると、あの奇術師だ。私たちがやったことにたいし、かれはひかえめな物腰で、つぎのように苦情を述べる。

「あなたがたは私の芸の評判を落として、私から生活の手段を奪おうとなさいました。いったい私が何をして、あなたがたにそんなことをさせてしまったのですか。たかが蠟のアヒルを引き寄せるという芸です。その芸のどこに、まっとうに生きている人間の生活の糧《かて》を奪ってでも手に入れたいほどの魅力があるのですか。正直な話、だんなさま、私に何かほかの才能があって、それで暮らしが立つのであれば、あんな芸を誇りにはしません。けちな商売ですが、長くその芸で生きてきた人間ですから、ほんの一時《いっとき》とりくんだだけのあなたがたより、多少その方面には通じております。それはわかっていただけましょう。私があなたがたに、私の秘術を最初の日にお見せしなかったのは、自分がもっている技を早々とさらけだしてはならないからです。とっておきの技を、まさしくいざというときのためにつねに用意しておりますし、また、それでも騒ぐ若者を静かにさせてしまうような技も、いくつかもっております。それでも、だんなさま、私は昨日あなたがたをあたふたさせたあの技の秘密を教えてさしあげようと思って、本日こちらにまいりました。ただし、その技をやたらに使って、私を困らせることがないように、また、このつぎからはもっと控えめにしていただくように、それだけはお願いします」

　そう言って、かれは自分の道具をとりだす。私たちはそれを見て、びっくり仰天する。それはたんなる大型の強力な磁石にすぎないからだ。その磁石を、小さな子どもが台のしたに隠れて、こっそり動かしていたのである。

　男は道具をしまう。私たちはかれにお礼とおわびを述べて、何かをさしあげようとすると、かれはこう言って辞退する。

「いえ、だんなさま。あなたがたが私になさったことを思うと、贈り物を受けとってすます気持ちにはなれません。お気に召さないでしょうが、私はあなたがたに貸しを作りたい。それが私の精一杯のしかえしです。どんな身分の者にも寛大な心があるということを覚えておいてください。私は自分の芸ではお金をいただきますが、授業ではいただきません」

　かれは出て行くとき、とくに私にむかって、はっきりとこう叱責《しっせき》する。

「私はお子さんのほうは喜んで許します。無知ゆえのあやまちだからです。しかし、だんなさま、あなたはお子さんのあやまちを知っていながら、どうしてそのままやらせたのですか。あなたがたは一緒に暮らしているのだから、あなたは年上の者として、しっかり配慮し、ちゃんと忠告をしなければならないはず。子どもを指導する大人は、経験が権威のもとなのです。お子さんが大きくなって、若いころのあやまちを自分でとがめるとき、お子さんはきっと、自分ばかりでなく、あやまちを注意してくれなかったあなたをとがめることでしょう」

かれが去ったあと、私たちは二人とも深く恥じ入る。私はあまりにも脳天気だったと自分を責める。今後はもう、子どものためにならないことはしないよう、自分は身を慎むと約束する。そして、子どもがあやまちを犯すまえに注意してあげることを約束する。というのも、そろそろ私たちの関係も変化し、私は教師としての厳しさから仲間としての親しさへと態度を変えるべき時期に近づいているからである。こうした変化は段階的になされねばならない。そして、変化はすべてあらかじめ見通され、しかも、かなり早くから予見されていなければならない。

翌日、私たちはまた市に出かける。秘密を教えてもらったあの芸をもういちど見るためである。私たちのソクラテス、あの大道芸人に深い尊敬の念をもって近づく。顔を上げて眼をあわせる勇気も出ないぐらいだ。かれは私たちを丁重に迎えてくれ、特別よい位置に立たせてくれるので、こちらはなおさら恐縮する。かれはいつもどおりに技を披露《ひろう》するが、アヒルの芸は長めにたっぷりと楽しげにやってみせ、ときおり誇らしげに私たちのほうを見る。私たちはしかけを全部知っているのだが、もちろん何にも言わない。もしも私の生徒が一言でも秘密をもらそうとしたなら、もうそれだけでこの子はぶちのめされてかまわない。

以上の実例は、細部にいたるまですべて、見かけ以上に重要なものである。ひとつの教訓話のなかに、じつにたくさんの教訓が含まれている。たんなるうぬぼれから始まった動きが、つぎつぎと恥ずかしい結果につながっているのだ。

若い教師よ、この最初の動きをよく注意して見張りなさい。その動きからああいうふうに恥ずかしさや不面目を引きだすことができれば、かなりしばらくのあいだは同じことは起きないと確信してよい。

ずいぶんめんどうなことですね、とあなたは言うだろう。そう、それはそのとおり。そして、われわれにとってすべては、南北の線のかわりになる羅針盤をつくるための準備なのである。

われわれは、磁石がほかの物体をつらぬいて作用することを学ぶと、つぎには何よりもまず、自分たちが見たのと似たようなしかけをつくろうとする。すなわち、中をくりぬいた台、その台にぴったりのっかり、少しの水でいっぱいになる底の浅いたらい、そしてまえよりもちょっと念入りにつくられたアヒルなどである。

このたらいに浮かぶアヒルを何度もよーく観察していると、われわれはとうとうこんなことに気づく。つまり、じっとして動かないときのアヒルは、いつもだいたい同じ方向を向いている。こういう実験をつづけ、この方角をしらべてみると、それは南から北へ向いていることがわかる。もうこれで十分だ。われわれは羅針盤を発見した、あるいは、発見したも同然である。こうして、われわれはここから物理学に入る。

地球上にはさまざまの風土があり、風土とともに気候も多様である。極地に近づくにつれ、季節の変わりようはいちじるしいものとなる。物体はすべて、寒さによって収縮し、暑さによって膨張する。液体をつかうと、それがはっきりと測定できる。とりわけアルコール性の液体であれば、さらに見やすい。これを利用したのが寒暖計である。

風は顔にあたる。だから、空気は物体であり、流体である。われわれは空気を見ることはできないが、感じることはできる。コップをさかさまにして水に入れてみなさい。コップに空気の出口がなければ、コップに水は入ってこない。だから、空気は抵抗することができる。コップをさらに深く沈めてみなさい。するとコップのなかは水でいっぱいにはならないが、多少は水が入ってくる。だから、空気はあるていど圧縮できるものである。圧縮した空気を風船につめてみなさい。すると風船は、ほかのどの物体をつめたときよりもよく弾む。だから、空気は弾性体である。浴槽のなかに寝そべって、腕だけ外に出して水平に伸ばしてみなさい。すると、その腕をひどく重たく感じるだろう。だから、空気は重さのある物体なのである。空気は、ほかの流体とつりあいをとらせることによって、その重さを測ることができる。こうしてつくられたものが気圧計であり、サイフォン、空気銃、真空ポンプである。

静力学や流体力学のすべての法則が、こういうじつに大ざっぱな実験によって発見される。こんなことのために、私は子どもを物理実験室みたいなところに入れたいとは思わない。私はそういうところにある器具や機械のすべてが嫌いなのだ。学問的な雰囲気は学問を殺す。そうした装置はどれも子どもをおびえさせてしまうか、もしくは、機械の形で子どもの目を奪い、実験結果への関心をいくぶん、あるいはすっかり失わせてしまう。

そういう機械はぜんぶ自分たち自身でつくるべきだと思う。ただ、実験よりも先に道具をつくるのは望ましくない。望ましいのは、偶然に実験がなされたことに気づいて、それを検証するための道具を少しずつ自分たちで発明していくことである。

われわれの道具はそれほど完全なものでも正確なものでもなくてよい。ただ、それがどんなものであるべきか、そして、どういう働きが期待されるかについては、より明確な考えをもちたい。

私は、静力学の最初の授業のために天秤《てんびん》を探しに行ったりしない。ただ、イスの背に一本の棒を横にしてのせ、その棒が平衡を保っているときに左右両部分の長さを測る。両方の端に等しい重さを加えたり、等しくない重さを加えたりする。そして、適当に棒の端を押したり引っぱったりする。そうしていると、均衡が生ずるのは、加わる重さの量と取っ手の長さの相互的な比例によるということを、ついに発見する。こうして小さな物理学者である私の生徒は、天秤など見たことがなくても、天秤を調整することができるようになる。

ひとは、他人から教えてもらうより、こんなふうに自分自身で学ぶほうが、ものごとについてははるかに明瞭で、はるかにたしかな観念をもてるようになるのである。これに異論の余地はない。自分の理性が、奴隷的に権威に服従するよう習慣づけられてしまうこともない。さらに、ものごとの諸関係を発見したり、さまざまの観念を結びあわせたり、いろんな道具を発明する才能もますます伸びていく。そういったものすべてを他人からあたえられるままに受けとっていると、われわれの知性はなまけぐせがついて、逆にだんだん縮んでいく。それはちょうど、いつもひとの手を借りて服を着、靴を履き、いろいろしてもらい、出かけるときは馬車をつかうような人間は、ついには体の力が衰え、自分の手足がつかえなくなるのと同様である。

ボワロー［一六三六〜一七一一、詩人］は自分がラシーヌ［一六三九〜九九、詩人］に、作詩には苦労が必要なのだと教えたんだ、と自慢している。学問を学ぶことについても、それを簡単にすませるすばらしい方法はたくさんあるが、むしろ学問をたいへん苦労して学ぶための方法をひとつでもいいから、われわれはぜひともだれかから教えてもらう必要があるのではないか。

勉強をゆっくりと、そして苦労をしながらおこなうことの、もっとも明瞭な利点は、頭脳をつかう勉強をしているさなかでも体を動かし、腕や脚のしなやかさを保ち、両手を大人になったときのしごとなどに役立つよう、たえず鍛えられることである。

われわれの実験を先導し、われわれの感覚の不正確さをおぎなうために発明された器具はたくさんあるが、そうした器具はわれわれの感覚をなくてもよいものにする。測角器があれば角度の大きさを推測しないですむ。人間は自分の目でも距離をけっこう正確に測れるが、目のかわりに測鎖《そくさ》をつかうようになるとそれに頼るようになる。

ローマ秤〔天秤〕があればものの重さはそれでわかるから、手で重さを判断しなくてすむ。

道具が精巧になればなるほど、われわれの器官はお粗末になり、うまく働かなくなる。自分のまわりを機械だらけにしていくと、われわれは自分の体という道具を失ってしまうことになる。

しかし、われわれが機械のない時代に用いていた手の器用さを、そうした機械を組みたてるために用いるのであれば、また、機械なしでやっていくのに必要だった賢明さを、そうした機械をつくるために用いるのであれば、われわれは得するばかりで、何も失わない。われわれは自然に技術をつけ加える。われわれは少しも不器用にはならず、ますます創意工夫に富むようになる。

子どもを本にかじりつかせず、工場でしごとをさせるならば、子どもの手の働きが子どもの知性を向上させる。かれは、自分は労働者だと思いながら、哲学者になる。さらに、こういうふうに工場で学ばせることには、ほかにもいろいろ利点があるが、それについてはもう少しあとで語ることにしよう。そこを読んでいただけたら、われわれはいかにして哲学でのたわむれから、ほんとうの人間らしいいとなみへと自分を高めることができるかが見えてくるだろう。

これはすでに述べたことだが、純粋に理論的な知識はあまり子どもにはふさわしくない。それは青年期に近い子であっても同様だ。しかし、子どもを理論物理学に深入りさせることはしなくても、かれらの経験のすべてを、いわば演繹《えんえき》によってたがいに結びつけることはさせたい。この鎖があれば、子どもは個々の体験を自分の知性のなかに順序づけて並べることができ、そして、必要に応じてそれを記憶から取りだすことができる。じっさい、ひとつひとつバラバラの事実や理論は、それを思い出す手がかりがなければ、長いあいだ記憶にとどめておくのがきわめてむずかしい。

自然の法則を探求するばあいはつねに、もっともありふれた現象、もっともはっきり見える現象から始めなさい。そして、あなたの生徒が、こうした現象を理論でとらえるのではなく、いつも事実としてとらえるよう習慣づけなさい。たとえば、私が石をひろって、それを空中に置くふりをして手を開くと、石は地面に落ちる。エミールは私のすることをじっと見ている。私はそれを見て、エミールに聞く。「どうしてこの石は落ちたんですか？」

この質問に答えられず、立ち往生するような子どもがいるだろうか。ひとりもいない。エミールでさえ、答えを言わないようにと私がしつけていればべつだが、この問いには答えるはずだ。みんな「石は重いものだから落ちるんです」と答えるだろう。「では、重いものとは何ですか」「落ちるものです」「つまり、石は落ちるものだから落ちる、ということですか」。ここで私の小さな哲学者はすっかり行き詰まる。

これが私のやりかたでの物理学の最初の授業である。そして、こういうやりかたは、物理学を学ぶうえで生徒のためになるかどうかはともかく、良識を学ぶうえではかならずためになる。

子どもの知性が発達していくにつれて、われわれが子どもにさせることにはいっそう選択が必要になり、それがまたわれわれにとってあらたな考えどころとなる。子どもも大きくなると、自分にとって何がよいことなのかがわかるぐらいに、自分を知るようになる。自分にとって何がふさわしく、何がふさわしくないかが判断できるぐらいに、広い範囲の関係をとらえられるようになる。そこまで到達すると、子どもはしごとと遊びのちがいがわかるようになる。そして、遊びをしごとの息抜きとしか考えなくなる。

そうなってこそ、子どもの勉強のなかにほんとうに有用なものを入れることができる。そして、たんなる遊びのときにはなかった熱心さの持続まで見られるようになる。ものの必然はたえず実感させられることなので、その法則性によって、いま不愉快なことをおこなえば将来のもっと不愉快な悪がまぬがれられる、ということも早いうちに学ぶことができる。これがいわゆる先を読む力である。この先読みの力をちゃんと身につけているかどうかが、まさしく人間の賢明な生きかたと不幸な生きかたの分かれ目になる。

ひとはみな幸せを望む。が、幸せになるためには、まず幸せとはどういうものなのか知っていなければなるまい。自然人の幸せは、自然人の生活と同様に、単純だ。それは苦しみがないことである。自分に健康と自由、そして生活に必要なものがあればよい。いっぽう、文明人の幸せは、まったくべつである。しかし、いまここでの問題はそれではない。

子ども、とくに虚栄心がまだ目覚めさせられていない子ども、世間の常識という毒素に侵されていない子どものばあい、かれが興味をいだきうるのは自分の肉体で感知できるものにかぎられる。これは私が何度でもくりかえし言いたいことである。

自分の欲求を自分自身で感知するまえに知るようになると、そういう子どもの知性はすでにかなり進んでいる。そして、時間というものの価値もわかりはじめている。そうなったら、貴重な時間は有用なことのためにつかうよう子どもをしつけたい。ただし、その有用さは子どもでも実感でき、子どもの知識でも理解できるものでなければならない。

社会の道徳や慣習に属することはすべて、そんなに急いで子どもに教えるべきではない。子どもにはまだ理解ができないからである。大人は子どもに、これをがんばってするのは君たちにとってよいことだとか、あいまいなことを言うが、子どもはそのよいことの意味がわからない。大人は子どもに、これをすれば君たちはあとで大きな利益がえられると請けあうが、子どもはその利益なるものにいまは何の興味もないし、そもそも大人の言う利益の意味が理解できない。であるから、子どもにそうしたことを無理にやらせるのは愚かである。

子どもはけっして、大人がそれはよいことだと言うからそれをするようであってはならない。子どもにとっては、自分がよいと思うことのみがよいことなのである。

あなたはいつも子どもを、子どもの理解能力を超えたところに早く行かせようとする。あなたは自分では先を読む力をつかってそうしているつもりだが、じつはあなたにはその力が欠けている。

あなたは、たぶんまったく使い物にならないムダな道具を子どもにもたせようとする。そして、人間にとってもっとも有用な道具、良識を子どもからとりあげる。あなたは子どもを、いつもひとの意のままに動かされる存在、他人の手で操作されるたんなる機械になるようにしつける。あなたは子どもを、小さいときは素直で良い子に育てたいと望むが、それは大きくなったら他人を信じやすく、だまされやすい人間になるのを望むことなのだ。

あなたは子どもにむかって、のべつこう語る。「私があなたにやらせたいことは、すべてあなたのためになることなんです。ただ、いまのあなたにはそれが理解できない。私としては、あなたが私の求めることをしてもしなくても、少しもかまいません。あなたが勉強をするのは、ただただあなた自身のためなのです」

こういった美しいことばで、あなたはいま子どもをおとなしい良い子にしようとする。それは、その子が将来において、にせの予言者や錬金術師、いんちき療法士、ペテン師その他、すべてのいかがわしい連中のわなにはまり、連中のばかげた言動を真に受けるようになる素地づくりなのである。

もちろん、大人は、子どもには有用性がわからないことでも、たくさんのことを知っていなければならない。しかし、子どもは、大人が知っておくべきことがらをすべて学ぶ必要があるのだろうか。また、それは可能なのだろうか。

子どもには、その年ごろに有用なことをすべて学ばせるようにしなさい。子どもの時間はそれだけでいっぱいになることがあなたにもわかるだろう。どうしてあなたは、子どものいまの年齢にふさわしいことを学ばせず、子どもが達しないかもしれない年齢の勉強をさせたがるのか。

「しかし」と、あなたは言うだろう。「子どもが知るべきことを学ぶのは、それが役に立つときが来てからでは遅いのではないか」

それは私にはわからない。ただ、私に言えるのは、子どもがものごとを早めに学ぶのは不可能だということ。なぜなら、われわれにとって真の教師は、経験と感情だからである。また、人間は、自分がじっさいに身をおいた関係のなかでしか、人間にふさわしいことは何かをほんとうに学ぶことはできないからである。

子どもは、自分も大人にならねばならないことを知っている。そして、子どもが大人というものについての観念をいだくことのできるような場面のすべてが、子どもが大人になるための教育の機会なのである。しかし、大人というものについての観念が、いずれもまだ子どもの理解をこえているときには、子どもはそうした観念にむしろまったく無知のままでいるべきだ。私はまさしくこの教育の基本原理を、本書第三編の全体をとおして証明していきたいのである。

われわれが生徒に、「有用な」ということばの観念をちゃんといだかせるのに成功したら、われわれは生徒を指導するうえで、さらなる手がかりをえたことになる。なにしろ、このことばは生徒の心を強く打つ。なぜなら、このことばは生徒の年齢にふさわしく、という意味を含み、生徒のいま現在の幸せに直接つながることが明白だからである。

いっぽう、あなたがたの子どもには、このことばは少しも響かない。なぜなら、あなたがたはこのことばについて、子どもが理解できるような観念をさずける努力をしないからだ。また、子どもにとって有用なものは、つねにほかのひとびとによって子どもに提供されることになっており、子ども自身がその思案をする必要はまったくないので、子どもは有用とはどういうことかを知らないからである。

「それは何の役に立つのですか」。今後は、これが私と生徒のあいだの、もっとも大事なことばとなる。日々の生活のすべてのいとなみにおいて、私と生徒のあいだでかわされるもっとも決定的な問いのことばとなる。

このことばこそ、私にたいする生徒のあらゆる質問に私がことごとく、こうした問いの形で返すことばなのである。そして、このことばは、子どもの発するたくさんのバカげたくだらない質問にブレーキをかける。そもそも、子どもたちがあきもせず、ただいたずらに質問を連発して、まわりのひとびとをうんざりさせるのは、ほんとうにいろいろ知りたいからというより、ひとびとを支配する権力のようなものを自分も行使してみたいからにすぎない。

ほんとうに有用なことのみを知りたいと思うようになる教育、そういういちばん大事な教育を受けた子どもは、質問をするとき、ソクラテスのような質問のしかたをする。質問する理由が自分でわかっていないのであれば、へたに質問などしない。なぜなら、質問をすれば答えをもらうまえに、その質問の理由を問われることがわかっているからである。

こうして私はあなたに、生徒とわたりあうときにつかえる道具を手渡した。この道具がいかに強力か、ご自分でたしかめていただきたい。質問する理由もわからず質問を重ねる生徒にたいして、あなたは例のひとことを発すれば、ほぼてきめんに生徒を黙らせることができる。しかも、あなたは逆に、自分の知識と経験のおかげで優位にたてる。あなたが生徒に言ってあげることはすべて生徒の役に立つのだと、それによって説明できるからだ。

ただし、思いちがいをしないでいただきたい。生徒に例の質問をすることは、生徒のほうも同じ質問をあなたにしてもよいのだと教えることになる。つまり、今後あなたがどんなことを提案しようとも、かれはかならずあなたにならって「それは何の役に立つのですか」と言うだろう。それは覚悟しなければならない。

おそらく教師にとって回避するのがもっともむずかしい罠《わな》も、ここにある。もし、子どもにそんな質問をされて、あなたはただその場を切り抜けたい一心で、子どもにはまだ理解できない理屈だけを語って、それですませようとしたらどうなるか。子どもは、あなたの理屈がただあなたの観念のみにもとづき、子どものものっている観念とは縁がないことを見てとる。そこで子どもは、あなたの言うことは大人にとって都合がよく、子どもにとってはそうではないと思う。子どもはもうあなたを信用しない。すべてが台なしになる。

しかし、質問に答えられずに立ち往生したり、自分のまちがいを生徒に白状したがる教師がどこにいるだろうか。教師はみんな、自分に非があってもそれを認めないことを掟《おきて》のようにしている。

だが、私は、たとえ自分に非がなくても、その理由を生徒に理解できるように説明できないのであれば、それを自分の非として認めたい。こうすれば、私のすることは生徒の知性でもはっきりと理解できるものなので、けっして生徒に疑わしく思われたりしないだろう。自分のまちがいを隠そうとする教師たちよりも、自分のまちがいを想定している私のほうが、むしろはるかに信頼されることになる。

あなたが肝に銘ずべきこと、その第一位は、生徒が学ぶべきことを示してあげるのが教師の役目とは心得ないことである。学ぶことを望み、学ぶべきことを探し求め、そしてそれを発見するのは生徒自身なのだ。教師の役目は、それを生徒の手の届くところに置いてやり、それを手に入れたいという欲求をたくみに生じさせ、そしてその欲求を満たす手段を生徒に提供することである。

したがって、あなたは生徒にたいしてやたらに質問すべきではない。質問をするときは選りすぐった質問をしなければならない。とうぜん、あなたが生徒に発する問いの数より、生徒があなたにする質問のほうがはるかに多くなるので、「あなたが私に質問していることは、それを知ると何の役に立つのですか」という問いにあなたがさらされることは少なくなり、あなたがその問いを生徒に発する機会は多くなるだろう。

さらに、生徒がこれを学ぶか、あれを学ぶかというのはたいして重要な問題ではない。自分の学んだことを理解し、学んだことの用いかたを知るのが重要なのである。だから、もしあなたが、生徒に語ったことがらについて生徒にも理解できるような説明ができないのであれば、もうまったく何も語ってはいけない。

そのとき、あなたはためらうことなく、生徒にこう言いなさい。「私はあなたを納得させる答えを言うことができません。つまり、私のまちがいでした。この話はここまでにしましょう」

もし、あなたの教えていたことがほんとうに不適切なものなら、それをまったく捨て去っても害はない。もし、不適切でもなかったならば、少し気をつけていると、生徒にもその有用性がわかってもらえる機会がそのうち見つかるだろう。

私は、ことばだけでの説明を好まない。子どもたちも、そんな説明はちゃんと聞かず、ほとんど記憶にとどめない。

実物！　大事なのは実物だ。であるのに、われわれはあまりにもことばに重きを置きすぎている。これは何度くりかえしても、けっして言いすぎにはなるまい。われわれのおしゃべり中心の教育は、生徒をやはりおしゃべり人間にするだけだ。

たとえば、私が生徒といっしょに太陽の動きをしらべ、方角を知る方法を探求しているとき、とつぜん生徒が私をさえぎり、「こんなことして、いったい何の役に立つのですか」と私に質問したとしよう。

私はそのとき、どんなにすばらしい話を生徒にしてあげることだろう。私は生徒の質問に答えるついでに、どれほどたくさんのことを生徒に教えてあげることだろう。とりわけ私たちのほかに何人かひとがいて、私たちのやりとりを聞いていれば、なおさらだ。*49

私は生徒の問いを受けて、いろいろ語る。たとえば、旅行の効用、交易の有益さ、各地の風土にあわせた生産、土地土地の住民の特殊な風習、暦の使いかた、農作業のための四季の見定めかた、航海術、海上での方角の知りかた、自分の現在位置がわからないときの正しい航路の見つけかた、などを語る。そして、政治学、博物学、天文学、さらには道徳や国際法まで、私は説明に含めたりする。私は生徒に、あらゆる学問について大まかな観念をあたえ、それを学びたいという立派な意欲をいだかせようとする。

私がこうした話をたっぷりと聞かせたら、それはたんに自分の学者気取りをさらしただけのことになる。しかも、生徒は私の話を何ひとつ理解できずにいる。生徒はやはり、「方角を知ることが何の役に立つのですか」と、さっきと同じように質問したくてたまらないだろうが、私が腹をたてるのを恐れて口を閉ざす。生徒は、話を無理やり聞かされたときには、話がわかったふりをするのがいちばんの得策だとわかる。こんなふうに、世の中のあちこちで、りっぱな教育がおこなわれているのである。

＊49 私がしばしば気づいたことだが、ひとが博識ぶって何かを子どもに教えるばあい、それは子どもに聞かせるというより、そこに居あわせた大人たちに聞かせたいのである。私のこのことばには、とても自信がある。なにしろ、私自身を観察したうえでのことばだからだ。

しかし、われわれのエミールは、もっと素朴に育っている。また、われわれは、むしろかれがひとの話をすぐに理解する人間にはならないよう、大いに苦労してきた。だから、かれは私の偉そうな話なんかいっさい聞かない。自分の理解できない話が始まると、とたんに離れていって、部屋じゅうをふざけてまわる。私がひとりで長広舌をふるっている形になる。

かれの問いにたいしては、もっと乱暴に答えるようにしよう。私のことばの学問的な飾りは、かれにとって何の価値もない。

さて、エミールが私に「こんなことして、いったい何の役に立つのですか」と、例のやっかいな質問をしたのは、私たちがモンモランシーの北で、そこの森の位置を知る勉強をしているときだった。

「いい質問ですね」と私は言った。「それはちょっと考える必要があります。考えてみて、こんなことは何の役にも立たないとわかったら、この勉強はやめましょう。おもしろくて役に立つことはいろいろありますからね」

その日は、それからずっとほかのことをして、地理の勉強はしない。

つぎの日の朝、私はかれに、朝食前そこらをひとまわり散歩しないか、ともちかける。かれは大喜びだ。子どもはいつだって走りたがるものだし、しかもエミールは健脚である。

私たちは森のなかに入っていく。切り開いた場所もいくつか通りぬける。そして、道に迷ってしまう。もう自分たちがどこにいるのかわからない。帰りたいのに帰る道を見つけることができない。

時間はすぎていく。暑くなる。腹が減る。急ぎ足で進むが、あちこちをむなしくさまようばかり。木立や石山や草地は見つかっても、自分たちがどこにいるかがわかる手がかりは見つからない。

二人とも汗だくで、かなり疲れ、腹ぺこになる。これ以上歩きまわっても、ますます道に迷うばかりだ。とうとう私たちは腰を下ろし、休憩しながら、思案する。

いや、エミールは、もしふつうの子どもと同じように育っているのであれば、思案などしない。ただべそをかく。エミールは知らずにいるのだが、じつは私たちはモンモランシーの町のすぐ近くにいる。町は雑木林に隠れて見えないだけである。だが、かれにとってはこの雑木林が森なのである。かれくらいの背丈の人間は、雑木林のなかに埋もれてしまう。

しばらくの沈黙のあと、私は心配そうな口調でかれに言う。

ジャン=ジャック　ねえ、エミール、ここから出るにはどうしたらいいだろう。

エミール（汗にまみれ、涙をこぼしながら）ぜんぜんわかりません。ぼくはくたびれました。お腹もすいたし、のども渇いて、もう何もできません。
ジャン＝ジャック　それは私も同様です。もしも涙が朝ご飯になるのであれば、私だって泣きますよ。当然でしょう。だけど、泣いてどうなるものでもない。いまは自分の居場所を知るのがいちばんの問題。あなたの時計を見ましょう。いま何時ですか。
エミール　ちょうど正午です。ぼくは朝から何も食べてません。
ジャン＝ジャック　なるほど、正午ですね。私も朝から何も食べてない。
エミール　おお、それならきっと、お腹ぺこぺこのはず。
ジャン＝ジャック　困りましたね。お昼ご飯のほうから私を探しに来てはくれないし。いま時刻は正午。昨日のちょうどいまごろでしたね、モンモランシーからこの森の位置を調べたのは。同じように、この森からモンモランシーの位置を調べることができたらいいのですが。
エミール　でも、昨日は森が見えましたが、ここからでは町が見えません。
ジャン＝ジャック　それですよ、難点は……。町が見えなくても町の位置がわかればいいんですがね。
エミール　ですよねえ。

ジャン＝ジャック　昨日いっしょに調べましたが、森の位置は……。
エミール　モンモランシーの北。
ジャン＝ジャック　とすると、モンモランシーの位置は……。
エミール　森の南。
ジャン＝ジャック　正午に北の方角がわかる方法は、知ってますよね。
エミール　ええ、影のさす方向です。
ジャン＝ジャック　じゃあ、南は。
エミール　えーと。
ジャン＝ジャック　南は北の反対です。
エミール　そうだ。影と反対の方向を探せばいいんだ。ああ、あっちだ。あっちが南だ。モンモランシーはきっとあちらです。あちらを探しましょう。
ジャン＝ジャック　それがいいかもしれませんね。この小道をとおって森の奥のほうへ行ってみましょう。
エミール（手を叩き、歓声をあげる）やった。モンモランシーが見えます。ほら、真正面に、すっかり見渡せます。さあ、朝ご飯を、いや、昼ご飯を、いそいで食べに帰りましょう。天文学も、やはり何かの役に立つんですね。

エミールは、この最後のことばを口に出して言わないとしても、そんなふうに考えるだろう。そこが大事な点である。とにかく、教師である私がそんなことばを口にしなければ、それでよいのだ。

うけあってもいいが、エミールはこの日の教訓を一生忘れないだろう。逆に、屋内での講話のみで、かれにこういう考えをいだかせようとしても、私の話など翌日には忘れられてしまうだろう。

できるだけ行動によって語らねばならない。ことばによって語るのは、行動が不可能なばあいのみに限りたい。

どの分野の勉強についてもいちいち例を挙げて説明するのは、読者をバカにしているみたいなので、それはしない。が、何を教えるにせよ、教師は生徒の理解力を見積もりながら話をすべきであること、そのことは、どれほど力説してもしたりないぐらいだ。なぜなら、もう一度言っておくが、有害なことは、生徒がまったく理解しないことにあるのではなく、生徒が理解したと思っていることにあるからである。

これは私の思い出に残るできごと。ある子どもに化学を教えて、その勉強を好きになってもらおうとした。私はかれに、いくつかの金属の沈澱を見せ、そのあとで、インクがどうやってつくられるかを教えた。インクの黒い色は、硫酸塩から分離してアルカリ溶液で沈澱した鉄の細かい粒にほかならない、と語ったのである。私が学者ぶった説明をしていると、とつぜんこの幼い反逆者は私をさえぎって、質問をする。それはかれが私から習って覚えた例の質問だ。私はすっかりあわてふためいてしまった。

私はしばらく思案し、なすべきことを決めた。その屋敷の地下の酒蔵からワインをもってこさせ、そしてもう一本、酒屋からひどく安いワインも買ってこさせた。小さな瓶に一定のアルカリ溶液を入れた。私はあの二種類のワインを入れた二つのグラスを、私のまえに置いた。[50] そこで、私は生徒にこんな話をした。

＊50　子どもに何かを説明したいときには、そのまえにちょっとした道具だてを見せてあげると、子どもの注意を引きつけるのに大いに役立つ。

いろいろな商品でごまかしがおこなわれています。まぜものをして、品質をじっさいよりも良く見せるのです。まぜものによって、ものの見た目と味をごまかします。しかし、まぜものは有害です。まぜものをした商品は、見かけは良さそうでも、中身はまえよりも悪いものになります。

まぜものは、とくに飲み物、とりわけワインでよくおこなわれます。なぜなら、ワインのばあい、まぜものは見分けるのがむずかしいし、まぜものをする側の利益もあがるからです。

若いワイン、あるいは酸っぱいワインをごまかすのには酸化鉛がまぜられます。酸化鉛はそもそも鉛です。鉛を酸化させると、とても甘い化合物ができます。これがワインの酸味をやわらげるわけですが、ところがこれは毒物で、ほんとうは飲んではいけません。ですから、怪しいワインを飲むばあいには、なかに酸化鉛が入っていないかどうか、飲むまえに知っておかねばなりません。そこで私は、それを見わけるために、こんなやりかたをします。

ワインから蒸留酒がつくられることからわかるとおり、ワインには可燃性のアルコールが含まれていますが、ワインにはそのほかに酸も含まれています。これは、ワインから酢や酒石酸がつくられていることからわかるはずです。

さて、酸は金属と親和性があり、溶解によって金属と結びつくと化合物ができます。たとえば、銹《さび》。これは鉄が空気や水に含まれる酸と化合したものですし、また、たとえば緑青《ろくしょう》は、銅が酢によって溶解したものにすぎません。

しかし、酸は金属よりもアルカリとのほうが親和性が高い。ですから、いま述べた化合物でも、そこにアルカリを加えると、酸はこのアルカリと結びつこうとして、それまで結びついていた金属から離れてしまいます。

このとき、金属は溶液のなかで酸と分離して沈澱し、液体を濁らせます。

ここに二つのワインがあります。そのどちらかに酸化鉛が入っているばあい、ワインの酸が酸化鉛と溶けあっているわけです。そこにアルカリの液体を注入してみましょう。すると溶けあった酸は分離させられて、アルカリと結びつくことになる。鉛はもはや溶解したままではいられず、姿をあらわしてきます。ワインを濁らせ、そして、ついにはグラスの底に沈澱するでしょう。

ワインのなかに鉛など、[*51] いかなる金属も入っていないのであれば、アルカリと酸の結合はおだやかにおこなわれ、すべては溶解したままにとどまり、濁りはまったく生じません。[*52]

＊51 パリの酒屋で小売りされているワインは、かならずしもすべてに酸化鉛がまぜられてはいないにせよ、まったく鉛を含まないワインはめったにない。なぜなら、酒屋のカウンターは鉛で覆われており、はかりからこぼれたワインはそのうえを流れるし、そのうえに溜まるので、かならず鉛をいくらか溶かしこむからだ。これほど明白で、これほど危険な悪事を警察が容認しているのは、奇怪である。しかし、じつのところ、裕福なひとびとはこんなワインなど飲んだりしないので、その毒にあたることもない。

＊52 植物性の酸はとても弱い。それが鉱物性の酸で、しかもあまり薄められていない酸のばあい、結合は泡立ちという現象をともなう。

と、私はそう言ってから、例のアルカリ溶液をあいついで二つのグラスにそそいれた。屋敷の酒蔵にあったワインのほうはきれいに透きとおったままだったが、もうひとつのほうはたちまち濁り、一時間後にはグラスの底に沈澱した鉛がはっきりと見えた。

ほら、わかるでしょう、と私は言った。こちらが純粋の自然なワインで、飲んでも問題ありませんが、こちらにはまぜものがあって、有毒です。あなたはこんな知識がいったい何の役に立つのかと質問しましたが、まさにその知識のおかげでこういう見分けがつくのです。インクのつくりかたを知っていると、まぜものがあるワインがどれなのかもわかります。

私は自分のこうした具体的な説明のしかたに、大いに自分で満足した。ところが、おやおや、肝心の生徒のほうは、私の説明をただボーッと聞いているだけだった。じつは私のほうこそバカなことをしたのだが、それを私が自覚するには少し時間を要した。十二歳の子どもでは私の説明についてこられなかったというより、やはりあの実験の有用性がかれには飲みこめなかったのである。つまり、かれは二つのワインを味わってみて、どちらもおいしいと思った。だから、私が上手に説明したつもりでいた「まぜもの」ということばにも、かれは何の意味も結びつけなかった。また「有害」とか「有毒」とかも、かれにとっては何の意味もないことばだった。それは医者フィリッポスの逸話を語ってみせた少年〔第二編二六一頁〕のばあいも同じである。いや、それはすべての子どもにあてはまる。

自分にはその結びつきが見えない因果関係、自分には何もわからないことがらの良い点と悪い点、自分が一度も覚えたことのない必要性、そうしたものは自分にとってはないにひとしい。そうしたものでわれわれの興味をそそり、何かしらそれにかかわることをさせようとしても、それは無理である。

十五歳で賢人の幸福をめざすのは、三十歳で天国の栄光をめざすのと同じようなものだ。いずれにせよ、そうしたものについて明確な観念をもたないばあい、がんばってそれを手に入れようとはしないだろう。また、理解はしていても、それが自分の欲するものでなかったり、自分にふさわしいものと思えないならば、やはりたいしたことはしないだろう。

先生が教えたいことは役に立つことだ、と言い聞かせるのは簡単。だが、言い聞かせても生徒が心から納得できないのであれば、何にもならない。穏やかな理性はわれわれにものごとの是非をしめすが、実践にはつながらない。われわれを行動へかりたてるのは、情熱のほかにはないのである。そして、自分がまだ何の関心もいだかないようなことがらにたいして、どうしてひとは情熱をいだきうるであろうか。

目で見ることのできないものは、けっしてもちだしてはいけない。たとえば人間性などは、子どもにはほとんど縁がなく、それを教えれば子どもを大人にできるわけでもないので、むしろ大人を子どもと同じレベルに落として、あつかってみせるべきである。大人になったら役に立つかもしれないことを思い浮かべるのはいいが、子どもにはいますぐに役に立つこと、子どもにも見えていることのみを語るべきである。

さらにまた、子どもが少しでも理屈でものを考えるようになったら、けっしてほかの子どもと比べてはいけない。子どもを走らせるときも、けっしてほかの子どもと競わせてはいけない。嫉妬心や虚栄心によってしか学べないようなことなら、むしろまったく学ばないほうが百倍もましだと思う。

ただ、私はかれの個人的な進歩を、毎年欠かさず書きとめる。そして、つぎの年、進歩のぐあいを前年までの進歩と比べることにする。私はかれにこんなふうに言う。

「あなたはとても成長しています。これはあなたがまえに飛びこえた溝の幅、これは担いだ荷物の重さ、これは投げた小石の飛距離、これは一息で駆けた道の長さ、などなどです。さて、いまはどれくらいできるのか、見てみましょう」

私はこんなふうにして、子どもにまったく嫉妬心をいだかせずに、子どものやる気を引きだす。子どもは自分自身を乗り越えたがる。そうしないはずがない。子どもが自分自身を競争相手にするのであれば、それは少しもさしつかえないと思う。

私は書物は嫌いだ。書物は、知りもしないものごとでも語ってよいと教えるものにすぎない。ギリシア神話の神ヘルメスは、自分の発見したことを洪水からまもるために、学問の基本原理をつぎつぎと石の柱に刻みつけたという。もし、かれがそれを人間たちの頭のなかに刻みこんだのであれば、学問の基本原理は伝統として保たれたであろう。よく鍛えられた頭脳は、人間の知識がもっとも確実に刻みつけられる柱なのである。

あれこれの書物のなかにちりばめられたあれこれの教訓を寄せ集め、それらをひとつのありふれた題材のもとにまとめ、子どもにもわかりやすく、どんどん読みたくなるほどおもしろく、そして子どもを刺激してやまないものにする方法はないものだろうか。

物語としてひとつの状況をつくりだし、その状況のもとでは人間の自然の欲求がすべてあらわになることが子どもにもわかるようにする。そして、その状況のもとで、人間のそうした欲求をみたす手段がつぎつぎと、同じように簡単に発展していくようにする。まさにその状況を生き生きと自然に描きだしたものによって、子どもの想像力を育む最初の訓練はなされねばならない。

熱意に燃えた哲学者よ、あなたの想像力にも火がついたのが、もう私には見える。いや、あなたは張り切らなくてけっこう。その状況はすでに発見ずみだ。それはすでに描きだされている。もうしわけないが、それはあなたがご自身で描きだされるものよりも、はるかに上手だ。少なくとも、より真実味があり、より簡明に描きだされている。

たしかにわれわれにはいろいろな書物が必要である。しかし、自然にかんする教科書としては、私が思うに、きわめてすばらしいものが一冊存在する。

私のエミールが最初に読む書物は、まさしくこの本であろう。エミールのもつ本は、しばらくはずっとこの一冊のみだろうし、また、この本はかれの書斎のなかでいつまでも特別の位置を占めつづけるだろう。

この本が、書物の本文にあたるとすれば、自然科学にかんするわれわれの発言はすべてその注釈にすぎないことになろう。この本は、われわれが成長をつづけているあいだ、われわれの判断力の程度をしめすものとして役立つことになろう。そして、われわれの趣味が健全なままであるかぎり、この本はわれわれをずっと楽しませてくれるだろう。

では、そういうすばらしい書物、それはいったい何だ。

アリストテレスか。プリニウスか。ビュフォンか。

いや、ちがう。『ロビンソン・クルーソー』である。

ロビンソン・クルーソー。無人島にたったひとりで生きる。助けてくれる仲間もおらず、どんな技術の用具もない。にもかかわらず、かれは生きるために必要なものを調達し、命を保ち、そのうえ、一種の豊かささえ手に入れる。この話はどんな世代の人間にも興味深いものだし、また、さまざまなやりかたで子どもをおもしろがらせることのできるものである。

この物語によって、われわれは無人島というものを生々しく想像することができる。

そして、そのリアルなイメージは、私にとっては、まず比較のために役立ったのである。

たしかに、無人島の状態は社会的な人間の状態ではない。どうやらエミールの状態でもなさそうだ。しかし、かれはまさにこの無人島の状態を基準として、ほかのあらゆる状態を評価しなければならないのである。

さまざまの偏見に屈せず、ものごとの真の関係にもとづいて自分の判断をきちんと組み立てたい。そのためのもっとも確実な方法は、自分をまったく孤立した人間と見なし、そういう人間ならすべてを自分にとって有用かどうかで判断するはずだから、われわれもすべてを同様のしかたで判断するようにすることである。

ロビンソン・クルーソーの物語は、枝葉末節をごっそり省けば、無人島の近くで遭難することから始まり、かれを救出にきた船の到着で終わる物語だが、いまわれわれが考察している少年期のエミールにとっては、楽しい読み物であるばかりでなく、すばらしい教材となる。

私は、エミールがこの物語に夢中になり、あわせて自分の城や山羊《やぎ》や農場のことをたえず考えるようになるといいなと思う。つまり、無人島で生きるようなばあいに知っておかねばならないことのすべてを、いろんな書物からではなく、じっさいのものごとから詳細に学んでほしい。自分をロビンソン・クルーソーだと思ってほしい。毛皮を身にまとい、大きな帽子をかぶり、大きな刀をさし、まあ、パラソルは不要だろうから省いてよいが、とにかく挿絵どおりの奇妙ないでたちをした自分を思い描いてほしい。

かりに自分もあのように、あれやこれやが不足していたら、どういう手段を講じたらいいか、それを考えて不安になってほしい。主人公の行動を検討してほしい。主人公は何かを見落としてはいないか、もっとよいやりかたはなかったのか、調べてほしい。主人公の失敗をしっかり記憶しておき、似たような状況のもとで自分はそういう失敗をしないようにしてほしい。なぜなら、子どもというのはかならず、ああいう住み処《か》を自分もつくりに行こうと計画するものだからである。もちろん、それは幸せな子ども時代の、ほんとうの夢の城にすぎない。しかし、子ども時代は、生きるために必要なものと自由があれば、それだけで幸せな時代なのである。

子どものこうした熱中は、有能な教師にとってはじつに貴重なものであり、かれはむしろそれを積極的にかきたてて、それをうまく利用することができた。子どもは、自分の島で貯蔵庫を急いでつくらねばならないのであれば、教師が教えたいことがらを一段と熱心に学ぶであろう。子どもは、役に立つことをすべて知りたがり、そして、役に立つことしか知りたがらない。あなたはもう子どもを引っぱる必要はない。子どもを抑えるぐらいでちょうどいい。

だから、あなたは、子どもが無人島の暮らしを幸せと思っているあいだに、急いで子どもをこの島に落ち着かせなさい。なぜなら、たとえかれがまだそこで暮らしたいと思っても、もう自分ひとりで暮らしたいとは思わなくなる日が近づいているからだ。フライデー［従僕にしたてた先住民］はいまでも心の通わない存在だが、その存在が見えたとしてももはや満足できなくなる日が近づいている。

自然的な技術は、たったひとりの人間でもつかいこなせるものだが、それはやがて工業的な技術の探求へとつながるし、工業的な技術は、多くの人手の協力を必要とする。

自然的な技術は孤独な人間でもつかえるし、未開人でもつかえるものだが、工業的な技術は社会のなかでしか生じえないし、社会を必要とする。

人間が肉体的な欲求しか知らないあいだは、だれでも自足することができる。ところが、余剰が生じるようになると、労働の分割と配分がどうしても必要になる。なぜなら、ひとりだけで働いている人間はひとり分の生活の糧《かて》しか稼げないが、百人が協力して働けば、二百人分の糧を稼げるからだ。したがって、一部のひとびとが働かずにいると、働くひとびとがたがいに協力して、怠けて働かないひとびとの非生産性の埋めあわせをすることになる。

こうした社会的関係が生徒の理解能力をこえるものであるかぎり、あなたは、それについてのいかなる観念も生徒から遠ざけるよう、せいいっぱい努めなければならない。しかし、生徒の知性の発達にともなって、あなたがどうしても生徒に、人間の相互依存を教えなければならないときがきたら、あなたはそれを道徳として教えるのではなく、まず生徒の関心を工業や機械的な工芸に集中させなさい。まさしくそこにおいては人間がたがいに相手の役に立っているからだ。

生徒を工場から工場へ連れてまわりなさい。そのさい、見学するだけというのはけっして許さない。生徒を、工場での作業にかならずかかわらせる。そして、そこでおこなわれていることのすべてについて、あるいは少なくとも、そこで観察されることのすべてについて、生徒が完全にちゃんと理解できないかぎり、外には出させないようにする。

そのために、あなたも生徒とともに働きなさい。いたるところで生徒にお手本をしめしなさい。生徒を親方にまつりあげ、いたるところであなたが弟子になりなさい。そうすれば、一時間の労働は、生徒がまる一日説明を聞いて覚えるよりも、ずっとたくさんのことを生徒に教えてくれると期待してよい。

さまざまの技術にたいする一般の評価は、それぞれの技術のじっさいの有用性とは反比例する。技術は、むしろ世の中の役に立たないものであればあるほど価値があるものとされるし、また、そうならざるをえない。

もっとも有用な技術は、もっとも金《かね》にならない技術である。なぜなら、労働者の数は人間の必要に比例するし、誰からも必要とされる労働は、貧乏人でも支払うことのできる値段のままでなければならないからである。

ところが、職人ではなく芸術家と呼ばれるお偉いかたがたは、もっぱら遊んで暮らすお金持ちのためにのみ働き、そして、かれらのつくったガラクタには、かれらが勝手に値段をつける。そして、この無益なしごとを価値づけるのは、まさしく世論であり、世論がそのしごとにとても高い値段をつけるのである。そして、ひとびとはその値段によって、その価値を判断するようになる。

金持ちがそういうものを尊重するのは、けっしてそれが有用なものだからではなく、貧乏人にはとても買えないものだからである。

「私は、ひとがうらやむようなものでなければ、もちたくない*53」

*53 ペトロニウス〔『サテュリコン』一〇〇〕

もしもあなたが、生徒にこういうバカげた偏見をいだかせ、しかも、あなた自身がそれを助長するようなこと、たとえば、高級な貴金属店に入るとき、錠前屋に入るときよりもやや臆した態度をとるのを生徒に見せたら、いったいどうなるだろう。

勝手な思いつきでつけられる価格は、じっさいの有用性にもとづく価格とまるで矛盾するし、ものは価格の高いものほど価値は低いが、もしも生徒がいたるところでそういうことに出合うならば、生徒は、技術のほんとうの値打ちやら、もののほんとうの価値をどうやって判定できるようになるのであろうか。

もしもあなたが、ひとたび生徒の頭に世俗的な考えが侵入するのを許してしまったならば、それ以後の教育はすっぱりとあきらめなさい。あなたがいかにがんばろうと、生徒はもはや世間一般と同じようにしか育たない。あなたの十四年間の苦労はムダになった。

エミールは、自分の島で必要な家具をととのえようと思うときには、世間一般と異なる見かたをするだろう。ロビンソン・クルーソーだったら、サイード［人物不詳］のくだらない宝飾品の山より、刃物職人の店のほうがはるかに重要だと思ったはずだ。かれには刃物職人がとても尊敬すべき人物に見え、そしてサイードはいんちきくさい小物にしか見えなかったはずだ。

「私の息子はやがて世間に出て、そこで生きることになる。つまり、息子は賢いひとたちのなかで生きるのではなく、愚かなひとたちのなかで生きることになる。だから、息子はひとびとの愚かさをよく知っておかねばならない。愚かさこそが、世間のひとびとを行動に導くものだからである。事物についての現実的な認識はそれなりに有用ではあるが、人間についての、また世間の考えかたについての認識はそれよりももっと有用だ。なぜなら、人間の社会では、まさに人間が人間にとってもっとも主要な道具であり、人間という道具を巧みにつかいこなせる人間が、もっとも賢い人間ということになるからである。社会の秩序は、子どもの目にもすでにできあがったものとわかり、しかも、自分をそれにあわせていかねばならないものである。なのに、あえてそれとは正反対の、空想的な秩序の観念を子どもにあたえて、いったい何になる。子どもにはまず、賢く生きる訓練をしよう。そしてそれから、ひとびとの愚かさを見定める訓練をするのがよい」

以上は、父親らがもっともらしく語る処世訓である。かれらは、自分としては慎重な心くばりをしているつもりで、自分の子どもを偏見のなかで育て、子どもを偏見の奴隷にしようと努める。かれらは、分別のない一般大衆を自分の情欲の道具にしようと思いながら、けっきょく自分の子どもをそうした狂った大衆のおもちゃにしようとしているのだ。

人間というものを知るためには、それよりも先に知っておかねばならないことが、じつにたくさんある。人間というのは賢者がいちばん最後に研究するものであるのに、あなたはそれを子どもがいちばん最初に学ぶべきものだと言うのか。

子どもには、大人の考えかたを教えるまえに、まず、考えかたの是非を判断することを教えなさい。道理のないものを道理のあるもののように考えるようになった子どもは、はたして愚かさを見分けられるだろうか。賢くなるためには、賢くないことが見分けられるようにならなければならない。もし、あなたの子どもが、ひとびとの判断をどう判断してよいかわからず、また、ひとびとの誤りを見抜くことができないのであれば、どうしてかれは人間を知ることができるであろうか。

大人の考えは正しいのか、まちがっているのか、それがわからないのであれば、大人の考えを知るのはむしろ有害である。したがって、子どもにはまず、ものごとそれ自体がどんなものであるかを教えなさい。そしてそれから、そのものごとが大人の目にはどのように見えているのかを教えなさい。そうすれば、子どもは世間の見方とものごとの真実を比較することができ、自分を一般大衆よりも高めることができる。なぜなら、自分も偏見の持ち主になってしまうと偏見が偏見だとはわからなくなるし、自分も一般大衆と同じような人間になってしまうと、けっして民衆の先を行く人間にはなれないからである。

逆に、考えかたの是非を判断することを教えるまえに、まず世間一般のものの見かたを子どもに教えたらどうなるか。もうぜったい確実に、あなたがどう努力しようとも、世間の意見が子どもの意見になってしまう。あなたはもうそれを打ち破ることができない。

したがって、私の結論はこうだ。若者を、ものごとを正しく判断できる人間にするためには、かれらに大人の判断を語って聞かせるのではなく、まさにかれら自身の判断力をしっかり鍛えていかねばならない。

ごらんのとおり、私はこれまでのところ、私の生徒に人間について語ることはまったくしなかった。そんな話を聞かせようとしても、かれは耳を貸さないぐらいの良識をすでにもっているはずだからである。ただ、かれはほかの人間との関係がまだそれほど豊かではないので、自分自身でほかの人間を判断することができない。

かれは自分ひとりのほかに人間存在についての知識をもたない。自分自身についてさえ、十分というにはほど遠い。しかし、自分の人格についての判断は、たとえごくわずかなものだとしても、その判断はすべてまっとうである。かれは、ほかのひとびとの立場がどうなのかはわかっていなくても、自分の立場は自覚しているし、それをちゃんと守っている。

社会の法はかれには理解できないものだから、われわれはかれを法では縛らず、必然性の鎖で縛った。つまり、かれはまだほとんど物的な存在にすぎない。われわれは、もうしばらく、かれをそういうものとしてあつかいつづけよう。

自然のあらゆる物質、そして人間のあらゆるしごとは、子どもにとって、子どもにもわかるそのありがたみ、その安全性、その持続性、その心地よさに応じて価値づけられる。

だから、子どもにとっては、鉄は金より、ガラスはダイヤモンドよりはるかに価値がある。同じく、子どもには靴職人や石工のほうが、ランプルールやルブランなど、ヨーロッパのどの宝石細工師より、はるかに尊敬にあたいする。子どもの目には、菓子職人がとりわけ重要な人物に見える。パリのロンバール通りのいちばん小さな菓子屋でさえ、科学アカデミー会員の全体よりもまさる。金銀細工、彫刻、金箔《きんぱく》、刺繡《ししゅう》などにたずさわる職人は、何の役にも立たない遊びにふける怠け者、と子どもには思われてしまう。時計づくりの職人でさえ、子どもからは大して高く評価されない。

幸せな子どもは時間の奴隷にはならず、時間を楽しむ。かれは時間をつかうが、時間の価値は知らない。情念がおだやかな子どもにとっては、時の流れもつねにおだやかで一定なので、時間を計る必要もなく、時間を計る道具もいらない。[*54]

私はある箇所で、エミールが時計をもっていると仮定したことがあるが〔本編五〇一頁〕、これは同じ箇所でエミールが涙をこぼすと仮定したのと同様、それはただそこで述べたいことを具体的でわかりやすくするために、エミールをあえて平凡な子どもにしたててみせたのである。というのも、ほんもののエミールは、ほかの子どもとまったくちがうので、例としてはまったくつかえないだろう。

＊54　われわれも、情念で時の流れを意のままに調整したいのであれば、時間を計る必要がなくなる。そこで、賢者の時計は、気分にむらがないことであり、心の平穏である。賢者はつねに、しかるべき時におり、そしてつねに、しかるべき時を知っている。

重要度の順位づけとしては、右にしめしたものに劣らず自然で、むしろいっそう正当なものがある。それによれば、さまざまの技術はそれぞれをむすぶ必要性の関係の度合いに応じて評価される。つまり、もっとも独立性が高いものが第一位であり、ほかのたくさんの技術に依存するものが最下位になる。

この序列は、一般社会の秩序を考察するうえでも重要である。この序列は先にしめした子どもの目での価値づけに似ており、大人たちによる評価とはやっぱり逆になる。

つまり、原料をそのままつかう職業は、もっとも卑しく、ほとんど儲《もう》けにならない職業である。そして、原料がひとの手から手へと渡り、かかわる働き手が増えれば増えるほど、手間賃も上がり、しごとは尊敬されるようになる。

原料を人間の役に立つものに変える最初の労働よりも、原料に最終的な形をあたえる細密な技術のほうが、なりわいとしての評価が高く、報酬も多いのかどうか。それは検討しない。が、私はこれは言っておきたい。すなわち、どのようなものにおいても、もっとも広く用いられ、もっとも用いずにはいられない技術が、それこそぜったいに、もっとも高く評価されるべき技術である。また、ほかの技術を必要としない技術は、もっとも自由で、もっとも独立した技術であるから、なおさらそれ以外の従属的な技術より、尊敬にあたいする。

まさしくこれが、技術や職業の価値を見定めるほんとうの基準である。そのほかの基準はすべていいかげんで、世間の評価に左右される。

あらゆる技術のなかの第一位で、もっとも尊いのは農民のしごとである。私の見かたでそのあとをつづけるなら、第二位は鍛冶屋、第三位は大工、といったふうになるだろう。俗世間の偏見に染まらなかった子どもなら、やはりこんなふうに考えるだろう。

エミールなら、これについてもかれの愛するロビンソン・クルーソーから、たくさんの重要な考察をひきだすのではなかろうか。エミールは、技術が細分化されて、それぞれの道具を無限に増やしてはじめて完成するのを見たならば、どう思うだろうか。かれはこうつぶやくだろう。

「このひとたちはみんな、器用に工夫ができるのに愚かだ。かれらはまるで、自分の手や指が何かの役に立つのを恐れ、手や指をつかわずにすませようとして、たくさんの道具を発明しているように思われる。そうすると、たったひとつの技術をつかうためには、そのほかのたくさんの技術をつかうことになる。ひとりの労働者が働くためには、ひとつの都市が必要となる。いっぽう、ぼくやぼくの仲間は、器用さを才能として育てようとする。自分でどこにでももっていけるものを自分の道具とする。パリで自分の才能を誇っているひとたちは、ぼくたちの島ではけっして何もできないだろう。そして、かれらのほうがぼくらの弟子になるだろう」

読者よ。われわれは生徒への教育で、ここでは身体の訓練や手の器用さを眺めたが、あなたは目をそこにとどめないでほしい。われわれが生徒の子どもらしい好奇心をどのように導いているか、これにも注目してほしい。子どもの認識力や発明の精神や先を読む力を考えてほしい。われわれは生徒の頭脳をどのように育てようとしているか、これも考えてほしい。

われわれの生徒は、自分が目にするものすべて、自分がおこなうことすべてについて、すべてを知りたがるだろう。あらゆることの理由を知りたがるだろう。道具からそのまえの道具へとさかのぼり、かれはかならずその最初の道具を知りたがるだろう。仮定にもとづくようなものはいっさい認めないだろう。自分がもたない予備知識を必要とするような勉強は拒否するだろう。

たとえば、バネが製造されるのを見ると、かれはそもそも鋼鉄がどうやって鉱山から採掘されたかを知りたがるだろう。木の箱が組みたてられるのを見ると、かれはそもそも樹木がどうやって切り取られたかを知りたがるだろう。

かれが自分でしごとをするときには、かれは自分がつかう道具のひとつひとつに、きっとこうつぶやくだろう。「もしも、この道具がなかったら、どうやればこれと似たようなものがつくられるだろうか、あるいは、どうやればこれなしですませられるだろうか」

しかし、教師が熱を入れて教えていると、どうしても犯してしまいがちなあやまちがある。それは教師が、生徒も自分と同じものをおもしろがるはずだ、と思いこむことである。あなたは勉強がおもしろくてたまらないのに、生徒はつまらないと思い、それでいて、あなたには本心を言えないでいる、ということがないようにしたい。

子どもはものごとに没頭すべきだが、あなたは子どもに没頭しなければならない。つまり、子どもを観察し、それと気づかれずにたえずようすをうかがい、子どもの気持ちをちゃんと察し、子どもがもつべきでないものをもたないように先回りしたい。そして最終的には、子どもが自分は何かの役に立っているんだと実感するようにしてやり、また、子どもが自分のしごとは何の役に立つのかしっかり理解できるおかげで、そのしごとが楽しくなるようにしてあげて、子どもをものごとに没頭させたい。

さて、技術の社会は技の交換、商業の社会はものの交換、銀行の社会は記号や貨幣の交換によって成り立つ。これらの観念はすべてたがいに関連があり、しかも、その基本概念はすでに学習ずみである。すなわち、幼少期に庭師ロベールの助けによって［第二編二一九頁］こうしたものすべての基礎はできている。

これからわれわれがしなければならないのは、これらの観念を一般化して、さらに多くの実例で説明することである。たとえば、子どもには理解しにくい交易というものを理解してもらうために、各国の特産物を紹介した博物誌のくわしい説明や、航海にかんする技術や学問のくわしい解説や、ものの運送のむずかしさは場所の遠近とか陸・海・河川の位置に大きく依存するといった話をつかって、わかりやすくすることなどをしたい。

そもそも交換がなければ、いかなる社会も存在しえない。しかし、共通の尺度がなければ交換は存在しえず、そして、平等がなければ共通の尺度も存在しえないのである。

したがって、あらゆる社会は、ひととひととのあいだに、ものとものとのあいだに、慣習的に何らかの平等があることを第一の法としている。

人間のあいだの契約による平等は、自然の平等とまったく異なるものであり、権利として定められることを必要とする。すなわち、政府や法律を必要とする。子どもの、政治にかんする知識ははっきりとしたもので、かつ限定されたものでなければならない。政府一般については、子どもがすでに何らかの観念をいだいている所有の権利にかかわること以外は知るべきではない。

もののあいだの契約による平等は、貨幣の発明につながった。貨幣は、種類の異なるものの価値を比較するために用いる道具にすぎない。そして、その意味において、貨幣こそがほんとうの社会の絆なのである。しかし、あらゆるものが貨幣となりうる。昔は家畜が貨幣であった。貝殻はいまでもいくつかの民族のあいだで貨幣である。スパルタでは鉄、スウェーデンでは皮が貨幣であった。今日われわれは金と銀を貨幣とする。

金属は、持ち運ぶのが容易なので、一般にあらゆる交換において媒介の道具として選ばれた。そして、交換のさいにいちいち大きさや重さを測るわずらわしさを省くため、こうした金属は貨幣に変えられた。貨幣の刻印は、その金属の重さがそこに記されたとおりであることの保証にほかならない。また、君主だけが貨幣を鋳造する権利をもつのは、君主のみがそうした保証を権威によって国民全体に認めさせる権利をもつからである。

貨幣の発明をこのように説明してあげれば、貨幣の効用はどんなに頭の悪いひとにもわかってもらえる。ちがった性質のもの、たとえば布と小麦を直接比較するのはむずかしいが、ひとたび共通の尺度、つまり貨幣が見つかったら、布を織る職人と小麦をつくる農夫にとって、それぞれの交換したいものの価値をこの共通の尺度で測るのは容易である。ある量の布がある金額にひとしく、ある量の小麦もその金額にひとしいとすれば、商人は、その布のかわりにその小麦を受けとると、公正な交換をしたことになる。こんなふうに、まさに貨幣のおかげで、いろんな種類の品物が同じ単位で計れるようになり、たがいに比較することができるようになる。

生徒への説明はここまでで、それより先に進んではいけない。貨幣といった制度の、道徳的な結果の説明にはけっして入ってはいけない。いかなるものについても、その弊害を語るまえに、その効用をきちんとしめすことが重要である。もしも、あなたが生徒に、どうして記号は実物の軽視につながるのか、どうして貨幣はあらゆるゆがんだ意見の源になるのか、どうして金銭的に豊かな国はあらゆる面で貧しくなるのか、といったことについて説明しようとするならば、あなたは目のまえの子どもを哲学者としてあつかうにとどまらず、子どもを賢者としてあつかっていることになる。そして、哲学者でさえ大半がちゃんと理解していないようなことがらを、あなたは子どもに理解させようとしているのだ。

生徒にとって身近な、現実的で物質的な関係からはけっして離れることなく、また、生徒に理解できない考えかたなどはひとつも頭のなかに芽ばえさせることなく、われわれが生徒の好奇心を向けさせられる興味深い対象は、じっさい、ありあまるほどたくさんある。

教師の技術は、まったくくだらない些末なことばかりを生徒に勉強させつづけることではなく、生徒が市民社会の良い秩序と悪い秩序をちゃんと判断できるようになるために、生徒がいつの日にか知らねばならない大きな関係へと生徒の考えをたえず導くことである。教師は、生徒を楽しませることばのやりとりも、その時点の生徒の教養のレベルにあわせてできなければならない。エミールは、ほかの子どもならたいして注意も払わなかった問題に、半年も心を悩まされる。

私はエミールと、ある大金持ちの家での昼食会に出かけることにする。行ってみると、昼食会の用意はできており、たくさんの客がいて、たくさんの召使い、たくさんの皿がならぶ。優雅で繊細なもてなしを受ける。

　こうした快楽と祝祭の舞台装置は全体として、何かしら、ひとをうっとりさせるものがある。ひとは、それに慣れていないと頭がくらくらしてしまう。私は、まだ幼さを残す私の生徒にそれが全体としてどんな効果をおよぼすか、察知する。

　食事が長びいてきたとき、または、料理がつぎつぎと運ばれてくるとき、または、その食卓での会話がただ騒がしいものになったとき、私は生徒の耳もとでこうささやく。

「このテーブルのうえにあるもの全部がここに来るまでに、どれだけたくさんのひとの手を通ってきたと思いますか」

　この一言で、私の生徒の頭にはいろいろな考えがもくもくとわきあがる。それまでぼーっと酔いしれていた気分がたちまち醒《さ》める。かれは考えこみ、反省し、計算し、不安になる。

　哲学者たちはワインのせいで、おそらくは隣に座ったご婦人がたのせいで、すっかり陽気になり、たわごとを言い、子どもじみたふるまいをしているそのときに、私の生徒だけが、ただひとり隅のほうで哲学をしているのである。かれは私に質問をするが、私は答えてあげず、あとまわしにする。私の生徒はいらいらし、食べるのも飲むのも忘れ、すぐにでも食卓を離れて私とじっくり話したくてうずうずしている。

これはかれの好奇心にとって、何とすばらしい対象だろう。かれの教育にとって、何とすてきなテキストだろう。

かれは、何によっても腐敗させられなかった健全な判断力をもっている。そのかれが、世界のあらゆる地域で強制的な取り立てがおこなわれたことや、二千万ものひとが働かされ、それもおそらく長いあいだ働かされ、そのためにおそらく数千人の命が失われたこと、そして、昼の食卓に盛大にならべられたものがすべて夜には納戸《なんど》［便所］に捨てられること、などを知ったなら、かれはぜいたくというものについて、いったいどう考えるだろうか。

かれがこんな昼食会で見聞きするもの全体から、内心ではどんな結論をひきだすか、あなたはそれをしっかりと探るようにしなさい。もしもあなたが、私の期待に反して生徒をしっかり見張っていなかったなら、生徒は考えをあらぬ方向にむけようとするかもしれない。生徒は、じつにたくさんのひとが自分の昼食のために力をあわせて働いているのを見て、自分をこの世界の重要人物だと思いたくなるかもしれない。もしあなたが、生徒のそういう心の動きを予感できるのであれば、あなたはその動きが始まるまえに容易にそれを防ぐことができる。あるいは少なくとも、生徒がいだいた誤った印象をただちに消すことができる。

生徒はまだものごとを、物質的に楽しむという形でしか自分のものとすることができないので、ものごとが自分にふさわしいか、ふさわしくないかも、ただ感覚的な関係によってしか判断することができない。

この豪勢で堅苦しい昼食と、田舎の素朴な昼食を比べてみよう。田舎の昼食は、体をたっぷり動かしたあとでいただくものであり、空腹と自由と楽しさで味つけがなされる。これと比較すると、豪華な宴会など、子どもにとっては何の現実的なご利益もないことが、子どもでも十分理解できるだろう。子どもの胃袋は、農家の食卓を離れるときでも金満家の食卓を離れるときでも、同じくらいに満たされているので、どの家の食事がほんとうに自分にふさわしいかどうか、子どもはどちらにも軍配をあげられない。

こういうばあい、教師は子どもにどんな話をしてあげられるだろうか。それをちょっと想像してみよう。

「この二つの食事を思い出してごらんなさい。そして、あなた自身の判定では、どちらのほうが楽しかったですか。どちらのほうが喜びが大きかったですか。どちらのほうが食欲がわき、愉快に飲め、心から笑えましたか。どちらのほうがずっと長く退屈せずにいられ、つぎつぎと料理が出てくる必要も感じませんでしたか。しかし、内容のちがいこそ見てほしい。たとえば、農家の黒パン。あなたがとてもおいしいと思ったこの黒パンは、この農夫が刈り入れた小麦でつくられたものです。そして、このワイン。色が黒くて味は大味だが、ごくごく飲めるし、体にも良いこのワインは、この農夫のぶどう園でできたものです。そして、ナプキンはこの農家の麻からつくられたもの。農夫の妻や娘たちや女中が、冬のあいだに糸を紡いで織ったものです。この農家の食卓にならんだものは、その家族以外のひとの手をいっさいわずらわせていません。この家のいちばん近くにある粉ひき小屋と市場が、この農夫にとっては世界のはてなんです。では、あなたはもうひとつの食卓にならべられたもの、つまり、遠くの国から来て、たくさんの人の手をわずらわせたものの、いったい何をじっさいに楽しんだのですか。もし、その全体があなたにとって楽しい食事にならなかったとしたら、そんな豊かさからあなたはいったい何を得たのですか。そこには、そもそもあなたのためにつくられたものが何かありましたか」

教師のことばは、さらにこうつづくかもしれない。

「かりに、あなたがその家の主人であったならば、そんな食事はかえってますます自分にとって何の意味もないものになるでしょう。なぜなら、ほかのひとの目に自分の楽しさを見せびらかさねばならず、その気づかいによって自分の楽しさはすっかり奪われてしまうからです。つまり、あなたの苦痛によって、ほかのひとが快楽を得ることになります」

教師のこんな説教は、とてもりっぱなお話かもしれないが、しかし、エミールにとってはまったく何の価値もない。かれの理解を超える話だし、反省すべきことを語って聞かせても本人の反省には少しもつながらないからである。だから、エミールにはもっと簡単な話をしなさい。例の二つの食事を経験させたうえで、ある朝、かれにこう言いなさい。

「今日の昼食はどこへ行きましょうか。銀の食器がテーブルをほとんど覆い隠し、デザートが鏡のうえの造花の園にのせられ、大きくふくらんだスカートを着たご婦人がたが、あなたをお人形あつかいしたり、あなたのことばを勝手におもしろがったりするところへ行きましょうか。それとも、ここから二里［約八キロ］のあの村、私たちをとても喜んで迎えてくれ、とてもおいしいクリームを出してくれる、あの善良なひとたちのところへ行きましょうか」

エミールがどちらを選ぶか、それは疑問の余地がない。なぜなら、かれはむだなおしゃべりが好きではないし、見栄っぱりでもないからである。窮屈なことはがまんできない。高級な料理を出されても、少しもうれしくない。しかし、野原を走りまわるのは、いつでも準備ができている。かれは、おいしい果物、おいしい野菜、おいしいクリーム、そして善良なひとたちが大好きなのである。*55 道を歩いているうちに、こんな反省がひとりでにわいてくる。

「わかったぞ。あの大がかりな食事のために働く大勢のひとたちは、ただ苦しむばかりで損をしている。あるいは、ぼくらを楽しませることなどほとんど考えていない」

＊55　私の生徒はこうした田舎趣味をもつようになる、と思われる。それはかれが受けた教育の自然の成果なのである。さらにまた、私の生徒はご婦人がたを大喜びさせる気取ったおめかしなどまったくしないので、ほかの子どもたちほど、ちやほやされることもない。かれはそういうかたがたとの交際にまだ魅

力をおぼえないので、社交の世界でスポイルされることもない。私もかれに、ご婦人の手にキスしなさいとか、ご婦人にはお世辞を言いなさいとか、男よりも女にたいしてよりいっそう敬意をはらいなさいとか、そんなことは教えないようにする。理由が生徒に理解できないことは何ひとつ生徒に要求しない。私はそれを自分が絶対にまもるべきルールとした。そして、子どもにとって、女と男をちがったふうにあつかわねばならない正当な理由などひとつもないのである。

私があげる例はそれぞれ、おそらくある個人には適切でも、ほかのたくさんの個人には不適切なものだろう。しかし、その精神がつかまえられれば、もちだす例は必要におうじてどのようにも変えられる。どれを選択するかは、それぞれの子どもにそなわる才能の検討によるが、才能の検討は、才能を発揮する機会が子どもにちゃんとあたえられていることを前提とする。

なるほど、相手がどれほど素質のある子どもであろうと、われわれがここで受けもつ三、四年のあいだに、すべての技術、すべての自然科学について一定の考えかた、つまりいつの日かかれが自分でそれを習得できるようになるための十分な基礎をさずけられるとは、とても思えない、しかし、生徒が知るべきことがらをいちおう全部、生徒のまえにならべてみせるのが大事なのである。それによって、生徒は自分の素質をさらにのばす方向へと一歩踏みだしていけるし、そして、われわれは生徒の努力が自然の助けを受けられるように、われわれが切りひらくべき道を知ることができる。こうしてわれわれは、生徒の趣味や生徒の才能を成長させていける。

かずかずの、それぞれ限定的であるが正確な知識をならべてみせることには、ほかにも利点がある。それは、知識がたがいにむすびつき、相互に連関することを生徒にしめせることであり、知識をすべて生徒自身による評価でならびなおさせられることであり、多数者の偏見、すなわち、多数者が育てる才能は良いもので、多数者が軽んじる才能は悪いものとするような偏見を予防できることである。

全体の秩序がはっきり見える人間には、個々の部分がどこに位置すべきかも見える。部分がはっきり見え、そして部分をすっかり知っている人間は、たしかに賢い人間であるかもしれないが、しかし、全体が見える人間は正しい判断力をそなえた人間である。言うまでもなく、われわれが獲得したいのは学問というより、むしろ判断力なのである。

いずれにせよ、私の方法は、私のあげる例には依存しない。私の方法は、さまざまの年齢期における人間の能力の度合いと、その能力に見合う職業の選択に依存する。たしかに、ひとの目にはもっと良さそうに見えるほかの方法を見つけるのは、むずかしくないだろう。しかし、その方法が生徒の性質や年齢や性別にあまりあわないものだったら、それは私の方法ほどうまくいくとは思えない。

この第二の時期［子ども時代の第三期］に入ったとき、われわれは自分の力が自分の欲望を上回るほどになったので、自分を外へ出すことができた。われわれは大空へ飛びだした。大地を測量した。自然の法則を採集した。つまり、自分の島をすべてめぐった。そしていま、われわれはふたたびもとの家へもどる。われわれは、知らず知らずのうちに、もとの家の近くに来ている。自分の家に入ろうとするとき、われわれを脅かす敵がそこに居座っていて、そこを乗っ取る構えでいたりしなければ、それこそ幸せというものだろう。

さて、自分のまわりの観察をし終えたら、そのあと、われわれは何をなすべきか。

それは、われわれが獲得しうるものをすべてわれわれの役に立つものに変えること、そして、好奇心を利用して自分たちの生活をますます豊かなものにしていくことである。

これまでわれわれは、どれが自分にとって必要なのかも知らぬまま、あらゆる種類の道具をたくわえてきた。自分がもっているものは、ひょっとしたら自分には必要ないかもしれない。しかし、ほかのひとの役に立つかもしれない。また逆に、われわれにほかのひとの道具が必要かもしれない。

こうして、われわれは交換をおこなえばみんなが利益を得るとわかる。しかし、交換をおこなうためには、おたがいの必要を知らなければならない。自分にとって役に立つものをほかのひとがもっていること、そして、そのかわりに自分が相手に提供できるものをもっていることを、めいめいが知っていなければならない。

かりに人間が十人いて、だれもが十種類のものを必要とするとしよう。かれらはみんな、自分の必要を満たすために十種類のしごとをしなければならない。だが、天分や才能のちがいを考えると、あるひとはそのしごとのどれかがあまりうまくできないだろうし、あるひとはまたべつのしごとがうまくできないだろう。みんな、それぞれちがったことに向いているのに、同じことをするので、まずいことになる。

この十人でひとつの社会をつくるとしよう。そして、みんながそれぞれ、自分ひとりのために、そしてほかの九人のために、もっとも自分に適した種類のしごとをすることにしよう。だれもが、ほかのひとの才能から利益を得、あたかも自分ひとりですべての才能をもっていたかのようになる。各自が自分の才能をたえず鍛えることができるので、才能はますます伸びる。こうして、十人全員が完全に必要を満たし、さらに余った分をほかのひとびとにまわせるようになる。

これが、われわれの社会制度全体の明白な原理である。この原理がどういう結果につながるか、それを検討するのは私のここでの主題ではない。それはすでにべつの書物〔『人間不平等起源論』〕で検討した。

この原理によれば、孤立した存在になりたがる人間、だれとも何のかかわりももたず、すべてを自分だけでやっていこうとする人間は、みじめな生きかたしかできないだろう。生きていくことすらできないだろう。なぜなら、土地はすべてだれかの所有物になっていて、自分は自分の体しか所有しないばあい、生活に必要なものをいったいどこから引きだせるのか。

われわれは、自然状態を脱するとき、ほかの人間たちにも同様に自然状態から脱することを強制する。だれひとり、ほかのひとびとの意志にさからってそこにとどまることはできない。そして、そこにとどまりたくてもそれが不可能なばあい、現実にはそこを離脱することになるだろう。なぜなら、自己保存の追求こそが自然の第一法則だからである。

こうして、社会的な関係という観念が、子どもの頭のなかに少しずつ形成されていく。しかも、その形成は、子どもがじっさいに社会の一員となるずっと以前に始まる。エミールも、自分にとって有用な道具を手に入れるには、ほかのひとにとって有用な道具が自分の手になければならないとわかる。それがあれば、ほかのひとの手にあるもので自分にとって必要なものが、交換によって獲得できるのである。エミールにこうした交換の必要性を悟らせ、かれをその利用にまで導くのは、私にとっては苦もないことだ。

「閣下、私も生きていかねばなりません」。これは風刺詩を書いて生活している貧しい作家が、その職業の卑しさを非難した大臣にむかって言ったことばである。「そんな職業は必要と思えない」と、お偉いおかたは冷ややかに言った。

こんな返事は、大臣のことばとしては優秀でも、ほかのひとの口から出たものなら、そのひとがどんなひとであれ、残酷なことばであり、しかもまちがっているだろう。ひとはみな生きていかねばなりません。この主張は、聞くひとに人情味がなければたいして迫力のないことばだが、主張する本人にとってはほんとうに切実なことばなのだ、と私には思われる。自然がわれわれにいだかせる嫌悪のうちで、もっとも強烈なのは死への嫌悪であるから、とうぜん、ひとは生きていくためなら、ほかに何も手段がなければどんなことをしようと、すべて自然によって許されるはずである。高潔な人間は自分の命を軽んじ、自分の義務をはたすためなら命も捨てる、といった信条は、ひとは生きていかねばならないという原始的な素朴さから遠く隔たる。苦労しなくても快適に生きられ、徳がなくても正しく生きられる国があれば、その国民はまことに幸せである。もしも世界のどこかに、悪事を働かなければだれも生きていけないような国、市民でもせっぱつまって犯罪人となるような、みじめな国があるとすれば、絞首刑に処すべきは悪事を働いた者ではなく、かれに悪事を働くことを余儀なくさせた者である。

生命とは何か、をエミールが知るようになったら、私はかれにまず、自分の命を大事にすることを教えよう。

これまで私は、人間を身分や地位や財産で分けへだてしなかったし、今後もそれは変わらないだろう。なぜなら、どんな身分であっても人間はみな同じだからだ。金持ちは貧乏人より胃袋が大きいわけではないし、消化の能力が高いわけでもない。主人は奴隷よりも長くて強い腕をもっているわけではない。高貴なひとは平民よりも背が高いわけではない。そして、けっきょくのところ、自然の欲求はすべてのひとに共通なのだから、それを満たす手段はすべてのひとに平等にそなわるはずだ。

人間の教育はまさに人間の形成にふさわしいものにし、けっしてそれから逸れないようにしなさい。

ある身分にのみ適する人間の形成につとめると、あなたはかれをほかのことにまったく役に立たない人間にしてしまう。もし運命の女神の気が変われば、あなたはただ生徒を不幸にすることにつとめただけになる。あなたにはそれがわからないだろうか。

かつての大貴族が乞食に落ちぶれて、みじめな暮らしをしながら、自分の生まれからくる偏見をたもちつづけることほどこっけいなことがあるだろうか。金持ちが貧乏人になり、世間では貧乏人は蔑《さげす》まれることを思い出して、自分を人間として最低だと思うようになることほど卑しいことがあるだろうか。

前者は、職業としては世間相手の詐欺師になるしかなく、後者は、「私も生きていかねばなりません」というりっぱなことばを口にしながら、卑屈に這《は》いつくばる下僕になる。

あなたがたは、現在の社会秩序を信頼しており、この秩序がかずかずの避けがたい革命にさらされているとは思いもしない。また、子どもらにふりかかるかもしれない革命を自分たちは予見することも予防することもできない、とも思っていない。偉いひとが小物になり、金持ちが貧乏人になり、王族が家来になる。こういう運命の打撃は、めったにあるものではないから、自分はまぬがれられると考えてよいのか。われわれは危機の状態と革命の世紀に近づいているのだ。*56 そのときあなたはどうなるか、誰もあなたの運命に責任をもてない。

人間がつくったものなら、人間はすべて壊すことができる。絶対に消すことのできない文字は、自然が刻んだ文字だけである。そして、君主も金持ちも貴族も、自然がつくったものではない。

では、高い身分のための教育しか受けなかったお殿様は、低い身分に落ちたらどうするのか。金にあかして贅沢に暮らすことしか知らないお金持ちは、貧乏になったらどうするのか。自分では何もできず、すっかり他人におんぶして、安楽に生きている裕福な愚か者は、すべてを失ったらどうするのか。

そうしたとき、もはや自分のものではない身分など自分で捨て去り、運命の打撃にもかかわらずやはり人間のままでいられる者こそ、幸せである。

戦いに敗れて、怒り狂い、死んでも自分の王冠のしたで眠りたいという王、そういう王を賞賛したければ、存分に賞賛するがよい。しかし、私はそんな王を軽蔑する。私が思うに、かれは王冠にすがって存在するにすぎない。かれは王でなければ、まったく何ものでもない。

そこで、王冠を失っても、そんなものなしで生きていける人間は、王冠を超越した存在なのである。かれは、卑怯者でも悪人でもバカでもなれるような王の地位を超えて、ごく少数のひとしかなれない人間という地位へ昇る。

そのとき、かれは運命に打ち勝ち、運命に公然と逆らう。かれは自分ひとりの力で生きていく。たとえかれが、自分の体ひとつしか、ひとに見せるものをもたないとしても、けっしてかれは無ではない。かれは何者かである。

そうだ。私は、コリントで学校教師になったシュラクサイの王［ディオニュシオス二世］や、ローマで裁判所の書記になったマケドニアの王［ペルセウス］のような人物を好ましく思う。王でなくなるともう何者にもなれなかった不幸なタルクイニウス［古代ローマ最後の王］や、三つの王国の所有者の後継ぎ[*57]、すなわち、そのみじめな転落をあざ笑いたがるひとびとからさんざんなぶり者にされ、宮廷から宮廷へとさまよい歩き、いたるところで援助を乞い、けっきょくはいたるところではずかしめを受け、もはや自分のものではない職業のほかには何ひとつできなかった男よりも、私はさきにあげた二人のほうが百倍も好ましく思う。

＊56　ヨーロッパのいくつかの大きな君主国は長く存続するとはとても思えない。どの国も栄えてきたが、栄える国は必ず衰退に向かう。私の見解には、この格言よりももっと特別な理由があるのだが、それをここで述べることはしない。それは誰にとっても言わずと知れたことなのである。

＊57　パルティアの王プラアテス［諸王の王と称される］の息子ヴォノネス［一世］

人間であり、市民である者は、誰であろうと、社会にさしだすことのできる財産として、自分の身ひとつしかもたない。それ以外の財は、本人がどう思おうと、すべて社会のものである。

あるひとが富んでいるとすれば、それはかれが自分の富をつかわないでいるか、もしくは、民衆がつかう富を自分もつかっているのである。前者のばあい、かれがつかわないでいるものは、ほかのひとから盗んでいる。後者のばあい、かれはほかのひとには何もあたえない。

こうして、ひとが自分の財の分しか払わないでいると、社会にたいする負債は全部そのまま残っていることになる。

「でも、私の父は財をなすとき、社会へのお返しをしているのですが……」

だとしても、お父さんが払ったのはお父さんの分で、あなたの分は払っていない。あなたは恵まれた家に生まれたのだから、何の財産もない家に生まれたばあいよりももっと多くの負債をほかのひとびとにたいして負う。

ある人間が社会のために尽くしたことで、べつの人間の社会にたいする負債を帳消しにするのは、けっして正当なことではない。なぜなら、ひとはみな、ひとりひとりがすべてを負債としてかかえ、そして自分の分しか払えないからである。いかなる父親も、人類にとっての無用者でいられる権利を、自分の息子に譲りわたすことはできない。ところが、あなたの考えによれば、お父さんは、労働の証拠であり対価である富を息子に譲りわたすことによって、権利をも譲りわたしたのである。自分は働きもせず、自分自身で稼がなかったものを食べている人間は、それを盗んでいるのだ。また、国からお金をもらい、しごとは何もしないでいられる年金生活者は、私の見るところ、通行人からお金をまきあげて暮らしている追いはぎとあまり変わらない。

社会の外にいて、ひとりぼっちで生きている人間なら、誰にも借りがないので、自分の好きなように生きる権利がある。しかし、社会のなかにいるので、どうしても他人に負担をかけて生きていかざるをえない人間は、労働によって自分の生活費用を他人に返済しなければならない。このことにいっさい例外はない。

したがって、働くことは、社会で生きる人間の絶対に免れられない義務である。金持ちであれ貧乏人であれ、強者であれ弱者であれ、働かない市民はみんな盗人《ぬすっと》だ。

さて、人間に生活の資をもたらしうるすべての職業のうちで、もっとも自然状態に近いものは、手をつかうしごとである。手をつかうしごとの、すべての身分のうちで、運命からも、ほかの人間からも、もっとも独立しているのは、職人だ。

職人は自分の労働にしか依存しない。職人は自由である。職人の自由さにくらべると、農夫は逆に、まったく奴隷的である。なぜなら、農夫は田畑にしばられているし、収穫も他人の思惑に左右される。

しかも農民は、敵国や王侯や欲ばりの隣人や訴訟によって自分の田畑を奪われたりする。この田畑のせいで、農夫はじつにいろいろと、いやな思いをさせられる。いっぽう、職人はどこにいようと、不愉快な思いをさせられたら、すぐに荷物をまとめる。自分の腕をたずさえて、そこを去っていく。

しかしながら、農業こそ、人間にとって第一の職業である。農業は、人間がいとなみうる職業のうち、もっともまっとうで、もっともひとの役に立ち、したがってもっとも高貴な職業である。

私はエミールにむかって「農業を学びなさい」とは言わない。農業なら、エミールはもう知っている。農村のしごとなら、エミールはそのすべてになじんでいる。畑しごとは、かれが最初にしたしごとであり、そして、かれがたえずもどっていくものである。

だから、私がかれに言うことばはこうだ。

「君の先祖代々の土地を耕しなさい。しかし、もしも君が先祖の遺産を失ったなら、あるいは、そもそもそういう遺産をもたなかったなら、どうすべきか。何か職業を学びなさい」

「私の息子に職業を学ばせるんですか。息子を職人にするんですか。先生、本気でおっしゃってるんですか」

「奥様、私は奥様よりも、よほど本気です。奥様はご子息を、せいぜい卿とか侯とか公とかの爵位で呼ばれる者にしかなれないようにするのがお望みだ。つまり、いつの日か、かれがゼロ以下の存在になることをお望みだ。私はちがいます。私はかれに、けっして失うことのない地位、いつの時代でも尊敬される地位をあたえたいと思っています。つまり、私はかれを人間の状態へ高めてあげたいのです。そして、あなたが何とおっしゃろうと、この人間という資格こそ、かれがあなたから受けとるどんな資格よりも、その一員になるのがむずかしい資格なのです」

「文字はひとを殺し、精神がひとを生かす」［新約聖書『コリントの信徒への手紙二』三章六節］という。まさに、職業を学ぶことの眼目は、職業の知識をえることではなく、職業を軽蔑するような歪んだ精神を克服することにある。

あなたがたは、生きるために働かざるをえないということにはけっしてならないだろう。ああ、それはまことにお気の毒。それはまったくあなたのためによろしくない。しかし、大丈夫。必要に迫られて働くなどということはしなくてよい。あなたは名誉のために働くのだ。

あなたは、いまの身分よりも高いところにのぼるために、職人という身分に身を落としなさい。運命やものごとをあなたに服従させるために、まず、そういうものから自分を独立させなさい。世論によって支配するために、まず世論を支配しなさい。

これは忘れないでいただきたいのだが、私があなたに求めるのは、けっして何かしらの才能ではない。私があなたに求めるのは、なんらかの職業、ほんとうの職業、つまり、頭よりも手の働きのほうが多く、けっして大きな財産はつくれないが、それさえあれば財産なしでも生きていける純粋に機械的な技術である。

パンにこと欠く心配などないような家庭で、私がじっさいに会った父親たちは、先々のことまで心配して、子どもにふつうの教育ばかりでなく、どんなことがあっても子どもが生きていけるようにと、そのために役立つ知識をあたえることに心をくだいていた。こうした先読みをする父親たちは、自分ではたくさんのことをしているつもりでも、じつは何もしていない。なぜなら、父親は子どものために、生きる手立てを準備してあげたつもりなのだが、その手立ては、まさに父親が子どもに乗りこえさせたい運命そのものに左右されるからである。だから、子どもがどれほどすばらしい才能をもっていようと、環境がその才能の発揮に適さなければ、子どもはまったく才能がないのと変わらず、貧困のうちに死んでしまうだろう。

ひとをあやつる手管や策謀が重要視される環境に入ったならば、そうした技は、貧困のどん底から自分をもとの身分へ再浮上させる手立てを獲得するために用いられるよりも、むしろ自分の現在の豊かさを維持するために用いられるだろう。

もしも評判が芸術家としての成功を左右するような、そういう芸術を習得しようとしているのであれば、また、ひとから可愛がられないとありつけないような、そういう職務に自分を適合させようとしているのであれば、そうした成功のために欠かせないさまざまの手段が、いまや世間から嫌悪されるものとなり、あなたもそれを軽蔑するようになったら、あなたが身につけたものはいったい何の役に立つのか。

あなたは政治や王侯たちの利害を研究した。それはまことにけっこうなことだ。しかし、もしもあなたが、大臣や宮廷の貴婦人や役所の長官に近づくことができなければ、また、かれらのお気に入りになる秘訣をこころえていなければ、また、あなたがかれらにとって都合のいい詐欺師だとは誰にも思ってもらえなければ、あなたは習得した知識をいったい何につかうのか。

あなたは建築家もしくは画家である。それもまことにけっこう。しかし、自分の才能をひとに認めさせなければならない。あなたは作品をいきなりサロンに展示できると考えているのか。まさか、そんなわけにはいかない。まず、アカデミーに入会しなければならない。さらに、サロンの片隅のうす暗い場所であっても、それをえるのに、うしろだてが必要だ。

定規や絵筆は捨てなさい。辻馬車をひろって、門から門へ駆けまわりなさい。名声はこうやって獲得するのだ。ところが、ご存じのとおり、名士の家の門にはかならず守衛や門番がいる。かれらには身ぶり手ぶり以外に、ことばが通じない。しかも、手に何かをつかませなければ理解してもらえない。

あなたは自分が学んだことを教えたいのか。地理、数学、語学、音楽、デッサンの教師になりたいのか。しかし、そういうものにしても、あなたは生徒を見つけねばならない。したがって、まず、あなたをほめそやしてくれるひとを見つけねばならない。

このばあい、ひとは有能であるよりも、ほら吹きであることのほうが重要になる。

そして、いまの自分の職業のほかに職業を知らないのであれば、あなたはずっと無知のままでいることになる。そう覚悟しなさい。

キラキラ光って見える能力は、いかにあてにならないものなのか。そして、そういう能力がつかいものになるためには、いかにほかの能力が必要とされるのか、そこを見なさい。

それにまた、いったんみじめな身分に身を落としてしまったら、あなたはどうなるのだろう。不運はあなたに何も教えず、あなたを卑しくするばかりだ。いままで以上に世間の評価にもてあそばれながら、どうしてあなたは、自分の運命を支配するさまざまの偏見を乗りこえることができるだろうか。自分が生きるために必要なものになってしまった卑劣さとか悪徳を、どうしてあなたは軽蔑することができるだろうか。あなたは富にのみ従属していたが、いまでは富めるひとに従属する。あなたは奴隷的な状態をさらに悪化させ、そのうえに貧困という重荷を背負う。つまり、あなたは貧乏になるだけでなく、自由までをも失う。これは人間として、これ以上の下落はありえない最悪の状態である。

しかし、高級な知識は魂の養分にはなっても、肉体の養分にはならない。だから、生きるうえで頼りになるのは知識ではない。もし、必要が生じたとき、自分の腕や自分の手の技に頼ることができるようになれば、生活の困難はいっさいなくなり、ひとをあざむく術策もまったく不要になる。

自分がそなえる能力は、つかおうとするときにいつでもつかえるよう準備ができている。正直さや誠実さは、もはや生きていくうえでの障害にはならない。あなたはもう、偉いひとのまえで卑屈になったり、ウソをついたりする必要がない。宮廷にいる詐欺師にむかって、へいこら、はいつくばる必要もない。誰にむかってもおべっかをつかう卑しい人間にならなくてよい。借金も盗みも、する必要がなくなる。まったく無一物のときなら、借りると盗むはほとんど同じことだ。

他人の意見は少しも気にならなくなる。誰の顔色もうかがわなくてよい。バカを相手におせじを言わなくてよい。守衛にぺこぺこ頭をさげなくてよい。高級娼婦にお金をわたす必要もなく、ましてやそんな女にへつらう必要もない。

悪党どもが国の政治を支配していようと、そんなことはあなたにとってたいした問題ではない。そんなことは、あなたがあまり世に知られなくても誠実に生きて、パンをえることを妨げるものではない。

あなたは自分が学んだしごとをするため、最初に見つけた店のなかに入る。

「親方、しごとが欲しいんですが」

「職人か、ならば、ほら、そこでしごとをするんだ」

あなたは昼飯の時間が来るまえに、自分の昼飯代を稼いでしまう。しごとに精を出し、ムダづかいをしなければ、一週間たたないうちに、つぎの一週間分の生活費を稼ぐだろう。つまり、あなたは自由に、健康に、まじめに、勤勉に、そして正しく生きたことになるだろう。こんなふうに時間をつかえば、けっして時間をムダにすることにならない。

私は絶対に、エミールには何かの職業を学ばせたいと思う。「なら、少なくとも、まっとうな職業を」と、あなたは言うのか。だが、「まっとうな職業」とは何か。公共の役に立つ職業は、どれもまっとうな職業ではないのか。私はエミールを、ロックのジェントルマン教育のように［ロック『子どもの教育』第二二章「手仕事」］、刺繡職人とか金箔《きんぱく》師とかワニス塗りにしたいとは思わない。音楽家や俳優や作家にしたいとも思わない。そういった職業や、またそれと似たような職業でさえなければ、エミールは何を選んでもかまわない。何であれ、私にはその邪魔をするつもりはまったくない。

たしかに、私はエミールには、詩人よりも靴職人になってほしい。陶器に花の絵を描くより道路の舗装をするほうが好ましいと思う。「しかし」と、あなたは言うだろう。「役に立つ職業というなら、巡査やスパイや死刑執行人だって、そうだ」。ただ、かれらは政府の方針しだいでまったく役立たずになる。

いや、よそう。私がまちがっていた。役に立つ職業を選ぶ、ということだけでは十分ではない。そのしごとをする人間に、人間愛への憎悪と根性のゆがみを必要とさせるような、そういう職業でないことも大事である。

そこで、最初の表現にもどろう。つまり、「まっとうな職業を選ぼう」。ただし、役に立たない職業には、けっしてまっとうな職業はない。それをつねに忘れないようにしよう。

今世紀のある高名な著述家*58は、その著作でかずかずの壮大な計画とつまらない見解をたっぷり披露し、そして、その教団［イエズス会］のすべての司祭と同様、けっして自分の占有物としての妻はもたないと誓った。しかし、ひとの妻と通ずることには人一倍小心だったので、かれは美しい女中をそばにおいたと言われる。この女中たちと力をあわせて、かれはあのつまらない誓いによって人類にあたえた損害［子どもをつくらないこと」を精一杯つぐなう。

かれは、国のために市民を生み育てるのも市民としての義務だと考え、こうした形で国にたいするつとめをはたして、職人階級の人数を増やした。この子どもたちがしかるべき年齢になると、かれはどの子にもそれぞれの好む職業を学ばせた。そのさい、無益でムダで、はやりすたりのある職業だけは除外した。たとえば、かつら師の職業などはけっして必要なものではなく、自然がわれわれに髪をあたえつづけてくれるかぎり、いつかは不要になるかもしれないものなので、そういう職業は除かれた。

＊58　サン＝ピエール師［イエズス会士、『永久平和論』などを著す］

じつは、これこそ、われわれがエミールの職業選択においてとるべき方針なのである。いや、そういう選択はわれわれがするのではなく、エミール自身がそうする。なぜなら、かれにしみこんだ道徳心は、無益なことには自然に軽蔑を覚えさせるので、かれは何の価値もないしごとに時間を費やすことをけっして望まない。つまり、かれはものごとにたいして、その現実的な有用性という価値しか認めない。かれが職業とすべきは、ロビンソンが島で生きるのに役に立つような職業なのである。

子どもに、自然や人間の技の産物をつぎつぎに見せ、好奇心をかきたて、そして、子どもがその好奇心によってどこに導かれていくか、じっくり眺めてみよう。そうすると、子どもの好みや気質や性向が読みとれるし、かりに子どもが何かしらに、はっきりとした天分をそなえているのであれば、その最初のきらめきも見てとることができよう。

しかし、そのさいに用心すべきあやまち、よくあるあやまちは、偶然に起こったことを子どもの才能のほとばしりと取り違えることである。また、人間と猿に共通する模倣の精神、つまり、どちらも、ひとがしていることを見て、それが何の役に立つのかよくわからなくても、ほとんど機械的に自分も同じことをしたくなるという精神だが、それを何らかの特定の技術にぴったりの資質ととらえることである。

世の中には、こんな職人《アルティザン》、また、とくにこういう芸術家《アルティスト》がたくさんいる。すなわち、本人にはその技を職業とするほどの才能は生まれつきまったくないのに、ほかのひとの好みによって、あるいは本人がたまたまそれに熱中してみせたせいで、幼いときにその職業のほうに向かわされた者たちである。もし、一時熱中したのがほかの技であったなら、そちらのほうに向かわされたはずだ。

ある者は勇ましい太鼓の音を聞いて、自分は将軍になろうと思う。ある者は家が建てられるのを見て、建築家になりたいと思う。ひとはみな、自分の見かけた職業が世間で尊敬される職業だと知ると、心をひかれるものである。

これは私の知るある従僕の話。かれは主人が絵を描いたり、デッサンをしたりするのを見て、自分も絵描きになろうと思い立った。そう決意すると、すぐに鉛筆を手にとり、ずっとそれで描きつづけ、絵筆をとるようになってようやく鉛筆を卒業する。そして、絵筆は一生手放さないだろう。レッスンも受けず、規則も知らぬまま、かれは描きたいことを描きたいように描き始めた。まる三年間、その下手くそな絵を描くことにしがみついた。勤めにもどるとき以外は、かれを絵からもぎ離すことはできなかった。もともとたいして素質もなかったのでほとんど上達もしなかったのだが、けっしてくじけなかった。

うだるような暑さがつづいたある夏、通りかかっただけでも息が詰まりそうな南向きの小さな控えの間で、かれは六ヵ月のあいだ、地球儀をまえにして終日イスに腰かけ、というよりイスにくぎづけになって、その地球儀の絵を描いていたのを、私はじっさいに見ている。かれはその絵を何度も描き直し、どうしようもないほどしつこく、毎回、最初から描き直す。かれなりに満足のできる丸い絵が描けるまでつづいた。ついには、主人に援助され、芸術家の指導も受けて、かれは従僕の制服を脱ぎすて、自分の絵筆で生活できるまでになった。

あるていどまでなら、努力と忍耐によって才能はおぎなわれる。かれはそのていどにまで達した。それ以上にはけっして進めないだろう。このまじめな青年の執念と向上心はほめてやってよい。かれはその一途《いちず》さや誠実さや品行のよさによって、それからはずっと、りっぱなひととしてあつかわれることになるだろうが、絵描きとしては店の看板描きになるのが精一杯だろう。

かれの熱心さにだまされて、それをほんとうの才能と思いちがいをせずにいられたひとがいるだろうか。しかし、そのしごとを好むことと、そのしごとに適していることとのあいだには大きなちがいがある。子どもの真の才能と真の好みをしっかりととらえるには、一般に考えられる以上に、細かい観察を重ねねばならない。子どもは、自分の素質よりも自分の欲求のほうをはっきりと表に出す。そして、一般にわれわれは、子どもの素質を研究する術を知らないので、もっぱら子どもの欲求を見て子どもの資質を判断する。

私は、誰か鋭い判断力をそなえたひとが、子どもを観察する技術についての論考をわれわれのために書いてくれればいいのに、と思う。その技術を知るのはきわめて重要なことであろう。父親たちも教師たちも、まだその基本すらわきまえていない。

しかし、どうやらわれわれは、ここで職業の選択を必要以上に重視しすぎているようだ。手仕事であることだけが重要なのであって、エミールがどの職業を選ぶかはまったくどうでもよいのである。それに、われわれがこれまでかれにしてきたさまざまの訓練によって、かれは修業をすでに半分以上すませている。

あなたはかれにどんなしごとをさせたいか。かれはどんなことにも準備はできている。すでに鋤《すき》も鍬《くわ》も上手につかえる。ろくろ、かなづち、かんな、やすりもちゃんとつかえる。どんな職業の道具にも、すでになじんでいる。あとはもう、どれか道具のひとつをさらに手際《てぎわ》よくつかいこなせるようになって、その道具をつかう腕ききの職人なみにテキパキしごとができるようになればよい。

この点で、かれにはどんな職人にもまさる大きな長所がある。軽快な体としなやかな手足のおかげで、どんな姿勢でも苦もなくとることができ、どんな運動でも楽々つづけることができる。そのうえ、かれにはよく訓練された鋭い感覚がある。それによって、あらゆる技の構造をすでに知っている。親方として働けるようになるために欠けているのは、職人としての経験のみである。経験は時間をかけなければえられない。親方になれるほどの十分な時間を、どの職業のために用いるか。それを選ぶのがわれわれに残された問題だ。問題はもはやそれしかない。

男子にはその性にふさわしい職業を、若者にはその年齢にふさわしい職業をあたえなさい。家のなかで座ってするような職業はいずれも、体を女みたいに軟弱にし、男にはおもしろくなく、男には適さない。若い男なら、けっして自分からすすんで服の仕立屋になりたがるはずがない。こういう女むきの職業*59を、ほんらい不むきの男にやらせるにはそれこそ何らかの技が必要である。

縫い針と剣を、どちらも上手につかうことはなかなかできないだろう。もしも私が国王だったら、服づくりや針をつかうしごとは、基本的には女にしか許さない。あるいはせいぜい、女と同じしごとしかできなくなった足の不自由な男にしか許さないだろう。

かりに宦官《かんがん》というものが必要だとしても、そういうものをわざわざこしらえる東洋のひとびとはずいぶんバカだと思う。自然によって根性を切除されためめしい男たちはすでにたくさんいる。自然がつくった、こうした者たちがいるのに、どうしてそれで満足できないのか。そういう者が必要なら、ほかにいくらでもいるだろう。弱々しく、繊細で、臆病な男はみな、家にひきこもって生活をするよう、自然によって定められている。かれらは女に混じって生きるよう、あるいは女みたいに生きるようにつくられている。かれらが女に適したしごとのどれかを職業にするのであれば、それはけっこうなことだ。かりに、どうしてもほんとうの宦官が必要とされるならば、男に適さない職業を選択して男の名誉を汚している男たちを、そういう身分に落としてあげればいい。かれらの選択は、自然のあやまちをあきらかにしめす。このあやまちをどうにかして正そうとするのは、けっして悪いことではなかろう。

＊59　古代においては、服の仕立屋など存在しなかった。男たちの服は、家のなかで女たちによってつくられた。

私は、私の生徒に不健康な職業は禁ずるが、きついしごとは禁じないし、危険なしごとでさえ禁じない。そういう職業は体力とともに勇気を鍛える。それは男のみに適したしごとである。女はけっしてそんなしごとは望まない。では、男なら、女のするしごとを侵犯して、どうしてそれを恥と感じないことがあるだろうか。

闘技をする女は少数で、格闘家の食べる肉料理を食べる女は少ない。おまえたちは男のくせに、羊毛を梳《す》き、できあがった毛糸を籠《かご》に入れて持ち帰る。*60

＊60 ユウェナリス『諷刺詩』第二歌［五三〜五五行］

イタリアでは、商店で女の姿を見かけない。フランスやイギリスの街を見慣れた者にとって、あの国の街の眺めほど陰気なものはとても想像できまい。ご婦人がたにリボンやポンポンやヘア・ネットや飾り紐を売っている商店主を見ると、鍛冶場で火をおこしたり鉄床《かなとこ》をたたいたりするためにつくられた太い手がそういう華奢《きゃしゃ》な装飾品をあつかうのは、じつに滑稽《こっけい》なものだと私には思われた。私はこっそりこうつぶやいた。「ならば、この国の女たちは仕返しに、刀剣研ぎや武具販売の店を開くべきだろう」。いやいや、男と女はそれぞれの性別にふさわしい武器をつくったり、売ったりするべきである。武器を知るには、それを自分でつかってみなければならない。

若者よ、君のしごとには男の手の跡《あと》を残しなさい。たくましい腕で斧《おの》や鋸《のこ》をつかうことを学びなさい。梁《はり》の木を四角く削り、屋根にのぼり、棟木《むなぎ》を架《か》け、それを棟束《むなづか》や小屋梁《こやばり》でささえることを学びなさい。それから、君が大声で妹を呼ぶのは、君のしごとをちょっと手伝ってもらうためで、それは君の妹が君に編み物の手伝いをたのむのと同様だ。

こうした私のことばは、現代の心やさしいひとびとには、たしかに、ややどぎついものであろう。しかし、私はときどき、論理の流れに身をまかせてしまうのである。もし、革の前掛けをし、手斧をつかって働いている姿を、ひとに見られて恥ずかしがるような人間は、誰であろうと、もはやたんなる世間の意見の奴隷にすぎないと思う。そういう人間は、正直者が世間で笑われるようになると、とたんに自分も、善行なんかしたら顔を赤らめるような人間になる。

しかし、子どもの判断を害するものでないかぎり、父親の意見にはしたがおう。有益な職業はどれも尊敬されるからといって、そのすべてを実践してみる必要はない。ただ、どの職業についても、それを見下さないようにすれば、それで十分である。自分が職業を選択することになり、ほかに何も決め手がないばあい、同列の職業のうちで、おもしろそうなもの、自分の気質にあいそうなもの、自分にとって都合のよさそうなものを選んで、どうしていけないのか。

金属をあつかうしごとは役に立つしごとである。おそらく、ほかのどのしごとよりも役に立つ。しかし私は、特別の理由がないかぎり、けっしてあなたの息子を蹄鉄工《ていてつ》や錠前屋や鍛冶屋《かじ》にはしない。私はかれが、キュクロープス［ギリシア神話の単眼巨人］みたいな姿で鍛冶場にいるのは見たくない。

同様に、私はかれを石工《いしく》にもしたくない。靴屋には、なおさらしたくない。もちろん、あらゆる職業がいとなまれねばならないけれども、職業を選ぶことができるのであれば、清潔さは考慮にいれなければならない。これには世間の意見はまったくかかわらない。この点については、職業は自分の感覚で決まるのである。

最後にもうひとつ。私は、働く者が何の技術ももたず、ただ機械的に同じしごとをしつづけるような、そういうバカげた職業も好きではない。織工、靴下製造工、石切工がそれである。知性をそなえた人間をこういうしごとにつかって、いったい何になるのか。こんなしごとは、べつの機械を動かすひとつの機械にすぎない。

すべてをよく考えてみると、私がもっとも好ましく思い、私の生徒の好みにも合致する職業は、家具職人である。清潔だし、有用だし、家のなかでできる。十分に体も動かせる。働く者に器用さと勤勉さを要求する。作品の形は用途によって決まるが、それは優雅さや趣味の良さを排除するものではない。

もしも、あなたの生徒の天分がたまたま確実に、純理論的な学問にむいていたなら、そのばあいには、かれの好みにあう職業をやらせても、私は非難しない。かれには、たとえば、数学の器具やメガネや望遠鏡をつくることなどを学ばせてよい。

エミールが職業を学ぶときには、私も一緒に学びたい。一緒に学ばなければ、けっしてかれがそれをしっかり学ぶことはないだろう、と私は確信しているからである。だから、私たちは二人とも職人の弟子になるわけだ。そして、私たちをけっして「だんなさま」あつかいさせず、ほんとうにふつうの弟子としてあつかってもらう。私たちは遊び半分でここに来ているわけではない。どうして私たちが本気で職人の弟子になってはいけないのだろうか。

あのロシア皇帝ピョートルは、［身分を隠して］造船所で船大工として働いたし、自分の軍隊のなかで鼓手にもなった。あなたはこの皇帝が、生まれとか功績のせいで、あなたみたいなりっぱな人間にはなれないと考えるのか。おわかりのはずだが、私がいま語りかけている相手はエミールではなく、あなただ。あなたが何者であれ、これはあなたへのことばだ。

私とエミールは、あいにくながら、すべての時間を作業場ですごすわけにはいかない。私たちはたんに職人になる修業をするのではなく、人間になる修業をするのだ。そして、人間になるための修業は、ほかのどの修業よりもたいへんだし、時間もかかる。

では、どうすればよいのか。ダンスの先生にダンスを習うのと同じように、一日一時間、かんなの先生にかんなのかけかたを習うのはどうか。いや、ダメだ。それでは弟子ではなく、生徒になってしまう。そもそも、私たちの望みは、家具づくりを学ぶことよりもむしろ、自分を家具職人の身分にまで高めることなのである。

そこで私の考えでは、毎週少なくとも一、二回、親方の家でまる一日すごしたい。親方と同じ時刻に起き、親方よりも早くしごとにつき、親方と同じ食卓で食べ、親方の命令のもとで働き、親方の家族と一緒に夕食をとるという光栄に浴したあと、自分が望むならば自宅にもどり、自分の硬いベッドで眠る、というぐあいだ。こんなふうにすれば、いくつものしごとを同時に学べる。手作業の訓練をしながら、ほかの修業もなおざりにしないですむ。

よいことをするときは、無名のままおこなうようにしよう。虚栄心に打ち克とうとして、あらたな虚栄心を生まないようにしよう。偏見に勝利したと自慢するのは偏見に敗北したにひとしい。

これは聞いた話だが、トルコの皇帝は、オスマン家の古いしきたりにしたがって、自分の手によるものづくりのしごとをしなければならない。ただ、皇帝の手による作品は傑作にならないはずがない、と誰もが知っている。こうして、その作品は宮廷の高官たちにおごそかに渡され、そして、そのつくり手の身分にふさわしい値段で支払いがなされる。

ここで私が問題にしたいのは、皇帝がいわゆる地位の悪用をしていることではない。皇帝はここではむしろ逆に善用をしている。皇帝は、高官たちが人民から収奪したものを自分にもよこすよう強要し、その分だけ皇帝が人民から直接まきあげる必要は小さくなっている。こんなふうに人民の苦しみを軽くしてやるのが、専制政治には必要なのだ。それがなければ、ああいう恐ろしい政治は存続できるはずがない。

オスマン家のような慣習の、ほんとうの問題点は、そこに生まれた人間が、かわいそうにも自分をほんとうに才能のある人間だと思うようになることにある。かれは［ギリシア神話の］ミダス王のように、自分がさわるものがすべて黄金に変わるのを見るが、自分の耳がそのかわりロバの耳に変わっていくことには気づかない。

われわれのエミールの耳は、もとの耳のままにしておきたい。そのため、かれの手には、さわるだけで金《かね》になるという才能をもたせないようにしよう。かれのつくるものの値打ちは、作者の賃金で決まるのではなく、作品の出来具合で決まるようにしよう。かれの作品は、かならず腕のある親方の作品と比べて、そのうえで価値を判断しよう。かれのしごとは、かれという人物によってではなく、しごとそのものによって評価される。

よくできたものについては、「これはよくできている」とだけ言おう。「これをつくったのは誰ですか」とか余計なことを言ってはいけない。もし、かれが作品に自分で満足し、いかにも自慢気に自分から「これをつくったのはぼくです」と言ったなら、冷ややかにこう言いなさい。「つくったのはあなただろうと誰だろうと、それはどうでもよろしい。とにかくこのしごとはよくできている」

善良な母親よ、気をつけなさい。とくに、あなたが聞かされることになるウソに気をつけなさい。もし、あなたの息子がやたらもの知りになっていたら、かれがもっている知識はすべて疑ってかかりなさい。もし、かれが不幸にしてパリで教育を受けた裕福な子どもなら、かれはもう毒されている。

パリで有能な芸術家に教えを受けると、かれは先生たちの才能をすべて学びとる。しかし、その才能はかれが先生たちから離れると、無になるたぐいのものだ。パリでは、金持ちはあらゆることについて知識をもっており、貧乏人だけが無知である。この首都には芸術の愛好者、とくにそうした女がたくさんいる。あのギヨーム氏［中世の笑劇『パトラン先生』に出てくる布屋］が自分で染料を発明したように、かれらは自分でも作品をつくる。私の知るかぎり、男には、あえてそういうことをしない例外が三人いる。じっさいには、もう少しいるかもしれない。しかし、女にかんしては、私は例外を知らないし、じっさいにもいるとは思えない。

一般的に、ひとが芸術の分野で名をあげるのは、法律の分野と要領は同じである。つまり、ひとは法学博士や司法官になるのと同じ要領で、芸術家や芸術家の判定者になるのである。

したがって、あなたの息子は、ひとたびひとつの業界で要領を覚えたら、もうどこでもそこの要領は、学ばなくてもすぐに飲みこめる。かれは、チューリッヒの市政を動かす参事会員［手工業者のギルドの代表］と同じように、どこでも先生で通るようになるだろう。

エミールには断じてそんなことの作法など覚えさせない。見かけだけのニセモノにはしない。どこまでも本物でなければならない。

ひとから、かれは知識があると言われてはいけない。かれにはただ黙々と修業をさせよう。つねに自分の傑作をつくるようにつとめさせ、そして、けっして自分を先生と呼ばせないようにさせよう。自分が職人であることを、肩書きによってではなく、じっさいの働きによってしめさせたい。

さて、ここまで私が述べたことがわかってもらえたのであれば、つぎのことも理解していただけるはずだ。すなわち、私は私の生徒に、身体の訓練と手作業の習慣をあたえるとともに、生徒には気づかれずに、反省と瞑想の趣味もあたえる。それは、まわりの人間を評価することへの無関心とかれ自身の情欲の穏やかさが、かれの精神を怠惰にしかねないことに対応するためである。

かれは農夫のように働き、哲学者のように考えなければならない。これは未開人のような怠け者にならないためである。

教育の大きな秘訣は、まさに身体の訓練と精神の訓練を、かならず一方の訓練が他方のリラックスにつながるような形でおこなうことである。

しかし、少し精神の成熟を必要とすることを教えるのは、あまり先回りをしないようにしよう。エミールは職人しごとをしたならば、たいして時間がたたないうちに、ひとびとの生きる環境に不平等があることを自分で感じとるだろう。それはしごとをするまで気づかなかったことである。

エミールは、私がかれにあたえ、かれも納得している原則にもとづいて、こんどは私を吟味しようとする。かれはすべてを私ひとりから学んでおり、そしていま、貧しいひとびとの生活をごく間近で見ているので、かれはどうして私がそういうひとびとから離れたところにいるのか、知りたがるだろう。おそらくかれは、いきなり私に手厳しい質問を浴びせてくるだろう。

「あなたはお金持ちだ。あなたは自分でもそうおっしゃったし、私にもあなたはお金持ちに見えます。お金持ちも、やはり社会のために働いてお返しをしなければなりません。お金持ちも人間だからです。しかし、先生、あなたは社会のために何をなさっていますか」

こんな質問に、ごりっぱな家庭教師はどう答えるか、私にはわからない。たぶんかれは質問した子どもにむかって「ほら、私はあなたのお世話をしております」とか、愚かなことを言うだけだろう。

私のばあいは、しごと場が私を窮地から救いだしてくれる。

「すばらしい、エミール、それはほんとうにいい質問だ。私はそれにちゃんと答えてあげるつもりだが、ただし、それはあなたが自分できちんとした答えが出せるようになってからだ。約束します。とりあえずいまは、私のもっている余分なものを、あなたや貧しいひとびとにあたえるということで、答えにしたい。そして毎週、かならず私もテーブルとかベンチを一個つくって、自分がまったくの役立たずの人間ではないようにしたい」

ここでわれわれは、ふたたび自分自身にもどってきた。われわれの子どもは、もう子どもではなくなりはじめ、個としての自分のなかに入ろうとしている。そしてかれは、自分を事物に結びつけている必然というものを、これまで以上に実感している。

われわれはまず、子どもの体と感覚を鍛えることから始め、それから子どもの精神と判断力をきたえた。そして最後に、手足のつかいかたとさまざまの能力の用いかたを結合させた。こうしてわれわれは、行動して思考する存在をつくったのである。われわれはさらに、それを人間として完成させるために、ひとを愛する心とやさしい気持ちをもった存在にしていかねばならない。すなわち、感性によって理性をさらに向上させること、これだけがまだ残されている。

しかし、ひとづくりのこのあたらしい段階に入るまえに、われわれは、自分たちが抜け出そうとしている現実の状態に目をむけ、自分たちがどこまで到達したのか、できるだけ正確に見ることにしよう。

われわれの生徒は、はじめは感覚しかもっていなかったが、いまでは観念をもっている。つまり、はじめはものを感じるだけだったが、いまではものを考える。というのは、いくつかの感覚がつぎつぎに、あるいは同時に起こり、その複数の感覚の比較と比較してからくだす判断とによって、一種の混合的あるいは複合的な感覚が生じる。それが、私が観念と呼ぶものである。

観念がどのように形成されるかで、人間の精神の性格が決まってくる。観念の形成が現実の関係にのみもとづくものならば、その精神は堅実である。表面的な関係で満足するような精神は、浅薄である。さまざまの関係をあるがままに見る精神は、正しい精神であり、それを見誤る精神は、まちがった精神である。現実にも外見的にも存在しない架空の関係をつくりあげる精神は、狂った精神である。ものの関係がまったく見えないのであれば、それはたんなるバカである。さまざまの観念を比較したり、それらのあいだの関係を発見する能力の高さ低さが、そのひとの知性の高さ低さになる、などなど。

単純な観念とは、比較された感覚にすぎない。単純な感覚においても、また、私が単純な観念と呼ぶ複合的な感覚においても、判断は存在する。しかし、感覚における判断はまったく受動的なものである。そこでの判断は、自分は自分が感じとれるものを感じとっていることの確認にすぎない。これにたいし、知覚または観念における判断は、能動的なもので、それは感覚を寄せあわせ、比較し、感覚では決められない関係を決めつける。

これが、両者［感覚による判断と観念による判断］のちがいのすべてである。しかし、このちがいは絶大だ。自然はけっしてわれわれをあざむかない。われわれをあざむくのは、つねにわれわれ自身なのである。

八歳の子どもに、アイスクリームをさしだしてみる。かれは、自分の知らないものをスプーンですくって口に入れる。と、その冷たさに驚き、「アチチ、やけどする」

と叫ぶ。

かれはきわめて強い感覚を覚えたのだ。かれはこれまで、火の熱さよりも強い感覚を覚えたことがなかった。だから、それを火のように熱いと思ったのである。しかし、かれは思いちがいをしている。たしかに、とても冷たいものは痛みをあたえるが、それはやけどではない。この二つの感覚は似たようなものでもない。なぜなら、どちらも経験したことがあるひとは、けっしてそれをとりちがえたりしないからだ。したがって、子どもをあざむいたのは感覚ではない。感覚についての判断がかれをあざむいたのである。


それと同じことが、生まれてはじめて鏡とか光学器械を見たときに起こる。あるいは、真冬とか真夏に深い地下室に入ったときに起こる。熱くほてった手や、冷たくかじかんだ手を、ぬるいお湯に入れたときにも起こる。二本の指を交叉して、それでひとつの小さな玉を転がすとき、などにも起こる。

自分が感じたこと、気づいたことをそのまま言うだけなら、かれの判断はまったく受動的であり、まちがいを言うことはありえない。しかし、かれがものを外見で判断するとき、かれの判断は能動的である。かれは比較をおこない、自分の気づかなかった諸関係を帰納的な推理によって設定する。そのとき、かれはまちがう、あるいは、まちがうかもしれない。そうした誤りを正すためには、あるいは防ぐためには、経験が必要である。

夜、空に浮かんだ月とその下でただよう雲を、あなたの生徒に見させなさい。かれは、月が逆の方向に動いていて、雲は動かずに、じっとしていると思うだろう。かれがそう思うのは性急な推論による。つまり、かれがふだん見ていることによれば、小さいものは大きいものより動きやすいし、雲は月よりも大きいと思われるからである。月が遠くにあるということは、かれには思いもおよばない。

水に浮かんで進む船から、少し離れた岸を眺めさせると、かれはまた逆の誤りにおちいり、陸地のほうが動いていると思ったりする。なぜなら、自分が動いていると感じないと、かれは船と海（あるいは川）と、遠く水平線上にあるもののすべてを、ひとつの動かない全体と見なすし、そして、かれには動いているように見える岸辺を、大きな全体のほんの一部分にすぎないと思うからである。

水のなかに半分入っている棒を、子どもがはじめて見ると、棒は折れているように見える。その感覚は正しい。その現象の理由はわからなくても、感覚はやはり正しい。だから、あなたが子どもに「何が見える」と尋ねると、子どもは「折れた棒」と答える。子どもの感覚はそれを折れた棒ととらえており、それはきわめて確かなことであるから、子どもの言うことは正しい。しかし、かれは自分の判断によってあざむかれて、さらに一歩進む。つまり、自分には折れた棒に見えると言ったあとで、自分が見ているものはじっさいに折れた棒だと言い張るのであれば、かれの言うことは正しくない。なぜ、そんなことを言うのか。それは、そのときかれは能動的になるからである。そのとき子どもはもはやものごとを、観察によって判断するのではなく、帰納的な推理によって判断し、自分が感じてもいないことを断言する。すなわち、ひとつの感覚による判断は、ほかの感覚によっても確認されるだろうと断ずるのだ。

われわれの誤りはすべてわれわれの判断から生まれる。とすると、もし何も判断する必要がないならば、とうぜん、学ぶ必要もまったくなくなる。誤りをおかすこともまったくなくなる。われわれは、ものを知って幸せになるよりも、無知のままでいるほうがよほど幸せになれるだろう。

たしかに、学者たちは、無学の者がまったく知らない正しいことをたくさん知っているだろう。しかし、学者たちはその分だけ真理に近いだろうか。じつは、まったく逆である。学者はまえへ進めば進むほど真理から遠ざかる。なぜなら、判断することが生みだす虚栄心は知識よりもさらに大きく育つので、学者はものごとをひとつ学ぶごとに、百のまちがった判断をどうしてもするようになるのである。もうこの上なく明白なことだが、ヨーロッパの学者の団体は、公然とウソを教える学校にすぎない。そして、これもきわめて確かなことだが、科学アカデミーには、ヒューロン族［北アメリカの先住民］全体に見られる誤りよりももっと多くの誤りが見られるのである。

人間は知識を増やせば増やすほど、ますますあやまちをおかす。ゆえに、誤りを避ける唯一の方法は、無知のままでいることである。判断をするな。判断をしなければまちがうこともない。これが自然の教えであり、理性の教えでもある。

われわれが直接かかわるものごとは、数はごく少なく、感覚ではっきりとつかまえられる。こうした直接的な関係にないものについては、われわれはまったく無関心であるのが自然なのだ。機械の働きがどれほどみごとであろうと、電気がどれほど不思議なものであろうと、未開人はそんなものを見るために足を運ぶ気にはならないだろう。

「私に何の関係があるんですか」。これは無知な人間がしょっちゅう口にすることばだが、賢者が口にするのがもっともふさわしいことばなのである。

しかし、あいにくながら、このことばはもはやわれわれには通じない。われわれがあらゆるものに依存するようになって以来、あらゆるものがわれわれに関係する。また、われわれの好奇心は、われわれの欲求とともに必然的に大きくなっていく。だから、私は哲学者にはきわめて大きな好奇心を認め、未開人にはまったく認めないのである。未開人は誰も必要としないが、哲学者はすべての人間を必要とする。とりわけ自分を崇拝してくれる人間を必要とする。

ひとは私に「あなたも自然から離脱している」と言うだろう。私自身はまったくそう思わない。自然は、世間の意見にではなく必要にもとづいて、道具だてと規則を選ぶが、ただし、必要は人間の状況によって変わるのである。自然状態のなかで生きる自然人と、社会状態のなかで生きる自然人とのあいだには、大きなちがいがある。エミールは、無人の荒野のなかに放っておくべき未開人ではない。かれは都会に住まなければならない未開人なのだ。かれは都会のなかで、自分に必要なものを見つけ、そこの住民たちを利用し、かれらと同じようにではないにせよ、少なくともかれらとともに暮らしていかねばならない。

エミールは、これからたくさんのあたらしい関係のただなかに入り、それに依存して生きていかねばならないので、かれはいやおうなしに判断をしなければならなくなる。だから、かれには、しっかり正しく判断することを教えよう。

正しく判断することを学ぶうえでの、いちばんよいやりかたは、自分の経験をできるだけ単純なものにし、さらにはできるだけ経験もなしですませて、誤りにもおちいらずにすますことである。

とすると、われわれが長いあいだおこなってきた、さまざまの感覚の経験どうしをつきあわせること、つまり、ひとつの感覚で感じたことをべつの感覚で確かめることは必要でなくなるが、それでも、個々の感覚の経験をそれ自体として確かめることは必要である。そのとき、この個々の感覚はわれわれにとってひとつの観念となる。そして、この観念はつねに真理と一致するだろう。

まさにこういうことを、子どもがその人生の第三期において獲得すべきものとして、私は教育しようと努めてきたのである。

教育のこういうやりかたは、がまん強さと用心深さを必要とするが、それができるような教師はごく少ない。しかし、そういうやりかたでなければ、生徒はけっして判断することを学べないだろう。

たとえば、生徒が、棒が折れて見えるという外見にだまされているとき、それが誤りであることを生徒にしめすために、あなたがいそいで棒を水から引きだすならば、なるほどあなたは生徒の誤りを正すことにはなるだろう。しかし、それによってあなたは生徒に何を学ばせたか。ゼロだ。そんなことは、生徒がまもなく自分自身で学んでしまうものだからだ。

いや、まったく、教えるべきことはそんなことではない。ひとつの場での真実を教えることよりも、つねに真実を見出すためにはどうすべきかを、生徒にしめしてあげることのほうが大事だ。もっとよく教えるためには、そんなにいそいで誤りを正してはいけない。

エミールと私を例にとることにしよう。

まず、先ほど想定した二つの問いの二つ目［棒はじっさいに折れているのか」にたいして、ふつうの子どもなら誰でも「はい」と答えるだろう。つまり、「棒はたしかに折れてます」と言うだろう。しかし、エミールなら、私にそういう返事をするとはとても思えない。

エミールは学者になる必要もなく、学者ぶる必要もないので、けっしてあわてて判断したりしない。かれは明白な証拠にもとづいてのみ判断する。そして、このばあい、明白な証拠があるとはとても言えない。見かけにもとづいた判断は、たんに遠近を判断するだけのばあいであっても、いかに錯覚におちいりやすいか、そのことをエミールは知っている。

しかもまた、私の質問がきわめてたわいなく、その狙いが最初はわからなくても、そこにはかならず何かの狙いがあることを、かれは経験によって知っている。だから、かれは軽々しく答えるような習慣をもたない。むしろ逆に、かれはそんな問いには警戒し、答えるまえにそれを注意深く、念入りに調べてみる。その答えに自分で満足しないかぎり答えないし、また、なかなか自分でも満足しない。

要するに、われわれ、私とエミールが自慢したいのは、ものごとの真理を知っていることではなく、ただ誤りにはおちいらないということである。われわれが恥ずかしく思うのは、まったくわけがわからないままでいることよりも、まちがった理由で満足することである。

「私にはわかりません」ということばが、われわれ二人のどちらにもぴったりのことばであり、われわれはどちらも、しじゅうこれを口にし、そして、まったく恥ずかしいと思わない。しかし、エミールが思わず軽々しく答えたり、あるいは、例の「私にはわかりません」で安直にすませようとしたら、私が返すことばはかならずこうである。「では、調べてみましょう」

水のなかに半分入っている棒は、ちゃんと立つよう固定されている。この棒が見かけどおり折れているかどうかを知るためには、それを水から引きだしたり、手で触ってみたりするまえに、しなければならないことがたくさんある。

一、まず、棒のまわりをぐるっとまわってみる。棒を見ていると、われわれの動きにつれて棒の折れかたも変わる。つまり、われわれの目だけが棒の折れかたを変化させる。しかし、視線が物体を動かすことはない。

二、水のそとに出ている棒の端から、棒をまっすぐに見おろしてみる。すると、棒はもう折れ曲がっていない。目に近いほうの端は、もういっぽうの端をちゃんと隠してしまう。われわれの目が棒をまっすぐにしたのだろうか。

三、水面をかきまわしてみる。すると、棒はいくつにも折れ、ジグザグに動き、水の波動とともに揺れるのが見える。われわれが水にあたえる運動だけで、棒をこんなふうに折ったり、柔らかくしたり、溶かしたりすることができるのだろうか。

四、水を流し出すと、水面が下がるにつれて、棒が少しずつまっすぐになっていくのが見える。事実を明らかにし、光の屈折を知るにはこれで十分なのではないか。そこで、視覚がわれわれをあざむく、というのは正しくない。なぜなら、視覚のせいにされている誤りを正すためには視覚しか必要とされないからである。

かりに、こうした実験の結果がのみこめないぐらい頭の悪い子どもが生徒なら、そういうばあい、視覚を助けるために触覚の応援を求めなければならない。棒は水から引きださず、そのままにして、子どもに棒を端から端まで手で触らせるとよい。子どもは棒に角度を感じないだろう。だから、棒は折れていないのである。

あなたは私にむかって「そこでなされたのはたんなる判断でなく、きちんとした推理である」と言うだろう。おっしゃるとおりである。しかし、精神が観念にまで到達したならば、判断はすべて推理のひとつとなることを、あなたはおわかりにならないのだろうか。あらゆる感覚の意識は、いわばひとつの命題設定であり、ひとつの判断である。したがって、感覚をほかの感覚と比較した瞬間から、推理が始まる。判断する術と推理する術はまさしく同一のものなのである。

エミールはけっして光学なるものを知ることはないだろう。私としては、かれにはこの棒をめぐってそれを学んでほしいと思う。エミールは昆虫の解剖もしないし、太陽の黒点を数えたりもしないだろう。顕微鏡や望遠鏡がどんなものなのかも知らないだろう。そちらの知ったかぶりの生徒たちからは、エミールは無知だとバカにされるだろう。それもある意味しかたがない。なぜなら、私の意図として、そういうものはできあいを利用させず、かれ自身で発明してもらおうと思っているからだ。そして、察していただけるように、発明ならそんなにさっさとできるものではない。

これが、この編の全体をつらぬく私の方法の精神である。

目をつぶった子どもに、二本の指を交叉させ、ひとつの小さな玉をその指のあいだで転がらせると、子どもは玉が二つあると思うだろう。しかし私は、子どもが自分で、玉はひとつだけだと確信するまで、子どもにそれを見ることを許さないのである。

さて、私の生徒の精神がここまでになしとげた進歩とその進歩の道すじについては、以上で十分に、そして明快に説明されたと私は思う。

しかし、あなたがたは、私がかれのまえにくりひろげて見せたことの多さに、たじろいだかもしれない。私は生徒の精神を山のような知識でおしつぶしてしまうのではないかと、あなたがたは心配する。

とんでもない。逆である。私は生徒に、知識をえることよりも無知のままでいることを教えている。私はかれに学問の道をしめしてあげるが、その道は平坦ではあるが、ひたすら長く、はてしなく、しかもゆっくりとしか進めない。私は生徒に何歩か足を踏みださせて、その道の入口がわかるようにしてあげるが、けっして遠くへ行くのは許さない。

生徒は自分自身で学ぶことを強制される。かれは、ほかのひとの理性ではなく、自分の理性をもちいることになる。ひとの意見にたよらないのであれば、権威にもいっさいたよってはならないからだ。また、われわれの誤りの大半は、自分自身からではなく他人から生じるものだからである。

こういう訓練をたえまなくつづけると、精神が力強くなる。それは肉体が労働と疲労によって力強くなるのに似ている。この訓練のもうひとつの利点は、自分の力が増した分だけしか前進しないということである。精神も、肉体と同様、自分がかかえられる分しかかかえることができない。

自分の理解力でものごとをしっかりつかんでから、それを記憶にとどめるならば、自分があとで頭のなかからとりだすものはたしかに自分のものだ。しかし、ちゃんと理解していないことを頭につめこみすぎると、そこから自分自身のものは何ひとつとりだせないはめになる。

エミールは、わずかな知識しかもたない。しかし、かれがもつ知識はほんとうにかれ自身の知識である。中途半端な知識はひとつもない。

かれが知っており、しかも十分によく知っていることは、数は少ないけれども、そのなかでもっとも重要なものはこうだ。すなわち、自分はいま知らないが、いずれは知ることのできるものはたくさんあるということ、そして、ほかのひとは知っていても、自分は一生知ることのできないものがもっとたくさんあるということ、そして、そのほかに、どんな人間もけっして知ることのできないものが無数にあるということ、である。

かれは大きな知性をもっている。それは知識の量ではなく、知識を獲得する能力によってそう言える。つまり、その知性はそとにむかって大きく開かれ、聡明であり、すべてを受けいれる準備ができている。モンテーニュのことばを借りれば、「教えこまれてはいなくても、少なくとも教えを受けいれられる」〔『エセー』第二巻第一七章〕

私としては、かれが自分のおこなうことすべてについて「それは何の役に立つのか」を見つけ、自分の信ずることすべてについて「それはなぜなのか」を見つけることができれば、それで十分だ。もう一度くりかえすが、私の目的はかれに学問をあたえることではなく、学問は必要があるときに獲得することを教え、学問のほんとうの価値を正しく評価することを教え、そして、何にもまして真実を愛することを教えることにある。

たしかに、この方法では進みかたは鈍い。しかし、一歩たりともムダな歩みはない。そして、あともどりせざるをえないようなこともまったく起きない。

エミールの知識は、自然界の、まったく物質的なものにとどまる。かれは歴史という名詞さえ知らず、形而上学とか倫理学がどういうものなのかも知らない。事物にたいする人間の本質的な関係については知っているが、人間にたいする人間の道徳的な関係についてはまったく知らない。

観念を一般化することはほとんどできず、ものごとを抽象化することもほとんどできない。いくつかの物体に共通の性質をみとめても、その性質それ自体を考えることはない。幾何の図形のおかげで抽象的な空間を知り、代数の記号のおかげで抽象的な量も知ってはいる。この図形や記号は抽象化の支えであり、感覚はそれにもたれて眠るのである。

エミールは、けっしてものごとをその本性によって知ろうとはしない。ただたんに、自分とのかかわりによってのみ、知ろうとする。自分の外部にあるものについての評価は、自分に関係するかぎりにおいてのみなされる。しかし、その評価はじつに正確である。気まぐれや偏見はそこにはいっさい入ってこない。

かれは、自分にとって有用なものほど重要なものと評価する。そして、この評価のしかたをけっして捨てないので、かれは世間の意見にはまったく左右されない。

エミールは勤勉で、温和で、がまん強く、ぐらつかず、勇気にみちている。かれの想像力は、火がつかないままなので、かれに危険をことさら大きく感じさせることもない。かれは苦痛をあまり感じず、感じてもじっとがまんしていられる。運命と争うことはまったく学んでこなかったからだ。

死にかんしては、かれはまだそれがどういうものか知らない。けれども、必然のおきてには抵抗せずにしたがうことに慣れているので、死ななければならないときが来たら、うめき声もあげず、じたばたもせずに死ぬだろう。すべてのひとが忌《い》みきらうこの瞬間において、自然が許すのはこの姿だけである。

自由に生きて、そして人間にまつわることがらには執着しないこと、それが死にかたを学ぶ最良の方法なのだ。

一言でいえば、エミールは個人としての徳はすべて備えている。かれが社会的な徳をも身につけるには、そうした徳を必要とするような人間関係をじっさいに知ること、それのみが残されている。かれの精神はそれを受けとめる準備がすっかりできているのだが、そうした人間関係の知識だけがかれには欠けている。

いまのかれは、ほかのひとのことは考えずに、自分のことを考える。そして、ひとがかれのことを何も考えないのは、いいことだと思う。また、ひとには何も求めず、ひとには何の借りもないと思う。

かれは人間社会のなかで孤独であり、ただ自分ひとりにしか頼らない。ほかのひとには頼らず、自分自身にしか頼らないのは、かれのばあいまっとうだ。なぜなら、かれはその年ごろの少年としては、最高に完璧な存在だからである。

かれはけっしてまちがわない。まちがうとしても、それはわれわれにとって避けがたいまちがいだけである。かれにはひとつも欠点がない。あるとしても、それはどんな人間でもまぬがれがたい欠点だけである。

かれは、健康な体と軽快に動く手足をもち、偏見のない公平な精神をもち、どんな情念にもとらわれない自由な心をもつ。あらゆる情念のうちで第一のもの、もっとも自然なものである自尊心《アムール・プロプル》でさえ、かれのなかではまだほとんど芽ばえていない。

かれは、ほかのひとの平穏を乱すことなく、自分で満足して幸せに、そして自然が許すかぎりにおいて自由に生きてきた。こんなふうにして十五歳に達した子どもは、それまでの十五年間をムダにすごしてきたと、あなたには思われますか。

『エミール』第三編　終わり

本書では、「せむし」「びっこ」などの身体障害に関する不適切な呼称や、「宦官」をあげて東洋人を侮辱する表現が用いられています。また、「鍛冶屋」「石工」「靴屋」など特定の職業に対して、今日の観点からすると差別的な表現が用いられています。

編集部では、本作が成立した十八世紀半ばのフランス社会の未熟な人権意識を考慮したうえで、本作の歴史的価値、文学的価値を尊重し、原文に忠実な翻訳のままとしました。差別の助長を意図するものではないということを、ご理解ください。

編集部

kobunsha classics
光文社古典新訳文庫

エミール 1

著者　ルソー
訳者　斉藤《さいとう》 悦則《よしのり》

2025年4月20日　初版第1刷発行

発行者　三宅貴久
印刷　萩原印刷
製本　ナショナル製本

発行所　株式会社光文社
〒112-8011東京都文京区音羽1-16-6
電話　03（5395）8162（編集部）
03（5395）8116（書籍販売部）
03（5395）8125（制作部）
www.kobunsha.com

ISBN978-4-334-10618-8 Printed in Japan

いま、息をしている言葉で、もういちど古典を

長い年月をかけて世界中で読み継がれてきたのが古典です。奥の深い味わいある作品ばかりがそろっており、この「古典の森」に分け入ることは人生のもっとも大きな喜びであることに異論のある人はいないはずです。しかしながら、こんなに豊饒で魅力に満ちた古典を、なぜわたしたちはこれほどまで疎んじてきたのでしょうか。

ひとつには古臭い教養主義からの逃走だったのかもしれません。真面目に文学や思想を論じることは、ある種の権威化であるという思いから、その呪縛から逃れるために、教養そのものを否定しすぎてしまったのではないでしょうか。

いま、時代は大きな転換期を迎えています。まれに見るスピードで歴史が動いていくのを多くの人々が実感していると思います。

こんな時わたしたちを支え、導いてくれるものが古典なのです。「いま、息をしている言葉で」――光文社の古典新訳文庫は、さまよえる現代人の心の奥底まで届くような言葉で、古典を現代に蘇らせることを意図して創刊されました。気取らず、自由に、心の赴くままに、気軽に手に取って楽しめる古典作品を、新訳という光のもとに読者に届けていくこと。それがこの文庫の使命だとわたしたちは考えています。

このシリーズについてのご意見、ご感想、ご要望をハガキ、手紙、メール等で翻訳編集部までお寄せください。今後の企画の参考にさせていただきます。
メール　info@kotensinyaku.jp

光文社古典新訳文庫　好評既刊

市民政府論
ロック／角田《つのだ》安正《やすまさ》◉訳

「私たちの生命・自由・財産はいま、守られているだろうか？」。近代市民社会の成立の礎となった本書は、自由、民主主義を根源的に考えるうえで今こそ必読の書である。

リヴァイアサン（全2巻）
ホッブズ／角田《つのだ》安正《やすまさ》◉訳

「万人の万人に対する闘争状態」とはいったい何なのか。この逆説をどう解消すれば平和が実現するのか。近代国家論の原点であり、西洋政治思想における最重要古典の代表的存在。

人口論
マルサス／斉藤《さいとう》悦則《よしのり》◉訳

「人口の増加は常に食糧の増加を上回る」。デフレ、少子高齢化、貧困・格差の正体が、人口から見えてくる。二十一世紀にこそ読まれるべき重要古典を明快な新訳で。（解説・的場昭弘）

フランス革命についての省察
エドマンド・バーク／二木《ふたき》麻里《まり》◉訳

進行中のフランス革命を痛烈に批判し、その後の恐怖政治とナポレオンの登場までも予見。英国の保守思想を体系化し、のちに「保守主義の源泉」と呼ばれるようになった歴史的名著。

人間の権利
トマス・ペイン／角田《つのだ》安正《やすまさ》◉訳

共和政を理想とするペインは、王政批判を弱者の人権を守るための社会福祉政策へと結びつける。政治思想史においてだけでなく、生存権という観点からも重要な古典である。

コモン・センス
トマス・ペイン／角田《つのだ》安正《やすまさ》◉訳

イギリスと植民地アメリカの関係が悪化するなか、王政、世襲制の非合理性を暴き、〝独立以外の道はなし〟と喝破した小冊子「コモン・センス」は、世論を独立へと決定づけた。

光文社古典新訳文庫　好評既刊

メノン——徳《アレテー》について
プラトン／渡辺《わたなべ》邦夫《くにお》◉訳

二十歳の青年メノンを老練なソクラテスが挑発する。西洋哲学の豊かな内容をかたちづくる重要な問いを生んだプラトン初期対話篇の傑作。『プロタゴラス』につづく最高の入門書。

ゴルギアス
プラトン／中澤《なかざわ》務《つとむ》◉訳

人びとを説得し、自分の思いどおりに従わせることができるとされる弁論術に対し、ソクラテスは、ゴルギアスら3人を相手に厳しい言葉で問い詰める。プラトン、怒りの対話篇。

ソクラテスの弁明
プラトン／納富《のうとみ》信留《のぶる》◉訳

ソクラテスの裁判とは何だったのか？　ソクラテスの生と死は何だったのか？　その真実を、プラトンは「哲学」として後世に伝え、一人ひとりに、自分のあり方、生き方を問う。

饗宴
プラトン／中澤《なかざわ》務《つとむ》◉訳

悲劇詩人アガトンの祝勝会に集まったソクラテスほか六人の才人たちが、即席でエロスを賛美する演説を披瀝しあう。プラトン哲学の神髄であるイデア論の思想が論じられる対話篇。

テアイテトス
プラトン／渡辺《わたなべ》邦夫《くにお》◉訳

知識とは何かを主題に、知識と知覚について、記憶や判断、推論、真の考えなどについて対話を重ね、若き数学者テアイテトスを「知識の哲学」へと導くプラトン絶頂期の最高傑作。

パイドン——魂について
プラトン／納富《のうとみ》信留《のぶる》◉訳

死後、魂はどうなるのか？　肉体から切り離され、それ自身存在するのか？　永遠に不滅なのか？　ソクラテス最期の日、弟子たちと獄中で対話する、プラトン中期の代表作。

光文社古典新訳文庫　好評既刊

ツァラトゥストラ（上・下）

ニーチェ／丘沢《おかざわ》静也《しずや》●訳

「人類への最大の贈り物」「ドイツ語で書かれた最も深い作品」とニーチェが自負する永遠の問題作。これまでのイメージをまったく覆す、軽やかでカジュアルな衝撃の新訳。

ソクラテスの思い出

クセノフォン／相澤《あいざわ》康隆《やすたか》●訳

徳、友人、教育、リーダーシップなどについて対話するソクラテスの日々の姿を、自らの見聞に忠実に記した追想録。同世代のプラトンによる対話篇とはひと味違う「師の導き」。

ニコマコス倫理学（上・下）

アリストテレス／渡辺《わたなべ》邦夫《くにお》・立花《たちばな》幸司《こうじ》●訳

知恵、勇気、節制、正義とは何か？　意志の弱さ、愛と友人、そして快楽。もっとも古くて、もっとも現代的な究極の幸福論、究極の倫理学講義をアリストテレスの肉声が聞こえる新訳で！

政治学（上・下）

アリストテレス／三浦《みうら》洋《ひろし》●訳

「人間は国家を形成する動物である」。この有名な定義で知られるアリストテレスの主著の一つ。後世に大きな影響を与えた、プラトン『国家』に並ぶ政治哲学の最重要古典。

詩学

アリストテレス／三浦《みうら》洋《ひろし》●訳

古代ギリシャ悲劇を分析し、「ストーリーの創作」として詩作について論じた西洋における芸術論の古典中の古典。二千年を超える今も多くの人々に刺激を与え続ける偉大な書物。

弁論術

アリストテレス／相澤《あいざわ》康隆《やすたか》●訳

ロゴス（論理）、パトス（感情）、エートス（性格）による説得の技術を論じた書。善や美、不正などの概念を定義し、人間の感情と性格を分類。比喩などの表現についても分析する。

光文社古典新訳文庫

★続刊

楽しい川辺　ケネス・グレアム／ジョン・バーニンガム・絵／麻生九美・訳

純朴なモグラと人生経験豊かな川ネズミの冒険、カワウソやアナグマさんとの交流、そして後先考えずに行動するヒキガエルが巻き起こす騒動の行方は？　美しい英国の田園を舞台とした動物物語。ジョン・バーニンガムの挿絵収録。

三十棺桶島　モーリス・ルブラン／中条省平・訳

幼い息子と父親を一度に失う悲劇の後、静かに暮らしていたヴェロニクは偶然、訪れたこともない土地の小屋に自分のサインが刻まれていることを知る。だがそれは新たな惨劇の始まりだった！　怪盗ルパンシリーズの人気作が新訳に！

日陰者ジュード　トマス・ハーディ／木村政則・訳

聖職者になろうと大学入学を志すジュードは、その願いも叶わぬうちに、奔放なアラベラと結婚するも、関係はすぐに破綻する。一方、知的で進歩的な考えを持つ従妹スーに惹かれ、同棲を始めるが……。近代人の悲劇的運命を描いた大作。